Kretschmann
Das Vergewaltigungstrauma

*Ulrike Kretschmann,* geb. 1952 in Ludwigshafen, Studium der Diplom-Pädagogik in Heidelberg und Bremen, Lehrtätigkeit in verschiedenen Einrichtungen der Erwachsenenbildung und der Uni Bremen mit dem Fachgebiet Frauenbildungsarbeit, Berufstätigkeit als Diplom-Pädagogin in Erwachsenenbildung und kommunaler Jugendarbeit, Ausbildung zur individualpsychologischen Beraterin (DGIP) und zur Therapeutin für sexuelle Delinquenz und Störungen, Studium der Psychologie in Bremen bis 1991, seit 1989 Tätigkeit als Dipl. Psychologin in der Beratungsstelle des Vereins *Notruf für vergewaltigte Frauen und Mädchen* in Bremen. Arbeitsschwerpunkte: Beratung, Psychotherapie, Supervision.

Ulrike Kretschmann

# Das Vergewaltigungstrauma

## Krisenintervention und Therapie mit vergewaltigten Frauen

Westfälisches Dampfboot

Die Deutsche Bibliothek - CIP Einheitsaufnahme

Kretschmann, Ulrike:
Das Vergewaltigungstrauma : Krisenintervention und Therapie mit vergewaltigten Frauen / Ulrike Kretschmann. - 1. Aufl. - Münster : Westfälisches Dampfboot, 1993
ISBN 3-924550-86-7

1. Auflage Münster 1993

Umschlag: Egbert Lütke-Fahle
Druck: Druckwerkstatt Hafen GmbH, Münster
ISBN 3-924550-86-7

# Inhalt

# Vorwort

Das vorliegende Buch ist die leicht gekürzte und überarbeitete Fassung einer Diplomarbeit, die ich im Sommer 1991 an der Universität Bremen im Studiengang Psychologie vorlegte. Die Arbeit wurde von Prof. Dr. Rolf Vogt und Prof. Dr. Thomas Leithäuser betreut, bei denen ich mich an dieser Stelle bedanken möchte.
Mein Interesse an der Thematik resultiert aus einer mehrjährigen Tätigkeit als Beraterin und Therapeutin in der Beratungsstelle des "notruf für vergewaltigte frauen und mädchen e.v." in Bremen. Die Gespräche mit vergewaltigten und sexuell mißhandelten Frauen konfrontierten mich sowohl mit dem schwerwiegenden Leid mißhandelter Frauen als auch mit eigenen professionellen und persönlichen Grenzen. Ich habe durch die Arbeit mit den Frauen viel Neues erfahren über Gefühle und Beziehungen, das mich verwirrte, erschreckte. Mutig stellten sich die Frauen ihren Nöten und Widersprüchen, versuchten, das ihnen angetane Leid und dessen Bedeutung für ihr Leben herauszufinden.
Ich möchte meine Erfahrungen aus dieser Arbeit im folgenden reflektieren und nach Ansätzen suchen, die bei der Klärung der Problematik und dem besseren Verstehen behilflich sein könnten. Ich beziehe mich vorwiegend auf psychoanalytische Erklärungsversuche, von denen ich meine, daß sie eine subjektive, der Problematik am ehesten gerecht werdende Herangehensweise erlauben und dazu auch das Instrumentarium bieten.
Ich nähere mich dem Thema der "sexuellen Gewalt" aus einer bestimmten Perspektive: in meiner Arbeit mit betroffenen Frauen geht es um ein Verständnis ihrer individuellen Geschichte. Gesellschaftliche (Macht-)Verhältnisse bekommen ihre Bedeutung somit aus der subjektiven Sicht der Frauen, sind vermittelt über deren individuelle und intersubjektive Wahrnehmung und Filterung. Meine Einsichten resultieren aus der konkreten Beziehung zu den Gewaltopfern: nicht nur, worüber vergewaltigte Frauen sprechen, sondern auch, was sich in diesem Darüber-Sprechen unbewußt mitteilt und in der Beziehung wirkt, soll Gegenstand sein. Mein Interesse am Thema ist zweckgebunden: es zielt auf ein besseres Verständnis der bewußten und unbewußten Mitteilungen der Frauen, in

der Absicht, eigene Hilfsangebote gegebenenfalls zu modifizieren und mit VertreterInnen anderer Ansätze ins Gespräch zu kommen.
Ich werde auf soziologisch-analytische Erklärungsversuche der allgemeinen Gewaltproblematik zwischen Männern und Frauen weitgehend verzichten, u.a. deshalb, weil diese andernorts ausführlich dargestellt worden sind. Ich verzichte in der vorliegenden Arbeit weiter auf die Darstellung des besonders wichtigen Bereiches ehelicher Gewaltbeziehungen. Eine verkürzte Abhandlung der Frage, wie es zu Gewalt in Zweierbeziehungen kommt und was diese so stabil erscheinen läßt, würde der Problematik sicher nicht gerecht. Aus dem gleichen Grund klammere ich die Auseinandersetzung mit dem Thema des sexuellen Mißbrauchs in Familien an dieser Stelle aus.
Die Vergewaltigung von Frauen ist ein Thema, das die Gemüter gewegt. Große Angst und Schrecken angesichts der berichteten Häufigkeit von sexuellen Gewaltdelikten an Frauen im eigenen Land als auch in Kriegs- und Krisengebieten bewirken Hilflosigkeits- und Ohnmachtsgefühle, die in Rufen nach Aktivität und schnellen Lösungen ihren Ausdruck finden. Gerade im Bereich der Prävention wird nach greifbaren Vorschlägen gesucht, denen in der Regel gemeinsam ist, daß sie auf Beschwichtigung der Ängste derer zielen, die sich selbst, ihre Frauen und Kinder schützen möchten. In dem Maße, in dem die Angst wächst, wächst immer auch die Gefahr von Pseudolösungen, gewaltverschärfenden Abwehrformen und erneuter Gewalt an Opfern. Opfervorführungen in den Medien verstärken die Neigung der ZuschauerInnen, sich voyeuristisch und projektiv mit dem Leiden einzelner zu befassen. Wie bei allen "Booms" aber bleiben erneut diejenigen auf der Strecke , die es eigentlich betrifft: Frauen, die Opfer von Vergewaltigung wurden, werden wiederholt "geopfert", die Hilfe aber bleibt häufig aus. Wenig reflektiert wird die Frage, inwiefern "Aufdeckung", die die Abwehr der ZuschauerInnen erschüttert , das Öffentlichmachen, das durch schockierende Bilder und "Brechen" des Schweigens geschieht, der präventiven Intention gerade entgegenwirken kann.
Das Ziel des vorliegenden Buches ist es, die Erfahrungen aus der Arbeit mit Betroffenen dazu zu nutzen, ein angemessenes Hilfskonzept zu entwickeln. Dabei bin ich wie folgt vorgegangen:
In Kapitel 1 möchte ich mich dem Verständnis eines "psychischen Traumas" nähern, indem die Literatur zu diesem Begriff und seiner möglichen Bedeutung zu Wort kommt. Berücksichtigt werden sollen sowohl Extremtraumatisierungen als auch die Frage der Abgrenzung zu Schädigungen im Bereich neurotischer Störungen.
In Kapitel 2 soll das Spezifische des Vergewaltigungstraumas Thema sein, wobei der Vergewaltigungssituation, dem innerpsychischen Vorgang während

eines solchen Gewalterlebens, den Folgen und dem Verarbeitungsprozeß die Aufmerksamkeit gilt.

Zum besonderen Verständnis des Vergewaltigungsgeschehens wende ich mich in Kapitel 3 der Psychodynamik der Täter zu und der Frage, inwiefern die Opfer-Täter-Dynamik Aufschluß gibt über die Schwere der traumatischen Erfahrung von vergewaltigten Frauen.

In Kapitel 4 geht es mir um strukturelle Opfer-Täter- Interaktionen im sozialen Umfeld, denen die Qualität einer Retraumatisierung zugesprochen werden kann. Auch der Kontakt zu Personen aus dem helfenden Bereich soll hier Thema sein.

In Kapitel 5 soll das Vergewaltigungstrauma abgegrenzt werden gegen Vergewaltigungsphantasien, deren Existenz nicht selten dazu benutzt wird, den Schrecken und die Bedeutsamkeit eines realen Vergewaltigungserlebens zu relativieren.

In Kapitel 6 wird eine Konzeption der Krisenintervention und Psychotherapie vorgestellt, die seit mehreren Jahren in der Arbeit mit vergewaltigten Frauen Anwendung findet. Entwickelt und modifiziert durch die Mitarbeiterinnen der Beratungsstelle des Bremer Notrufs soll dieses Konzept dabei abgegrenzt werden gegen andere Arbeitsansätze.

Ich möchte mich an dieser Stelle bei jenen Bremerinnen und Bremern bedanken, die diese Arbeit des Notrufs in den vergangenen Jahren ideell und finanziell unterstützten.

Meine Gedanken und Überlegungen sind in der gemeinsamen Arbeit und Diskussion mit den Kolleginnen der Beratungsstelle des Bremer Notrufs entstanden. Ohne ihren fachlich-kompetente und emotional-tragende Unterstützung wäre weder dieses Buch noch die Arbeit in der Beratungsstelle möglich. Bei diesen Kolleginnen bedanke ich mich sehr, ebenso wie bei dem Trägerverein, der durch einen Druckkostenzuschuß diese Veröffentlichung unterstützt. Am dankbarsten aber bin ich Robert Haußmann für seine Hilfe und Geduld.

# 1. Das psychische Trauma

## 1.1 Zur Entwicklung des Begriffs "Psychisches Trauma"

Der Begriff des psychischen Traumas ist seit der Anfangszeit der Psychoanalyse diskutiert und mehrdeutig verwendet worden. Bis heute gibt es keine allgemeingültige, präzise Definition, was eine allgemeinere Beschäftigung mit dem Bedeutungsgehalt des Begriffs notwendig macht. Der Trauma-Begriff betont die herausragende Rolle äußerer Ereignisse als Einflußfaktor für bestimmte psychische Phänomene und Störungen im Gegensatz zu der vorrangigen Rolle der "Innenwelt" und rührt somit an die grundlegendere Frage nach innerer und äußerer Wirklichkeit, nach Phantasie und Realität.

### 1.1.1 Von der rein physiologischen zur psychologischen Sichtweise des Traumas

Der Begriff "Trauma" (griech.: "Wunde, Schaden, Leck [an Schiffen], Schlappe, Niederlage", von dem Verb titroskein = "verwunden, verletzen, beschädigen", vgl. H. Frisk, Griechisches Etymologisches Wörterbuch, Bd. II, Heidelberg 1970, S. 905) stammt aus der Medizin, genauer der Chirurgie und bezeichnet dort die Zerstörung von Zellgewebe, in einem weiteren Sinn die Folgen von körperlichen Verletzungen durch äußere Krafteinwirkung . Die Übertragung des Begriffs auf den Bereich der Psyche kann medizingeschichtlich in den Zusammenhang mit der Erforschung der Ursachen von Neurosen gebracht werden.
Der Begriff der Neurose wurde bereits 1769 von Cullen benutzt (Fischer-Homberger 1975, S. 12), der damit Nervenkrankheiten bezeichnete, die aufgrund physiologischer Veränderungen eines angenommenen Röhrensystems, das auch für die Empfindungen verantwortlich sei, zustandekommen. In der zweiten Hälfte des 19. Jahrhunderts wurden erstmals "nervöse" Erkrankungen mit einem Katastrophenerlebnis in Zusammenhang gebracht. Die Feststellung, daß die

Symptome bei Opfern von Unfällen oft stark mit den als Neurosen (oder Hysterie) bezeichneten Krankheitsbildern übereinstimmten, führte dazu, auch hier den Begriff der Neurosen anzuwenden. Dabei wurde nun - gemäß dem Verständnis der Zeit - eine physiologische Verletzung des Nervensystems angenommen, was dazu führte, von einer "traumatischen Neurose" zu sprechen. Symptome wie Zittern, Lähmungen, Sprech- oder Gehstörungen wurden so nicht als psychische Phänomene erklärt, sondern als Folge einer körperlichen Verletzung, z.B. des Rückenmarks (bei Erichsen, vgl. Fischer-Homberger 1975, S. 16-56).

Mit der Zunahme von Eisenbahnunglücken und entsprechender Forderungen an die Versicherungsgesellschaften nahm ein neues Kapitel der Pathologie seinen Anfang, angeführt von den britischen Ärzten, die von "railway spine" oder "railway brain" sprachen.*) 1882 hatte H. Page behauptet, viele Fälle von Störungen aufgrund solcher Unfälle seien nicht Folge von Nervenläsionen, sondern funktionelle Störungen, die er "hysterisch" nannte. (Fischer-Homberger 1975 und H.F. Ellenberger 1985) Es entstanden unter Medizinern heftige Diskussionen über die Frage, ob diese Symptome organischer oder dynamischer Natur sind und weiter, ob nichtorganische Nervenkrankheiten das gleiche ausdrückten wie die Hysterie.**) In Deutschland änderten sich die rein mechanischen Vorstellungen vor allem durch die Ansichten des Neuropathologen Oppenheim, der den Begriff der "traumatischen Neurose" für Erkrankungen infolge von Eisenbahn- und Arbeitsunfällen weiterentwickelte und darin weniger eine mechanische als eine nervöse Verletzung erblickte: "Für die Entstehung der Krankheit ist das physische Trauma nur zum Theil verantwortlich zu machen. Die Hauptrolle spielt das psychische: Der Schreck, die Gemüthserschütterung. Die Verletzung schafft allerdings directe Folgezustände, die aber in der Regel keine wesentliche Bedeutung gewinnen würden, wenn nicht die krankhaft alterirte Psyche in ihrer abnormen Reaction auf diese Beschwerden die dauernde Krankheit schüfe." (Oppenheim 1889, S. 123 f.) Er sah die posttrau-

---

*) vgl. Pierers Konversationslexikon, Bd. 10, Stuttgart 1892, Sp. 1571: "Rückenmarkserschütterung (commotio spinalis, Railway spine), seltene, mit Lähmung verbundene Erkrankung des Rükkenmarks, bei der jetzt noch keinerlei pathologische Veränderungen in der Struktur des Rückenmarks aufgefunden werden konnten. Am häufigsten tritt diese Form der R. unter den Eisenbahnschaffnern in England auf (daher die Bezeichnung Railway spine; [...]). Bei schweren Anfällen kann der Tod sofort eintreten, bei leichteren erholen sich die Kranken zwar langsam, jedoch bleiben noch lange Zeit Störungen in den Rückenmarksfunktionen bestehen. Im ersten Anfall tritt gewöhnlich Bewußtlosigkeit, Atemnot und Lähmungen einzelner Glieder ein, dabei ist der Puls äußerst schwach. Die Behandlung besteht zunächst in Anwendung von Reizmitteln (Äthereinspritzungen etc.), später in andauernder diätetischer und elektrischer Behandlung."

**) Vgl. Pierers Konversationslexikon, Bd. 12, Stuttgart 1893, Sp. 363 (Art. "Traumatische Neurose").

matischen Symptome (Lähmungen) als Folge cerebraler Funktionsstörungen an: das Auslöschen von Erinnerungsbildern, die für das Gehen verantwortlich seien. Diese Störungen seien durch den Unfall ausgelöst worden und körperlich nicht nachweisbar. Er vertrat die Ansicht, die traumatische Lähmung müsse von der hysterischen unterschieden werden. Es erfolgte eine gewisse Liberalisierung des physiologischen Verständnisses insofern, als es nun nicht mehr um den anatomischen Nachweis der Verletzung ging: dennoch blieb die Auffassung bestehen, daß der Schreckaffekt organisch verursacht ist.

Die Betonung psychologischer Aspekte bedeutete im 19. Jahrhundert zunächst keineswegs eine Kampfansage an die Schulmedizin. Vielmehr wurde sie notwendig durch die mangelhaften Resultate medizinisch-naturwissenschaftlicher Herangehensweisen und durchaus als deren Ergänzung verstanden. So glaubte z.B. Charcot*) mit Hilfe psychologischer Methoden wie Hypnose und Suggestion letztlich auch naturwissenschaftlich verifizierbare Resultate zu gewinnen. Das Phänomen der Hypnose hatte gezeigt, daß das "Einpflanzen" eines Gedankens zu dessen autonomer Entwicklung und zu seiner Materialisation in Form der Ausführung der posthypnotischen Auto-Suggestion führen konnte. Dies begründete die Annahme, gewisse Krankheitssymptome könnten von Ideen stammen, die durch eine Art Suggestion in die Psyche eingepflanzt worden sind. Charcot, der die "traumatische Hysterie" erstmals 1867 beschrieben hatte, erklärte die späteren Symptome nach einem Trauma mit Hilfe des "nervösen Schocks" und der "krankmachenden Ideen". Diese Ideen, von denen er annahm, daß sie sich wie Parasiten verhielten, die (im Falle der Lähmung) in der Cortex ein parasitäres Eigenleben führten, hätten sich - unter Umgehung der Bewußtseinskontrolle - in der unbewußten Vorstellungswelt des Kranken festgesetzt. Bereits 1885 stellte Charcot so eine mehr psychologische Erklärung der traumatischen Neurosen in den Vordergrund. Die Ideen, die er auch "traumatische Suggestionen" nannte, versetzten den Patienten in einen Zustand, "als ob" er mechanisch verletzt sei. Durch Hypnose konnte Charcot Lähmungen hervorrufen, die denen der posttraumatischen Störungen entsprachen und durch Suggestionen auch ihr Verschwinden bewirken. Er nahm deshalb an, der auf die Verletzung folgende Nervenschock sei eine Art hypnoider Zustand, ähnlich der Hypnose, der eine Art Autosuggestion bewirke. Grundlegend bei diesen Gedanken ist die Idee von der Dauerwirkung eines plötzlichen Affekts,

---

*) Vgl. Charcot: Neue Vorlesungen über die Krankheiten des Nervensystems; Dt. Ausgabe von S. Freud, Leipzig und Wien 1886. "Als wesentliches Agens wird von Charcot (...) nicht das Trauma selbst, sondern die dasselbe begleitende psychische Emotion angesehen und der Nachweis erstrebt, daß die Vorstellung, die Idee die Quelle bildet, aus welcher die Krankheitserscheinungen entspringen und gespeist werden." (Oppenheim, 1889, S. 6)

von der bleibenden Verknüpfung bestimmter Affektäußerungen mit der Erinnerung an das Durchlebte.

Auch die Arbeiten Janets enthalten zahlreiche Schilderungen von Krankheiten, die durch die Aufdeckung und Auflösung der ihnen zugrundeliegenden "fixen Ideen" geheilt worden waren. Als Ursache wurde immer ein traumatisches Ereignis angenommen, das "unterbewußt" geworden und durch Symptome ersetzt worden war. Dabei nahm Janet eine ganze Reihe solcher Gedanken an, die zu verschiedenen Zeiten im Leben entstanden waren.

Trotz dieser Ansätze wurde in der klassischen Psychiatrie die traumatische Neurose nach wie vor entweder als ein Leiden angesehen, das durch ein Trauma nur mehr manifest wurde (z.B. ein konstitutionelles Nervenleiden), oder aber die Zusammenhänge zwischen Trauma und Leiden wurden weiterhin gänzlich abgestritten. Gerade auch nichtmedizinische Interessen stellten die medizinisch-naturwissenschaftliche Betrachtungsweise mit gänzlich anderer Intention in Frage: Die Diagnose der "traumatischen Neurose" hätte Entschädigungsansprüche Betroffener zur Folge gehabt. Verschiedene Kritiker des Oppenheimschen Unfallneurosebegriffs waren sich demnach vor allem darin einig, daß die "traumatische Neurose" namentlich von Lügnern und Simulanten benutzt werde, um sich zu bereichern. Die Simulationsfrage rückte in den Mittelpunkt der Auseinandersetzungen.*)

Die Erkenntnis, daß ein Mensch ohne unmittelbare körperliche Krafteinwirkung traumatisiert werden kann, wie sie die zahllosen Kriegsneurosen bei Soldaten während des 1. Weltkriegs nahelegten , führte keineswegs zu einem neuen Verständnis. Körperlich unversehrt gebliebene Soldaten, welche infolge eigener Beobachtung gewaltsamer Ereignisse erkrankten, wurden als "nicht wirklich" traumatisiert angesehen. Man behandelte sie als "Drückeberger" und versuchte, sie unter Anwendung äußerst brutaler Methoden der Simulation zu überführen.**) Auch Mediziner, die auf gewisse psychische Momente in der Verursachung traumatischer Neurosen hingewiesen hatten, wie z.B. Strümpell, behaupteten, daß sich Erschütterungsneurosen immer sekundär, rein psycho-

---

*) Oppenheim 1891; vgl. Oppenheim 1889, S. 137 ff.

**) Es hatte in Sozialistenkreisen heftige Angriffe gegen Militärärzte gegeben, die bei der Behandlung von Kriegsneurosen elektrische Reize angewendet hatten. U.a. kam es so im Rahmen der Arbeit einer Untersuchungskommission zu einem Verfahren gegen den Neuro-Psychiater Wagner-Jauregg, in dem Freud als Gutachter auftrat. Wagner-Jauregg hatte von "Flucht in die Krankheit" aus Feigheit gesprochen und davon, daß nur ein Bruchteil der Neurosen an der Front entstanden sei. In seinem Gutachten widerspricht Freud diesen Ansichten. Es kommt daraufhin zu Wortgefechten pro und contra Psychoanalyse und ihrer Anwendbarkeit. Vgl. Eissler 1979, Ellenberger 1985, S. 1125 ff; Köhler 1989, S. 156 ff.

gen, aus "Begehrungsvorstellungen" entwickelten, d.h. daß sie der Absicht des Patienten dienten, mit möglichst hoher Rente vom Militär loszukommen. (Es wurde der Begriff der "Rentenkampfhysterie" erfunden). Der Inhalt der pathogenen Vorstellungen sei immer ein Wunsch, der auf autosuggestivem Weg das Haftenbleiben der Symptome bewirke. Affektivität und unbewußte Vorgänge wurden dabei ausgeklammert.*)

Die somatische Betrachtungsweise und in ihrem Gefolge die Frage nach Konstitution oder Simulantentum blieb keineswegs auf das 19. Jahrhundert oder die Zeit nach dem 1. Weltkrieg beschränkt. Fischer-Homberger schreibt: "Das objektiv äußere Trauma war der vielleicht wichtigste Ort, an dem die medizinisch-naturwissenschaftliche Interpretation der traumatischen Neurose auch in der Zeit der vorwiegend psychologischen Interpretation Fortbestand hatte." (Fischer-Homberger 1975, S. 77)

Nach dem Ende des 2. Weltkrieges wurde die klassische Psychiatrie zunehmend mit Patienten konfrontiert, die eindeutig an psychischen Erkrankungen litten, die durch traumatische Erlebnisse ausgelöst worden waren. Die deutsche Medizin und Psychiatrie hielt hartnäckig an ihren veralteten Vorstellungen fest, daß Schreckenserlebnisse als Streßfaktoren zu behandeln seien, die zwar psychische Störungen bewirken könnten, daß jedoch beim Aufhören der Streßsituation ein Ende der jeweiligen Gesundheitsstörung zu attestieren sei. Eine vergleichbare Auffassung des Verhältnisses von Konstitution und Trauma hatte schon der Annahme zugrundegelegen, man könne mit Hilfe psychodiagnostischer Prognosen "kriegstauglichere", d.h. psychisch belastbarere Soldaten rekrutieren - was sich erwartungsgemäß als Fehlschluß erwies.

Auch bei der Untersuchung der Schäden, die Verfolgte des Nationalsozialismus erlitten hatten, war von einer Tiefenwirkung selten die Rede. Die Überlebenden der Konzentrationslager, die jahrelang Entbehrung, Mißhandlung und Todesangst erdulden mußten, und die Jahrzehnte danach noch unter schwerwiegenden Symptomen litten, erfuhren durch die psychiatrische Begutachtung häufig eine zusätzliche Demütigung. Ihren Krankheiten wurde eine "endogene Natur" oder eine "hereditäre Genese" bescheinigt, es war von "eigengesetzlichen Gründen" und "verfolgungs-unabhängigen" Leiden die Rede. Die Schäden, hervorgerufen durch das Trauma des Nazi-Terrors, wurden als Ausdruck einer vorausliegenden konstitutionellen Schwäche betrachtet, dem traumatischen Ereignis allenfalls die Qualität eines Auslösers der Erkrankung zuge-

---

*) Im September 1918 wurde in Budapest ein Kongreß zum Thema der Kriegsneurosen abgehalten; das Interesse an der Psychoanalyse erstarkte in dieser Zeit. Vgl. dazu : Ferenczi 1918, Freud 1919 a.

schrieben. Die eigentliche Krankheitsursache wurde in der Person des Opfers selbst lokalisiert, wenn nicht gar der Krankheitswert als "nicht feststellbar", "unter 20%" eingeordnet wurde. (Vgl. Niederland 1980) Die Unfähigkeit der klassischen Psychiatrie, Langzeitschäden aufgrund traumatischer Erfahrung zu erklären, und ihre Tendenz, an einem vorrangig somatischen Konzept festzuhalten, hat so dazu geführt, psychischen Traumatisierungen ihre Wirkkraft abzusprechen.

Drei Bedingungen, welche die Diskussion des Traumatisierungsbegriffs wesentlich bestimmt haben und zu deren tragischen Folgen beitrugen, sollen im Hinblick auf ihre auch heute noch nachwirkende Bedeutung, abschließend nochmals hervorgehoben werden:

- Die Beschäftigung mit der psychischen Traumatisierung und ihren Folgen war von Beginn an verknüpft mit gerichtsmedizinischen Fragestellungen: ob in der Folge von äußeren Ereignissen eine Schädigung der Person vorliegt und diese dementsprechend Schadensersatz- oder Wiedergutmachungsansprüche geltend machen kann. Bis heute steht die Diskussion auch des Vergewaltigungstraumas unter diesem Vorzeichen. Die Frage, kann überhaupt von Schäden gesprochen werden, können durch eine Vergewaltigung überhaupt Schäden entstehen, ist so schwer zu trennen von aufkommenden Zweifeln an den Aussagen Betroffener und dem Verdacht, es könne ein unrechtmäßiges Schadensersatzbegehren vorliegen.
- Die Wendung von einem physiologisch-mechanischen Verständnis der Traumatisierung hin zu einem psychisch-funktionellen wurde sogleich gegen die Opfer gewandt: Der Kranke wird als nicht körperlich und somit nicht real geschädigt betrachtet, seine Symptome können deshalb nur Ausdruck einer "eingebildeten Krankheit" sein: die "krankmachende Idee" stammt letztlich von ihm selbst. Bis heute läßt sich beobachten, daß das Unverständnis gegenüber unbewußten Prozessen dazu führen kann, daß psychische Ursachen von Schädigungen als Beweis dafür dienen, daß ein eigentlicher Schaden nicht vorliegt. Die psychische Genese wird zur individuellen Verantwortung und Schuld umgedeutet (z.B. vor Gericht).
- Die Annahme, daß der Traumatisierung eine bereits zuvor bestehende Pathologisierung vorausging, die dann ihrerseits dafür verantwortlich gemacht werden kann, daß es zu schwerwiegenden Folgen gekommen sei, bestimmt auch heute noch die Rechtsprechung: Dem Erlebten kann der Schrecken abgesprochen werden, die Illusion, daß sich der/die psychisch Stabile schützen kann, wird genährt.

Immer wieder ist die Frage nach den Ursachen und Wirkungen von Traumatisierungen verknüpft mit der Frage nach Schuld und Unschuld, nach Klärung von Opfer- oder Täterschaft und mit all den einhergehenden Ängsten, die durch einen solchen Klärungsversuch auch außerhalb der Belange der Justiz entstehen. Für die heutige Diskussion der Folgen von Sexualdelikten spielen die dargestellten historischen Kontroversen so nach wie vor eine erhebliche Rolle.

### 1.1.2 Der Traumabegriff in den Anfängen der Psychoanalyse

Freuds erstes Neurosenkonzept wurde maßgeblich beeinflußt durch die Arbeiten von Charcot bzw. Janet und seine Zusammenarbeit mit Breuer, beginnend mit der Geschichte der Patientin Breuers, Anna O. In der "Vorläufigen Mitteilung" (1893) und in den "Studien über Hysterie" (1895) bezogen sich Freud und Breuer auf Janets Arbeit. Die Beschäftigung mit zeitgenössischen Theorien über die Ätiologie hysterischer Phänomene als auch eigene klinische Erfahrungen veranlaßten Freud zu der Annahme, der "traumatischen Hysterie" im Sinne Charcots und der "gewöhnlichen" Hysterie würden ähnliche Vorgänge zugrundeliegen. Unterschiede nahm er zunächst nur insofern an, als daß er von einer Art Kontinuum zwischen der dispositionellen und der eher durch ein Trauma erworbenen Psychopathologie ausging. Im Gegensatz zu der vorherrschenden zeitgenössischen Auffassung, die einem erschütternden Ereignis nur die Rolle eines "auslösenden Faktors" zuschrieb, wurden in der psychoanalytischen Auffassung Persönlichkeitsstruktur und traumatischer Anlaß reziprok aufeinander bezogen. Eine starke Erschütterung und eine geringe Disposition kann demnach die gleichen Wirkungen zeigen wie eine eher geringe äußere Beeinträchtigung und eine starke Disposition: "Es besteht eine volle Analogie zwischen der traumatischen Lähmung und der gemeinen, nicht traumatischen Hysterie. Der Unterschied ist nur der, daß dort ein großes Trauma eingewirkt hat, während hier selten ein einziges großes Ereignis zu konstatieren ist, sondern eine Reihe von affektvollen Eindrücken, eine ganze Leidensgeschichte". (Freud 1893, S. 16) Als gemeinsame Ursache bezeichnet er den Schreckaffekt, das "psychische Trauma", und zieht so eine Parallele zwischen den Folgeerscheinungen real lebensbedrohlicher als auch vermeintlich bedrohlicher, äußerlich jedoch unscheinbarer Ereignisse.
Zunächst verweist der Traumabegriff bei Freud auf eine ökonomische Vorstellung: "Zum psychischen Trauma wird jeder Eindruck, dessen Erledigung durch assoziative Denkarbeit oder motorische Reaktion dem Nervensystem Schwierigkeiten bereitet." (Freud, Breuer 1892 b, S. 13) Psychische Traumen sind intensive emotionale Erlebnisse, deren "Erregungssumme" einen so massiven affektiven Reiz auf die Psyche ausübt, daß eine entlastende Reaktion

oder Aufarbeitung der Erfahrung mißglückt. Freud (1920) versuchte später, diesen Sachverhalt durch eine bildliche Vorstellung zu verdeutlichen: Der Organismus sei vergleichbar einem "lebenden Bläschen", das von Außenreizen durch eine Schutzhülle (Reizschutz) geschützt ist. Auf diese Weise erfolge eine angemessene Dosierung von Energiequalitäten, die in das Innere vordringen. Wird diese Schutzhülle an einer Stelle durchbrochen, beschreibt dies ein Trauma. Der psychische Apparat muß nun alle verfügbaren Kräfte mobilisieren, um "Gegenbesetzungen" aufzurichten: es gilt, die Reizungen an Ort und Stelle zu fixieren. Das psychische Trauma stellt danach, trotz seiner Datierbarkeit, nicht einen einmaligen Auslöser dar, sondern verbleibt wie ein "Fremdkörper" als permanent wirkende Kraft in der Psyche erhalten, einer Art Krankheitsherd vergleichbar, der jederzeit wieder aufflackern kann. Als traumatische Erfahrungen werden äußere Ereignisse beschrieben, deren Zeitpunkt immer mehr vom Erwachsenenalter in die Pubertät und Kindheit zurückverlagert wird. Als entscheidende Erfahrungen nimmt er bekanntlich Traumatisierungen auf sexuellem Gebiet an, d.h. Schädigungen infolge verführerischen Verhaltens von Erwachsenen und Geschwistern, die sich real auf die Genitalien des Kindes beziehen. "In einigen Fällen handelt es sich wohl um Erlebnisse, die wir als schwere Traumen anerkennen müssen, um einen Versuch der Vergewaltigung, der dem unreifen Mädchen mit einem Schlage die ganze Brutalität der Geschlechtslust enthüllt, um eine unfreiwillige Zeugenschaft bei sexuellen Akten der Eltern, die in einem ungeahntes Häßliches aufdeckt und das kindliche wie das moralische Gefühl verletzt und dgl. In anderen Fällen sind diese Erlebnisse von erstaunlicher Geringfügigkeit. Eine meiner Patientinnen zeigte zugrunde ihrer Neurose das Erlebnis, daß ein ihr befreundeter Knabe zärtlich ihre Hand streichelte und ein andermal seinen Unterschenkel an ihr Kleid drängte, während sie nebeneinander bei Tische saßen, wobei noch seine Miene sie erraten ließ, es handle sich um etwas Unerlaubtes." (Freud 1896, S. 62)

Allen diesen Erlebnissen ist gemeinsam, daß sie psychisch nicht verarbeitet werden - und die dazugehörigen Affekte nicht abreagiert werden können, also der Verdrängung anheim fallen. Wesentlich für das Fortbestehen sowohl der traumatischen als auch der nicht-traumatischen Neurosen ist das Unterbleiben einer adäquaten Reaktion, was dazu führt, daß die Affekte sich nicht entladen, sondern zu einem psychischen Trauma werden. "Bei unseren Kranken sind diese Erinnerungen niemals bewußt; wir heilen sie aber von ihrer Hysterie, indem wir ihnen die unbewußten Erinnerungen der Infantilszenen in bewußte verwandeln (...). Sie sehen daran, daß es auf die Existenz der infantilen Sexualerlebnisse allein nicht ankommt, sondern daß eine psychologische Bedingung

noch dabei ist. Diese Szenen müssen als unbewußte Erinnerungen vorhanden sein", um zur hysterischen Symptombildung zu führen. (Freud 1896, S. 72)
Für ein Trauma im strengen Sinne müssen so immer zwei Bedingungen gegeben sein: es muß eine objektive existenz- oder lebensbedrohliche Situation vorliegen, und es muß in einer realen Situation stattfinden, die ein Abreagieren verunmöglicht oder mindert. Außerhalb der spezifischen Situation bedarf es aber auch psychischer Bedingungen, in denen sich der/die Betreffende befindet (Breuer spricht hier von einem hypnoiden Zustand, den Freud später infrage stellt), und schließlich eines psychischen Konflikts, der die gemachte Erfahrung unbewußt hält (Abwehr). Die späteren Folgen der sexuellen Kindheitstraumen (Verdrängung, Symptombildung) sieht Freud von weiteren Faktoren abhängig. Nicht alleine die Verführung wirke traumatisch, als vielmehr die Wiederkehr der Erinnerung an jene intensiven emotionalen Erlebnisse. Diese Wiederkehr erfolge durch postpubertäre Erfahrungen und Erregungen, sog. "spätere Traumen".
Die Wirksamkeit des Traumas setzt so immer die Existenz von mindestens zwei Ereignissen voraus: in einer ersten Szene, die das Kind einer sexuellen Annäherung durch einen Erwachsenen aussetzt, geht es um keinerlei sexuelle Erregung, wohl aber um tiefe Unlustgefühle, die das Ich überwältigen und zur Verdrängung der Erinnerungsbilder veranlassen. In einer zweiten Phase, oft eine völlig harmlos erscheinenden Szene, werden assoziativ Züge der ersten Szene wachgerufen. Diese spätere Reproduktion der Erinnerung erweckt nun jedoch - durch die Veränderungen der Pubertät - durchaus eine nachträgliche Miterregung sexueller Affekte. Diese werden ebenfalls als unlustvoll und überwältigend erlebt und sogleich in Angst verwandelt. Der primär vorhandene Unlustaffekt erfährt so eine Verstärkung - im Nachhinein. Obwohl Freud die erste Szene traumatisch nennt, wird ihr die Bedeutung erst im Nachhinein verliehen, bzw. sie wird erst nachträglich pathogen. In diesem Gedanken wird die Bedeutung, die dem äußeren Ereignis zukommt, bereits abgeschwächt und die spätere Auffassung Freuds antizipiert, nämlich den Phantasien mehr Wirkkraft einzuräumen als den realen Ereignissen.
Nun weist Freud jedoch auch auf eine Gruppe von Bedingungen hin, bei denen der "Inhalt der Erinnerungen, auf welche hysterische Phänomene zurückgehen", "sich auf Vorstellungen bezieht", "bei denen das Trauma ein allzu großes war, so daß es dem Nervensystem an Macht gebrach, sich dessen auf irgendeine Art zu entledigen" (Freud 1893, S. 23). Während das Ich auf das Durchbrechen der Reizschutzschranke hin versucht, mittels Seitenbesetzungen dem Schmerz zu entgehen, wird im Falle eines zu massiven Durchbruchs gerade dies nicht mehr möglich sein: "Je stärker (...) die Unlustentbindung, desto schwie-

riger die Aufgabe für das Ich, das mit seinen Seitenbesetzungen doch nur den Quantitäten bis zu einer gewissen Grenze ein Gegengewicht bieten kann, somit einen Primärablauf zulassen muß." (Freud 1950, S. 358) Das traumatische Ereignis löst im Ich statt der normalen Abwehr (z.B. Ablenkung der Aufmerksamkeit) eine "pathologische Abwehr" aus, die nach dem Primärvorgang funktioniert (dessen Vorbild die Verdrängung ist).

Zusammenfassend kann die Entwicklung des Traumabegriffs bei Freud wie folgt beschrieben werden: Zunächst bezeichnet Freud das psychische Trauma eher als eine Art psychischer Begleiterscheinung einer körperlichen Verletzung z.B. bei einem Unfall und zwar auch dann, wenn die körperlichen Schäden eher geringfügig sind. Entscheidend ist der Schreckaffekt, der die körperliche Verletzung begleitet. Später vertritt er die Auffassung, jedes Erlebnis, das peinliche Affekte des Erschreckens, der Angst, der Scham hervorruft, könne traumatische Wirkung haben, d.h. ein psychisches Trauma ist nun mehr ein inneres Erleben als ein von außen ausgelöster Körpervorgang. Der Bedeutungsschwerpunkt verschiebt sich schließlich noch mehr in Richtung der psychologischen Sichtweise: das Trauma beschreibt ein für die Psyche überwältigendes Ereignis, d.h. der äußere Anlaß und das innere Erleben werden identisch. Das Trauma ist Ursache und Folge. Freud führt, in Abgrenzung zu dem "großen Trauma" (Schocktrauma) und zu den Partialtraumen (summierte traumatische Wirkung verschiedener Anlässe) die "scheinbar gleichgültigen Umstände" ein, "die durch ihr Zusammentreffen mit dem eigentlich wirksamen Ereignis oder mit einem Zeitpunkt besonderer Reizbarkeit eine Dignität als Traumen gewonnen haben, die ihnen sonst nicht zuzumuten wäre, die sie aber von da an behalten " (Freud/Breuer 1895, S. 9). Die psychische Verletzung steht jetzt im Zentrum des Traumabegriffs, und zwar unabhängig von der Bedeutsamkeit, die diesem Ereignis von außen betrachtet zugemessen wird.

### 1.1.3 Das Konzept des psychischen Traumas in der Zweiten Theorie der Neurosenbildung

Das Aufgeben der Verführungstheorie (1897) wird üblicherweise als wichtiger Schritt der psychoanalytischen Theoriebildung verstanden. Mit dem Ödipuskomplex rückt die inzestuöse Beziehung des Kindes in den Mittelpunkt der psychoanalytischen Neurosenlehre. Dabei wird der Inzest nicht als reale sexuelle Beziehung zwischen Familienmitgliedern, sondern als Phantasietätigkeit des Kindes beschrieben, als Wunsch, mit dem gegengeschlechtlichen Elternteil sexuell zu verkehren. Die Persönlichkeitsentwicklung vollzieht sich entlang der Frustration dieser Bedürfnisse. Die erinnerten Verführungsszenen der Kindheit, die Freud bei seinen Patientinnen vorgefunden hatte und die zu seiner Annahme eines zweiphasischen Verlaufs der Neurosenentstehung führten, bekamen nun den Charakter von Wunschphantasien. Diese, bedingt durch die Regression der Libido, dienten, seiner revidierten Auffassung nach, der Abwehr eigener infantiler Sexualbetätigung. Das Trauma verlor seinen vormals zentralen Status und wurde in seiner Bedeutung für die Entstehung neurotischer Symptome relativiert. Freud widmete sich statt dessen der Libidoentwicklung, den kindlichen Sexualpraktiken und deren unbewußter Verarbeitung im späteren Leben. Eine traumatische Wirkung wurde von nun an mehr jenem Erleben zugeschrieben, das sich auf Ängste und Konflikte oder Triebäußerungen richtet, d.h. auf die inneren Bedingungen. Als traumatisch wurde die Wahrnehmung oder das Andrängen unbewußter triebhaft-lustvoller und somit bedrohlich-schuldhafter Wünsche gesehen. Freud schrieb dazu: "Wenn die Hysteriker ihre Symptome auf erfundene Traumen zurückführen, so ist eben die neue Tatsache die, daß sie solche Szenen phantasieren und die psychische Realität verlangt neben der praktischen Realität gewürdigt zu werden. Es folgte bald die Einsicht, daß diese Phantasien dazu bestimmt seien, die autoerotische Betätigung der ersten Kinderjahre zu verdecken, zu beschönigen und auf eine höhere Stufe zu heben, und nun kam hinter diesen Phantasien das Sexualleben des Kindes in seinem ganzen Umfange zum Vorschein." (Freud 1914, S. 56)

Die Betonung der Bedeutsamkeit der Phantasien führte zu einer neuen Schwerpunktsetzung, bis hin zu einer Umkehrung der ursprünglichen Sichtweise. So sah z.B. Abraham sexuelle Kindheitstraumen nun als Ausdruck einer abnormen masochistischen Disposition der Libido an, die vom Kind unbewußt inszeniert würde. Dies führte bei ihm zu dem radikalen Schluß, daß weder "provozierte" noch "erlittene" Traumen für die Ätiologie psychischer Erkrankungen von Bedeutung seien. Die irrtümliche Annahme, die Psychoanalyse mache einzig das Kind zum Verführer, den Erwachsenen zum Verführten, mag hier begründet sein.

Die Abkehr Freuds von der Verführungstheorie geschah jedoch weder so plötzlich noch so vollständig, wie dies in der Kontroverse suggeriert wurde, die sich nach der vollständigen Veröffentlichung seines Briefwechsels mit Fließ (Freud 1986) entspann. Freud hatte bereits zu der Zeit, als er noch jene Theorie vertrat, angenommen, daß nicht das reale Erlebnis allein, als vielmehr die "assoziativ geweckte Erinnerung an frühere Erlebnisse" die Krankheit verursache. Wie eine Bruchstelle bei der Erweiterung des Traumakonzeptes um den Bereich der Phantasien mutet eine Passage aus einem Brief an Fließ vom 2.5.1897 an: "Ich habe zuerst eine sichere Ahnung von der Struktur einer Hysterie gewonnen. Alles geht auf die Reproduktion von Szenen, die einen sind direkt zu bekommen, die anderen immer über vorgelegte Phantasien. Die Phantasien stammen aus nachträglich verstandenem Gehörtem, sind natürlich in all ihrem Material echt. Sie sind Schutzbauten, Sublimierungen der Fakten, Verschönerungen derselben, dienen gleichzeitig der Selbstentlastung. Ihre akzidentelle Herkunft vielleicht von den Onaniephantasien. Eine zweite wichtige Erkenntnis sagt mir, daß das psychische Gebilde, welches bei Hysterie von der Verdrängung betroffen wird, nicht eigentlich die Erinnerungen sind, denn kein Mensch ergibt sich ohne Grund einer Erinnerungstätigkeit, sondern Impulse, die sich von den Urszenen ableiten. Nun überschaue ich, daß alle drei Neurosen, Hysterie, Zwangsneurose und Paranoia dieselben Elemente aufweisen (nebst derselben Ätiologie), nämlich Erinnerungsstücke, Impulse (von der Erinnerung abgeleitet) und Schutzdichtungen, aber der Durchbruch zum Bewußtsein, die Kompromiß- also Symptombildung geschieht bei ihnen an verschiedenen Stellen; bei der Hysterie sind es die Erinnerungen, bei der Zwangsneurose die perversen Impulse, bei der Paranoia die Schutzdichtungen (Phantasie), die unter Kompromißentstellung ins Normale durchdringen." (Freud 1950, S. 169f.) Phantasien haben hier die Aufgabe, reale Ereignisse zu verschleiern, um sie erträglich zu machen, während später der Bezug der Phantasie zur Realität stärker vernachlässigt wurde.

Die Gründe für den Wandel in Freuds Auffassung mögen noch ungeklärt sein. Wichtig aber scheint mir in diesem Zusammenhang der Hinweis, daß für Freud die Theorie der realen Verführung immer noch verbunden war mit der Hoffnung auf die Entdeckung einer physiologischen Pathogenese der Neurosen: die zu früh aktivierten erogenen Zonen setzen Angststoffe frei, die abgewehrt werden müssen. Diese Hoffnung und mit ihr "die Erwartung des ewigen Nachruhms", hat er nach dem Widerruf aufgegeben (vgl. dazu Hirsch 1987, S. 21). Freuds Ambivalenz hinsichtlich der Frage, wieviel Einfluß der realen Verführung zugestanden werden muß, zieht sich durch sein ganzes Werk. Die Existenz, Häufigkeit und den pathogenen Wert real erlebter Sexualtraumen hat er immer betont, verlegte sie jedoch zunächst in einen späteren Lebensabschnitt.*) Er unterschied auch weiterhin "die bisherigen Grundlagen des Lebens 'erschütternde' traumatische Erlebnisse" von jenen, die wesentlich durch die psychische Realität determiniert sind. In den Vorlesungen zur Einführung in die Psychoanalyse trennt er zwischen der Pathogenese

---

*) "Besonderes Interesse hat die Phantasie der Verführung, weil sie nur zu oft keine Phantasie, sondern reale Erinnerung ist." Freud bezieht sich hier jedoch v.a. auf die reale Verführung durch ältere Geschwister, die inzestuöse Phantasien bedingen. Er fährt dann allerdings fort: "Glauben Sie übrigens nicht, daß sexueller Mißbrauch des Kindes durch die nächsten männlichen Verwandten durchaus dem Reiche der Phantasie angehört. Die meisten Analytiker werden Fälle behandelt haben, in denen solche Beziehungen real waren und einwandfrei festgestellt werden konnten. Nur gehören sie auch dann späteren Kindheitsjahren an und waren in frühere eingetragen worden." (Freud 1916/17), S. 385)

der Neurosen und schweren Traumen. "Es kommt (...) vor, daß Menschen durch ein traumatisches, die bisherigen Grundlagen ihres Lebens erschütterndes Ereignis so zum Stillstand gebracht werden, daß sie jedes Interesse für die Gegenwart und Zukunft aufgeben und dauernd in der seelischen Beschäftigung mit der Vergangenheit verharren, aber diese Unglücklichen brauchen dabei nicht neurotisch zu werden." (Freud 1916/17, S.276)
1920 greift Freud in "Jenseits des Lustprinzips" seine früheren Gedanken zur Traumatisierung wieder auf. Im Zusammenhang mit dem bereits erwähnten Bild des "Bläschens" wiederholt er seine Definition von einer traumatischen Situation als Durchbrechung des Reizschutzes. Dabei ist jedoch nicht mehr allein die Größe und Massivität des äußeren Reizes ausschlaggebend, als vielmehr die Vorbereitung des Ich, die seiner Meinung nach dort wirkt, wo das Trauma eine gewisse Stärke nicht übersteigt. Der Reizschutz wird hier also als Ich-Funktion verstanden, die es bis zu einem gewissen Grad erlaubt, zu starke Reize abzuhalten. Ist das Ich jedoch unvorbereitet, d.h. überwiegt das Moment der Überraschung, entfällt dieser Schutz: das Lustprinzip wird sofort außer Kraft gesetzt. Das Ich wird gezwungen, Aufgaben "Jenseits des Lustprinzips" zu erfüllen: nämlich die Erregung so zu binden, daß sie später abgeführt werden kann. Freud kritisiert den synonymen Gebrauch der Begriffe Angst, Furcht und Schreck und legt nahe, sie in ihrer Beziehung zur Gefahr auseinander zu halten. "Angst bezeichnet einen gewissen Zustand wie Erwartung der Gefahr und Vorbereitung auf dieselbe, mag sie auch eine Unbekannte sein. Furcht verlangt ein bestimmtes Objekt, vor dem man sich fürchtet; Schreck aber benennt den Zustand, in den man gerät, wenn man in Gefahr kommt, ohne auf sie vorbereitet zu sein, betont das Moment der Überraschung. Ich glaube nicht, daß die Angst eine traumatische Neurose erzeugen kann; an der Angst ist etwas, was gegen den Schreck und also auch gegen die Schreckneurose schützt." (Freud 1920, S. 222f.) Der Einbruch in das Seelenleben führt dazu, daß von allen Seiten Gegenbesetzungsenergie aufgeboten werden muß, "zu deren Gunsten alle anderen psychischen Systeme verarmen, so daß eine ausgedehnte Lähmung oder Herabsetzung der sonstigen psychischen Leistung erfolgt". (Freud 1920, S. 240)*)
Die Bedingung für einen traumatischen Reizdurchbruch ist nach Freud das "Feh-

*) Unter "Gegenbesetzung" wird die Besetzung von Vorstellungen und Verhaltensweisen etc. beschrieben, die es dem Ich ermöglichen, unbewußte Vorstellungen und Wünsche unbewußt zu halten. Sie ist ein Bestandteil der Verdrängung, die ihre Energie aus dem ersten Schritt, nämlich der Rücknahme von Besetzung, die an unlustvolle Vorstellungen gebunden war, bezieht. Ziel ist es, die Verdrängung so konstant wie möglich aufrechtzuerhalten. Die Gegenbesetzung wird später auch vor allem bei den Abwehroperationen der Isolierung oder des Ungeschehenmachens wichtig. Beim Trauma wird der Begriff Gegenbesetzung benutzt zur Beschreibung von Abwehrreaktionen gegen das Eindringen äußerer Reize.

len der Angstbereitschaft, welche die Überbesetzung der den Reiz zunächst aufnehmenden Systeme mit einschließt". Bei der fehlenden Angstbereitschaft sind infolge der niedrigen Besetzung die Systeme weniger imstande, "die ankommenden Reizmengen zu binden, die Folgen der Durchbrechung des Reizschutzes stellen sich um so vieles leichter ein". ( S. 241) Die Wiederholung des traumatischen Erlebnisses in Träumen, in denen die entsprechende Situation wiederbelebt wird, quasi um sie dadurch nachträglich zu bewältigen, wird mit dem Wiederholungszwang in Verbindung gebracht. Das Trauma setzt nach Freud jene Bedingungen, die das Lustprinzip verlangt, außer Kraft und bedroht so die Integrität des Subjekts auf radikale Weise. Aufgabe der Träume ist es, die "Reizbewältigung unter Angstentwicklung nachzuholen". (S. 241) Vereinfacht könnte man sagen, daß Freud die Symptome der traumatischen Neurosen aus der notwendigen Zielsetzung erklärt, die durch das Trauma in den seelischen Apparat eingedrungenen Reizmengen im Nachhinein zu binden und abzuführen. Bei diesem Versuch, der abhängt von einer Wiederholung der traumatischen Situation, kann Unlust nicht vermieden werden.
1926 griff Freud den Traumabegriff erneut auf im Rahmen seiner 2. Angsttheorie. Er unterscheidet zwischen der traumatischen und der Gefahrensituation und entsprechend zwischen automatischer Angst und Signalangst. Automatische Angst setzt angesichts einer traumatischen Situation ein: das Ich kann einen exzessiven Zuwachs an unlustvoller Erregung, die aus äußeren und inneren Quellen rührt, nicht verarbeiten und befindet sich in einem Zustand von Hilflosigkeit und Überwältigung durch diese Angst. Angst als Signal dagegen ist die Antwort des Ich auf eine drohende traumatische Situation: Unlust ist antizipierbar und entsprechende Abwehrmaßnahmen können eingeleitet werden. In dieser Konzeption gewinnt das Trauma - unabhängig von der traumatischen Neurose - wieder an Bedeutung: es wird eine Art Symmetrie zwischen dem inneren und äußeren Angegriffensein angenommen.

### 1.1.4 Traumatisches Ereignis und innerer Konflikt: weiterführende psychoanalytische Überlegungen

In einem Vortrag 1932 unternahm Ferenczi den Versuch, die Verführungstheorie erneut zu formulieren. Ferenczi hatte sich bei der Arbeit mit schwer gestörten Patienten selbst mehr in die therapeutische Beziehung eingebracht, als dies bei neurotischen Patienten üblich war und verstand seine Rolle mehr als Teil eines interpersonellen Prozesses, in dessen Rahmen frühe Mangelsituationen regressiv reproduziert und sichtbar gemacht werden könnten. Anders als bei

Freud (das Trauma bestimmt das Triebschicksal) war Ferenczis Traumabegriff gerichtet auf die Veränderungen in der Beziehung zum Objekt (zu äußeren Objekten und deren inneren Repräsentanzen). "Schwer zu erraten ist das Benehmen und das Fühlen von Kindern nach solcher Gewalttätigkeit. Ihr erster Impuls wäre: Ablehnung, Haß, Ekel, kraftvolle Abwehr. (...) Dies oder ähnliches wäre die unmittelbare Reaktion, wäre sie nicht durch eine ungeheure Angst paralysiert. Die Kinder fühlen sich körperlich und moralisch hilflos, ihre Persönlichkeit ist noch zu wenig konsolidiert, um auch nur in Gedanken protestieren zu können, die überwältigende Kraft und Autorität des Erwachsenen macht sie stumm, ja beraubt sie oft der Sinne. Doch dieselbe Angst, wenn sie einen Höhepunkt erreicht, zwingt sie automatisch, sich dem Willen des Angreifers unterzuordnen, jede seiner Wunschregungen zu erraten und zu befolgen, sich selbst ganz vergessend sich mit dem Angreifer vollauf zu identifizieren. Durch die Identifizierung, sagen wir Introjektion des Angreifers, verschwindet dieser als äußere Realität und wird intrapsychisch, statt extra; das Intrapsychische aber unterliegt in einem traumhaften Zustande, wie die traumatische Trance einer ist, dem Primärvorgang, d.h. es kann, entsprechend dem Lustprinzip, gemodelt, positiv- und negativ-halluzinatorisch verwandelt werden. Jedenfalls hört der Angriff als starre äußere Realität zu existieren auf, und in der traumatischen Trance gelingt es dem Kinde, die frühere Zärtlichkeitssituation aufrechtzuerhalten. Doch die bedeutsamste Wandlung, die die ängstliche Identifizierung mit dem erwachsenen Partner im Seelenleben des Kindes hervorruft, ist die Introjektion des Schuldgefühls des Erwachsenen, das ein bisher harmloses Spiel als strafwürdige Handlung erscheinen läßt." (Ferenczi 1932, S. 518/19)

Dreyfuss wies 1941 darauf hin, daß die traumatische Neurose nicht die Folge eines unzureichenden Reizschutzes, sondern die eines abrupten Abbruchs des Reizschutzes sei. Die traumatische Situation werde erst dadurch geschaffen, daß das Ich daran scheitere, sich vor überwältigenden Reizen zu schützen. Er beschreibt den Versuch des Ichs, im Moment höchster Bedrohung für Schutz zu sorgen, als Abwehrkampf, in den das Ich auch jene Kräfte schickt, die es ansonsten selbst bekämpft (das Verdrängte). Dieses letzte Mittel scheitere dann an der Übermacht der hereinbrechenden Reizmengen und führe zu intrapsychischer Panik. Es komme zu einem Bündnis zwischen dem Verdrängten und den äußeren Reizmengen, d.h. das traumatische Ereignis bewirkt einen Einbruch in den psychischen Apparat, indem es Zugang zum Unbewußten erlangt - es geht also um einen Reizschutzdurchbruch "von innen".

Fenichel, der sich auf das Konzept des normalen Reizschutzdurchbruchs bezieht, unterscheidet zwischen traumatischen Neurosen aufgrund schwerer Traumata, der Labilisierung latent neurotischer Dispositionen durch Traumen und

traumatischen Elementen bei Psychoneurosen. Er betont die Relativität des Traumabegriffs je nach den konkreten Bedingungen vor und während des Traumas, nach Konstitution und vorhergehenden Erfahrungen, die das Maß mitbestimmen, bis zu dem ein Individuum belastbar sei. Gemäß der Ich-Fähigkeit zur Antizipation und Organisation (Abfuhr/Bindung) von hereinkommender Erregung wird ein Ereignis eine traumatische Wirkung "im direkten Verhältnis dazu haben, wie unerwartet es auftritt". (Fenichel 1945, S. 170)
Die Symptome traumatischer Neurosen beschreibt er wie folgt:
- Ich-Funktionen sind blockiert oder eingeschränkt: dies dient dazu, das Hereinströmen weiterer Erregung zu binden und Energie freizuhaben zur Bindung bereits vorhandener Erregungsmengen. Geschwächt werden perzeptive und apperzeptive Funktionen, das sexuelle Interesse nimmt ab und es kommt zu regressiven Phänomenen. "Wer hilflos ist, tendiert gewöhnlich dazu, in seine Kindheit zu regredieren, weil ihm als Kind tatsächlich von 'allmächtigen' Erwachsenen geholfen wurde." (Fenichel, ebd., S. 172) Die Regression zeige sich in demonstrierter Hilflosigkeit, passiver Abhängigkeit mit oralen Zügen und einer passivrezeptiven Form der Reizbewältigung.
- Es kommt zu starken Gefühlsausbrüchen, die eine Abfuhr von Erregung darstellen, die in einer Notsituation entstanden, dort aber nicht abgeführt werden konnten.
- Schlafstörungen und Wiederholungssymptome sind ein Versuch des Ich, so bald wie möglich wieder die Kontrolle zu gewinnen.
- Psychoneurotische Komplikationen sind die Folge des entstandenen Ungleichgewichts zwischen verdrängten Impulsen und Abwehrkräften. "Je intensiver vorausgehende Verdrängungen und je unstabiler das Gleichgewicht bei den Abwehrkonflikten waren, desto schneller kann ein Ereignis einen traumatischen Charakter annehmen." (Fenichel, ebd., S. 176) Schwere Traumen erschüttern das Gleichgewicht insofern, als daß alle differenzierten Funktionen ihrer Besetzungen beraubt werden - eben auch die, die durch Verdrängung gebunden sind. Alte Ängste werden remobilisiert. "Ungemein bezeichnend ist bei der Reaktion auf ein Trauma, daß sofort assoziative Verbindungen zwischen dem traumatischen Ereignis und frühkindlichen Konflikten hergestellt werden, die durch das Ereignis reaktiviert werden. Alte frühkindliche Ängste und Bedrohungen tauchen plötzlich wieder auf und werden ernst genommen." (Fenichel, ebd., S. 179) Dabei kann ein Trauma als Wiederholung älterer Traumen fungieren oder eine gegen frühe Traumata "abschirmende Funktion" haben.
Aufgrund ihrer klinischen Erfahrung in der Behandlung von Kriegsneurosen hat Zetzel 1943 dargestellt, daß der Schweregrad der Traumatisierung und die Behandlungsprognose davon abhängig sind, wieviel Angst und Bedrückung in

der Vorgeschichte der Betreffenden aufgetreten waren. Entscheidend sei die Fähigkeit, im Angesicht von Gefahr Signalangst zu erzeugen und somit die traumatische Situation eher als "erwartete" zu erleben. Personen, die die innere und äußere Gefahr eher omnipotent verleugnen, keine Ängste entwickeln, Gefahr nicht antizipieren, werden von einer traumatischen Situation eher überwältigt im Sinne eines Angstausbruchs, bei dem die primäre Angst vorherrscht. Damit liegt das Wesentliche in der strukturellen Position des Ich, der Abwehrlage in Form einer mangelnden Entwicklung des "Erwartungsapparates". Dieser Mangel der Persönlichkeitsstruktur findet sich gerade bei "supernormalen" Individuen.

Lorenzer und Thomä haben 1965 Zetzels Hypothesen aufgegriffen, z.T. kritisiert und weitergeführt. Anhand von Krankengeschichten kommen sie zu folgenden Resultaten: Es finden sich in den Vorgeschichten traumatisierter Patienten dramatische traumatische Ereignisse, die zu "stummen pathologischen Erlebnisreaktionen" (Lorenzer, Thomä 1965, S. 682) führen, d.h. es kommt lediglich zu spärlichen Symptomen oder Verhaltensauffälligkeiten, die eher unbeachtet bleiben. Ein weiterer Anlaß, der einem Außenstehenden eher wenig oder überhaupt nicht bedeutsam erscheinen mag, aber thematisch in Zusammenhang mit dem ersten Ereignis steht, fügt "die zu der früheren äußeren Kränkung passende innere Kränkung" hinzu und so zur Dekompensation. Diese Annahme einer zweiphasigen Symptombildung erklärt den Zusammenbruch damit, daß das Ich seine bindenden Kräfte im ersten Konflikt erschöpft. Die "verzögerte Traumareaktion" wird als eine Folge des Abwehrmechanismus der Verleugnung gesehen, der zum Schutz gegen unerträgliche Wahrnehmungsreize eingesetzt wird.

Im gleichen Jahr analysiert Lorenzer (1965) das Abwehrsyndrom der Isolierung als vorrangige Reaktion auf eine schwere narzißtische Kränkung. So beschreibt er Patienten, die auf eine schwere Schädigung mit Gleichgültigkeit, Gefühlskälte reagieren und gleichzeitig eine Fixierung an die Schädigung anzeigen - was für eine Verschiebung der Affekte ins Unbewußte spricht. Dabei bleibe allerdings die Realitätswahrnehmung intakt: geleugnet werden die Affekte, die durch die Traumatisierung repräsentierten Werte oder Themen dagegen werden eher überbewertet, d.h. die Affekte tauchen versteckt auf in der Verstärkung bestimmter Gedankenzüge (z.B. bei Verlust des Augenlichts durch einen Unfall, indem visuelle Werte überbetont werden). Die drei Bedingungen (erhaltene Realitätswahrnehmung, Leugnen der Affekte und Reaktionsbildung) sprechen für den Abwehrmechanismus der Isolierung, zu dem das Ich sonst nur gegen triebbedingte Impulse greift. Der sich bei den Patienten zeigende zwangsneurotische Zug bleibe beschränkt auf die Thematik des Traumas. Eine Auf-

klärung des Problems der Traumatisierung ist so nach Lorenzer nicht von einer "Konfliktspezifität" (Zetzel) zu erwarten, vielmehr müsse sich der Blick auf das Feld zwischen "Realität" (traumatisches Ereignis) und Ich (Abwehr) richten, was bedeutet, daß die auslösende Situation genauer betrachtet werden muß. Die von Zetzel herausgestellte "Pseudonormalität" erklärt Lorenzer durch die Nähe der Abwehr zur "Depersonalisation" begründet. Die Teilnahmslosigkeit kann ein Zeichen einer struktuellen Ich-Spaltung sein, die sich in "Starre und Unveränderlichkeit" äußere. Lorenzers Traumabegriff beinhaltet so zweierlei: "Die Situation ist traumatisch, wenn in ihr das, wofür das Individuum unvorbereitet ist, geschieht, wobei in dem Begriff 'unvorbereitet' (...) ein Doppeltes sich ausdrückt: das Fehlen eines Bewältigungsapparates und zugleich die Konfrontierung mit einer Situation, in der das Ich in eine Position kommt, die unter keinen Umständen Wirklichkeit werden darf." (Lorenzer 1965, S. 698)
Bei dem Versuch, die traumatische Neurose von der Psychoneurose abzugrenzen, kommt Lorenzer (1966) zu folgenden Unterscheidungen: Von traumatischen Reaktionen spricht er, wenn es zu vorübergehenden strukturellen Umformungen ohne bleibende Ich-Veränderungen kommt, also zu zeitweiligen Störungen des psychischen Gleichgewichts, ohne daß bereitliegende Konflikte ausgelöst werden. Bei Psychoneurosen spielt das Trauma nur die "blasse" Rolle eines "agent provocateur", es trifft auf eine bereits fertige Konfliktschablone. Als traumatische Neurose dagegen bezeichnet er solche Verläufe, "bei denen die pathogenetisch bedeutsame Umstrukturierung in der traumatischen Situation im Erwachsenenalter erfolgt", sich also eine bleibende Veränderung des psychischen Apparats aufgrund des späteren Traumas einstellt.

## 1.2 Zur Anwendung des Traumatisierungskonzepts bei Extremtraumatisierungen

Die unvergleichlich brutale Grausamkeit der Traumatisierung von Verfolgten in den Konzentrationslagern des Nationalsozialismus hat bei Überlebenden Schädigungen hinterlassen, die mit dem Begriff des "Überlebenden-Syndroms" (Niederland) gekennzeichnet wurden. Versuche, das Geschehene und seine Auswirkungen psychologisch zu rekonstruieren, nachzuvollziehen, etwas daran zu erkennen, stießen auf Ängste und Abwehrneigungen, die sich angesichts der Konfrontation mit der Realität des Nazi-Terrors und vor allem mit den Überlebenden und dem Ausmaß des ihnen zugefügten Leids immer wieder einstellten.

Bis in die späten 50er Jahre fanden diese Ängste ihren Ausdruck in der mangelhaften Einfühlung in die Opfer, in der Verharmlosung des Geschehenen und der Leugnung seiner Bedeutung für die Einzelnen - vor allem im Rahmen der Gutachterpraxis in Wiedergutmachungs- und Entschädigungsverfahren. Die Antragstellenden wurden - aufgrund der Skepsis, daß ein Trauma keine Dauerschädigung hinterlassen könne ohne hirnorganische Spuren - nicht selten durch die Vorgehensweise und die Schlußfolgerungen der Gutachter erneut traumatisiert. Andererseits hatte es bereits in den vierziger und fünfziger Jahren Berichte von Inhaftierten (z.B. Bondy, Frankl, Adelsberger, Tas, Bettelheim, Federn) gegeben, die sich damit auseinandersetzten, welche Folgen der Terror der Lagerhaft mit seiner technisch hochgradig durchstruktuierten Destruktivität auf die Psyche und das Verhalten der Menschen hatte.
Paul Friedmann hielt 1948 einen Vortrag, in dem er die psychischen Folgen der Lagertraumatisierung beschrieb. Seine Beobachtungen auf Zypern, wo Überlebende auf dem Weg nach Palästina erneut gefangengesetzt wurden, lenkten den Blick auf die Tatsache, daß dort zahlreiche psychische Phänomene erstmalig auftraten. Er erklärte dies damit, daß durch "Assoziation oder eine Restimulierung konditionierter Reaktionen Befürchtungen und Ängste reaktiviert wurden, die zuvor in den Nazilagern erlebt worden waren". (Friedmann 1948, S. 169) Die weniger gefahrvolle Realität auf Zypern habe den Ausbruch der Symptome durch eine Minderung der Abwehr bewirkt. Die durch den KZ-Aufenthalt erzwungene Regression zu infantiler Abhängigkeit machte er verantwortlich für die Entwicklungsverzögerungen, die bei Jugendlichen festgestellt wurden.
Seit Anfang der 60er Jahre haben zunehmend Psychoanalytiker, vor allem Eissler (1963 und 1968), Niederland (1965 und 1966) und Hoppe (1962, 1965, 1968) Beiträge zur Frage der Folgen der KZ-Haft veröffentlicht. Diese Autoren beschreiben übereinstimmend ein relativ klar umrissenes Syndrom, das auf die Kombination extrem traumatischer Bedingungen zurückgeführt werden muß. Zwar variieren die Zustandsbeschreibungen - sie reichen von Psychosen über Borderline-Strukturen, Psychosomatosen bis hin zu Neurosen. Der totale Angriff auf Körper und Psyche der Inhaftierten in einer psychotischen Umwelt, führte in jedem Fall dazu, daß den Verfolgten eine Veränderung ihrer psychischen Struktur aufgenötigt wurde, um das Überleben intrapsychisch zu sichern.Die Überlebenden litten nach der Befreiung an psychosomatischen Beschwerden, Depressionen, Ängsten, Schlafstörungen, Alpträumen, ständigem Grübeln, Depersonalisationserscheinungen, Gefühlen der Unwirklichkeit, Veränderungen des Körperbildes, Zornausbrüchen, Apathie, Erosion der Zeitstruktur, dem Unvermögen, die Zukunft als sinnvoll und lebenswert zu antizipieren,

der teilweisen Amnesie, schweren Schuld- und Schamgefühlen angesichts der Tatsache, Demütigungen und Erniedrigungen ertragen zu haben.
Eissler bemerkte, daß die unbegründete Annahme sog. "Brückensymptome" (die die Zeit zwischen dem Trauma und dem Ausbruch der Krankheit füllen sollen) ein weitverbreitetes Vorurteil mit verhängnisvollen Konsequenzen war. "Das traumatisierende Ereignis führt selten sofort zu klinischen Manifestationen" (Eissler 1963, S. 175). Seiner Meinung nach kann das Manifestwerden einer psychischen Erkrankung latent gehalten werden, solange eine "Illusionsbildung" die irreale Hoffnungen auf Heilung lebendig hält. So brachen bei zahlreichen Lagerinhaftierten die Krankheiten erst dann aus, als sie ihr Reiseziel erreichten, ohne daß ihr Leben dort psychisch erträglicher wurde. Das Spezifische des KZ-Traumas sieht Eissler in der Kumulation psychotisch strukturierter traumatischer Situationen; die Verfolger sind gleichzeitig die Vertreter des geltenden Rechts. Dies führe u.a. zu dem Gefühl, sich von den Nichtverfolgten als wesensverschieden zu erleben, nicht verstanden werden zu können.
Die KZ-Traumen, die grundsätzlich die menschliche Belastungsgrenze überschritten, bewirkten generell Dauerschäden bei den Betroffenen: die ständige Todesbedrohung, das Miterleben von Folter, Mord, Willkür, der Verlust von Nahestehenden, das ohnmächtige Ausgeliefertsein gegenüber sadistischen Akten, die körperliche und seelische Zermürbung, die Entindividualisierung und Reinfantilisierung, der Entzug jeglicher eigener Strukturierung und Identitätsmittel, die dauernde Erniedrigung und Demütigung bei gleichzeitiger Notwendigkeit, zum Zwecke der Selbsterhaltung jegliche Gefühlsabfuhr zu unterdrükken. 1968 wies Eissler darauf hin, daß eine Dauerschädigung des narzißtischen Libidohaushaltes dazu führe, daß die Ich-Funktionen dauerhaft eingeschränkt und geschädigt werden. "Es gab keinen Augenblick im Leben der Gefangenen, in denen die Ich-Funktionen sich hätten erholen können." (Eissler 1968, S. 455) Der einzig mögliche Weg, der narzißtischen Entleerung zu entgehen, war die Identifikation mit dem Aggressor: "Die einzig zugängliche Quelle der lebensrettenden narzißtischen Auffüllung, um das Minimum der lebensnotwendigen Besetzungshöhe zu erhalten, war ja der Narzißmus der Gewalthaber und der Weg, diese narzißtische Quelle psychologisch nutzbar zu machen, war der der Identifizierung." (Eissler, ebd., S. 457)
Nach Niederland (1980) beherrschen die seelischen Zustände des Überwältigt- und Verringertseins, der plötzlichen, alles überflutenden Angst, des Gefühls einer Überlebensschuld, des "Anders-Seins", die gesamte innere Vorstellungs- und Gedankenwelt der Überlebenden, sowie deren Umweltbezug. Daraus ergeben sich auch massive psychosoziale Konsequenzen, vor allem für die Nachfolgegeneration, die Symptome aufweist, die denen der Eltern ähneln. Nieder-

land beschreibt die vorgebrachten Beschwerden der am Überlebenden-Syndrom Leidenden mit dem Auftreten von Ermüdung, Erschöpfbarkeit, Konzentrationsschwierigkeiten und Leistungsmängeln, nervöser Reizbarkeit, Ruhelosigkeit, Verstimmtheit, mit Neigung zu Erregung und Jähzorndurchbrüchen, emotionaler Unausgeglichenheit, Labilität, Verlust persönlicher Initiative und Antriebskraft, Affektstörungen, Schwindelgefühlen, Kopf-, Rücken- und Magenschmerzen, Schlafstörungen, Angst- und Alpträumen, allgemeiner Schwäche mit Ausfällen im Denkvermögen, und der Unfähigkeit der Anpassung an alltägliche Belastungsreaktionen.
Hoppe stellte 1962 fest, daß die zur Verfügung stehende Diagnostik sich im Falle der KZ-Überlebenden als unangemessen erwiesen habe und neue Krankheitsbeschreibungen ("chronisch reaktive Depression", "vorzeitiger Knick in der Lebenslinie", "erlebnisbedingter Persönlichkeitswandel") zur Folge hatte. Er selbst benutzt den Begriff der "chronisch reaktiven Aggression" zur Aufklärung des Zusammenhangs zwischen Depression und Aggression bei Menschen, die extremen Belastungen ausgesetzt waren. Er geht in jenen Fällen, in denen starke aggressive Reaktionen zu verzeichnen sind, psychodynamisch von der Ausbildung eines "negativen Über-Ichs und einer hysterischen Identifizierung" aus. Die Pathologie bestehe in der Unfähigkeit (wie bei Depressionen), die auf Person und Bild des Objekts gerichteten zwiespältigen Tendenzen zusammen zu bringen: die Aggression bleibe an das Objekt fixiert, da keine Introjektion des gehaßten, negativen Über-Ichs stattfand. Die nicht-neutralisierten aggressiven Triebimpulse, die im KZ zum Überleben notwendig waren, blockieren später die "Lösung der Identitätsdiffusion" (S. 529). Auf Krankengeschichten bezogen nimmt er an, "daß der Grad des Verlustes an Selbstwertgefühl proportional zum Grad der chronischen reaktiven Depression ist. Die Tiefe der Depression wird von dem Ausmaß der narzißtischen Regression und der Entmischung der libidinösen und aggressiven Triebimpulse bestimmt. Die Einbuße an Selbstwertgefühl kann von Störungen der Über-Ich-, Ich-Ideal- und der selbstkritischen Ich-Funktionen und der Selbstrepräsentanzen herrühren. Es besteht in jedem Fall eine mehr oder weniger aggressive Entwertung der Objekt- und Selbstrepäsentanzen. Anstatt den Schmerz in den Ich-Grenzen zu erleiden und ihn damit zu akzeptieren, kommt es bei (...) (den) Patienten neben aggressiven Zornreaktionen zu einer sinnlosen Anhäufung seelischen Schmerzes, der lediglich von außen her gefühlt und niemals absorbiert wird. Das Endstadium dieses andauernden Schmerzes ist Apathie." (Hoppe 1962, S. 533f.)
Bei einer von 1962 bis 1968 an 170 Verfolgten durchgeführten Untersuchung der Schädigungen und anhand mehrerer psychoanalytischer Behandlungen stellte Hoppe fest, daß 147 Überlebende psychosomatische Reaktionen aufwiesen,

unabhängig von Alter, Geschlecht, Herkunft. 28 Patienten litten unter psychosomatischen Erkrankungen. Hinsichtlich der depressiven Verstimmungen zeigte sich: "Je mehr Aggression geäußert wird, um so geringer ist die Wahrscheinlichkeit für das Auftreten psychosomatischer Erkrankungen." Letztere werden offenbar gefördert, wenn der mäßige und ausgeprägte Ärger verbunden war mit Regression und der Unfähigkeit zu sublimieren. Angst konnte offenbar in psychosomatischen Erkrankungen gebunden sein, während sie in psychosomatischen Reaktionen zum Ausdruck kommt. Hoppe schreibt: "Während in der Depression immer noch ein auf ein Objekt gerichteter Wunsch nach Hilfe zu beobachten ist, drückt der Rückzug von der Umwelt das Gefühl aus, daß kein Kontakt hergestellt, keine angebotene Hilfe angenommen werden kann und jede Möglichkeit einer Veränderung ausgeschlossen ist." (Hoppe 1968, S. 469)
Den psychischen Veränderungen, die bei den Verfolgten gefunden wurden, muß ein Anpassungswert für die Zeit der Lagerhaft zugemessen werden: die Hoffnung zu überleben war dort gebunden an eine streckenweise Verleugnung der Realität und an das Ausphantasieren einer Art innerer "Gegenwelt". Später haben sich diese psychischen Überlebensversuche als z.T. irreversible Strukturschäden herausgestellt.
Grubrich-Simitis (1979) faßt die wesentlichsten psychischen Veränderungen bei KZ-Opfern durch die Verkehrung des Freudschen Satzes zusammen: "Wo Ich war, soll Es werden." Psychodynamisch läßt sich dies wie folgt beschreiben:
- Hinsichtlich der Triebe kommt es zu einer Regression auf die oralen Interessen der Selbsterhaltung. In der Folge verschieben sich die libidinösen Besetzungen von den Objekt- auf die Selbstrepräsentanzen, besonders auf das Körperbild. Infolge andauernder sadistischer Attacken erfolgt eine Remobilisierung infantiler sado-masochistischer Triebimpulse.
- Das verstärkte Andrängen abgewehrter infantiler Inhalte wird begünstigt durch regressive Veränderungen im Ich. Der notwendige Rückgriff auf archaische Abwehrformen äußert sich vor allem in Mechanismen der Verleugnung und der Identifikation mit dem Aggressor. Unter Verzicht auf die Ich-Funktionen und Über-Ich-Inhalte, die ihre Funktion für die Regulation des psychischen Gleichgewichts verloren hatten, kommt es zu einer Entwirklichung des Erlebten, zu einer "Armierung des Ich", einem "routinisierten, nicht von Affekten begleiteten Funktionieren des Ich".
- Die Gefahr der narzißtischen Entleerung war einerseits durch die Entbehrung jeglicher narzißtischer Zufuhr von außen, andererseits durch Veränderungen im Über-Ich, vor allem im Idealselbst immens. Das vom Verfolger propagierte Feindbild setzte sich subversiv allmählich im Idealselbst fest.

Hinsichtlich der Behandelbarkeit von psychischen Störungen Überlebender gehen die Meinungen weit auseinander, was möglicherweise eine Folge der Konfrontation mit unterschiedlichen Patientengruppen ist. So variiert das Ausmaß der Störungen offenbar nach Zeitpunkt, Ausmaß und Ort der Traumatisierung. Anhand seiner therapeutischen Erfahrungen gelangt Hoppe zu folgenden Faktoren, die die therapeutische Arbeit zu berücksichtigen habe: Die erzwungene Wiederbelebung einer Störung des Urvertrauens, die erzwungene Regression zu frühkindlichen Verhaltensweisen, die Fixierung an frühere Identifikationen, die Verleugnung und Verdrängung von Kindheitskonflikten durch die traumatische Erfahrung, tiefgreifende Störungen des Körperbildes und der Über-Ich-Entwicklung und eine Verstärkung der erzwungenen Störungen durch neue Anpassungsnotwendigkeiten bzw. das Gefühl des Entwurzeltseins. Als notwendige Bestandteile des therapeutischen Verhaltens nennt er die gleichbleibende Zugewandtheit, ständiges Interesse und Kontrolle des Arbeitsbündnisses und der Übertragungsneurose, das gleichmäßige Durcharbeiten der Widerstände, den ständigen Versuch, ein ausgeglichenes Verhältnis zwischen Abstinenz und Bedürfnisbefriedigung der Patienten zu finden, die emotionale und intellektuelle Annahme aller Erlebnisse des Patienten, das Ertragen der Schilderung von Grausamkeiten, die Betonung der Rechte des Patienten, das offene Eingestehen eigener Fehler und die ständige Kontrolle der Gegenübertragung. "Es erscheint uns besonders wichtig, daß der Therapeut seine Schuldgefühle durcharbeitet, die sich z.B. auch darin zeigen können, daß er von eigenem Leiden unter den Nazis erzählt. Der Therapeut sollte ständig bereit sein, sich mit dem Angreifer identifizieren zu lassen, und seinen Verwöhnungstendenzen entgegenzutreten." (Hoppe 1965, S. 317)
Ryn (1990) unterscheidet charakteristische Phasen des Entwicklungsprozesses der Persönlichkeitsstörungen bei den Opfern:

- Phase der maximalen Mobilisierung der Schutzmechanismen, um zu überleben
- Phase der Erschöpfung
- Phase der chronischen Asthenisierung der Persönlichkeit (nach der Befreiung)
- Phase der Depression und des Verlustes der Lebensaktivität

In gleichem Maße nimmt er eine phasische Entwicklung des KZ-Syndroms an: Nach der Befreiung treten zunächst somatische Krankheiten infolge der Erschöpfung und des Hungers und der psychophysischen Traumen auf. Es folgen mehrmonatige bis mehrjährige Krankheiten in der anschließenden Phase der Latenz. Danach kommt es zu Anpassungsstörungen infolge von Persönlichkeitsstörungen, zu chronischen nervösen Zuständen, bei denen Depression und Angst überwiegen. In der nächsten Zeit herrschen Symptome vorzeitigen Alterns und letztlich Symptome einer organischen Hirnschädigung vor. Die all-

gemein beobachtete Progredienz und Chronifizierung der Leiden macht nach Ryn eine therapeutische Behandlung der Ursachen unmöglich, allenfalls die Symptome ließen sich durch therapeutische Arbeit mildern.
Mehrfach wurde inzwischen dargestellt, daß das Ausmaß der Verfolgungserlebnisse, die nicht integriert werden konnten und mit Verleugnungen oder Blokkierungen der Trauerarbeit beantwortet wurden, weit über die Generationsgrenzen hinaus reichten. Die Lagerkrankheiten eines oder beider Elternteile wirkte sich wesentlich auf die Kinder aus, bei denen häufiger als in der übrigen Bevölkerung Persönlichkeitsstörungen und nervöse Syndrome, aber auch sozialpathologische und somatische Erkrankungen auftraten. Bisherige Erfahrungen erlauben den Schluß, daß es infolge von Extremtraumatisierungen der Eltern zur sozialen Desintegration und zu Beziehungsstörungen kam, die sich in einem emotional gespannten Familienklima, im Zuspitzen von Konfliktsituationen und aggressiven Verhaltensstörungen ausdrückten. Die Kinder kamen häufig in Kollision mit den Rechtsnormen, hatten schlechte schulische Leistungen, wenig berufliche Sicherheit, verübten häufig Selbstmord. Sie litten vermehrt unter Krankheiten des Bewegungsapparates und der Verdauungsorgane.
Kestenberg (1974) berichtet, wie das Verschweigen der Massenmorderlebnisse durch die Eltern, die das Sprechen als erneut traumatisierend erleben würden, dazu führt, daß die Kinder die Verfolgungserlebnisse der Eltern ausagieren, sich mit ermordeten Verwandten identifizieren oder den elterlichen Emotionen mit eigenen Rettungsphantasien stellvertretend entgegenzuwirken suchen.
Ahlheim (1985) stellt dar, auf welche Art das Verfolgungstrauma bis in die Enkelgeneration wirkt. Am Beispiel des Therapieverlaufs mit einem 7-jährigen Mädchen wird deutlich, wie sich das Thema der Eltern, als unbewußte Reaktionsbildung auf die Erfahrungen der Großeltern während der Nazizeit, auch ohne äußere Bedrohung bei der Enkelin reproduziert, indem das Überleben der Erwachsenen geknüpft scheint an die Stärke des Kindes und dessen Sich-Unbemerkbarmachen als Kind. Störungen in der Verständigung, Kommunikationsabbrüche, Sprachlosigkeit bei dem vorherrschenden Gefühl des Bedrohtseins, des Entkommenmüssens, bestimmen das Leben des Mädchens.

## 1.3 Trauma und Traumavermeidung in der frühkindlichen Entwicklung

Die psychoanalytische Arbeit mit Kindern von Holocaust-Überlebenden macht auf besonders anschauliche Art deutlich, in welchem psychischen Feld zwischen Realität und Phantasie sich Traumatisierungen abspielen und welcher Stellenwert ihnen im Rahmen der Gesamtbiographie zukommen kann. Ich möchte deshalb später noch einmal darauf zurückkommen.

Erneut stellt sich an dieser Stelle die Frage nach dem Verhältnis zwischen innerer und äußerer Realität. Dies macht es notwendig, danach zu fragen, wie sich beides im Rahmen der kindlichen Entwicklung konstituiert und unter welchen Bedingungen der Realität bzw. ihrer Verleugnung traumatisierender Wert zukommt. Die Untersuchung traumatisierender Ereignisse in der frühen Kindheit führte zu zahlreichen Neuformulierungen und vor allem zu einer Ausweitung des Traumabegriffs. Die Bedeutung der frühen Objektbeziehungen rückte dabei in den Mittelpunkt.

Spätestens seit den Beobachtungen von R. Spitz und Bowlby weiß man um die Bedeutung, die frühe Störungen der Mutter-Kind-Beziehung sowohl auf die Trieb-, als auch die Ich- und die Selbst-Entwicklung auszuüben vermögen. Als besonders einschneidende Eingriffe in die kindliche Psyche gelten (neben pränatalen Störfaktoren, die durch starke emotionale Belastungen der Mütter auf das Kind wirken) Heimaufenthalte, häufiger Wechsel von Pflegepersonen, massive soziale und ökonomische Beeinträchtigungen des familiären Umfeldes, frühzeitige extreme Karenzsituationen, das Fehlen emotional konstanter Zuwendung und das Fehlen von "optimalen", den jeweiligen Entwicklungsphasen entsprechenden und die Autonomie des Kindes fördernden Versagungen. Als besonders problematisch wird ein schwankendes Erziehungsverhalten zwischen Verwöhnung und Härte angesehen.

Vor allem die Arbeit mit Patienten, die Suchtverhalten (Rost 1987), Delinquenz (Rauchfleisch 1981, Reinke 1987), Perversionen (Schorsch u.a. 1985, Stoller 1979, Khan 1983, Morgenthaler 1974) oder Symptome des Borderline-Syndroms (Kernberg 1983, Rhode-Dachser 1983) zeigen, machte deutlich, daß es dort zu einer frühen, tiefgreifenden Störung der Mutter-Kind-Beziehung gekommen war, die sich nicht zu einer tragend-symbiotischen Form ausgestaltet hatte und es somit an einem Fundament der Ich-Entwicklung, insbesondere der Differenzierung von Selbst und Objekten fehlt.

Als erste mögliche Fixierungsstelle gilt die nachgeburtliche Phase des Haltens, in der die Mutter absolut und umfassend die Ich-Funktionen des Säuglings vertritt. In dieser symbiotischen, wunscherfüllenden Phase wird durch das Erleben befriedigender mütterlicher Fürsorge die Grundlage für die spätere Triebentwicklung gelegt. Fehlt es - z.B. aufgrund mangelnder eigener Möglichkeiten der Mutter - an einer Fürsorge, die als "gut genug" (Winnicott 1984) angesehen werden kann, kommt es bei dem Säugling zu primitiven, archaischen Abwehrformen. Lebensgeschichtlich schlägt sich eine Störung dieser frühesten Zeit nieder z.B. im kindlichen Autismus.

Bei angemessener mütterlicher Fürsorge entwickelt sich ab dem 3. Lebensmonat die eigentliche symbiotische Einheit zwischen Mutter und Kind (Phase der "primären Liebe", nach Balint), in der der Säugling noch immer nicht zwischen Selbst und Objekt unterscheiden kann: im Erleben des Kindes - so wird angenommen - werden Bedürfnisspannungen wie von selbst befriedigt, äußere Objekte werden als zum Inneren gehörig wahrgenommen. Es entstehen erste Ich-Kerne, ein "Körperschema" (Jacobson), eine Vorstellung von der eigenen Körperlichkeit. Da die Sinnesorgane noch unzureichend entwikkelt sind, kommt der Mutter in dieser Zeit eine Reizschutzfunktion zu. Erst die zunehmende Erfahrung, daß Bedürfnisbefriedigung auf Unlustäußerung hin nicht zwangsläufig geschieht, macht die Bindung der Bedürfnisbefriedigung an die Mutter deutlich.

Das Erleben der Mutter als ein vom Selbst getrenntes Objekt gilt als nächste zu bewältigende Aufgabe der kindlichen Psyche, die allmählich ausgelöst wird durch die unweigerliche Frustration der Bedürfnisse des Kindes. Infolge seiner erweiterten sensomotorischen Fähigkeiten und vermehrter Wachstadien wird die Symbiose brüchig und eine Überbrückung der Abwesenheit der Mutter (durch "halluzinatorische Wunscherfüllung") erforderlich. Auf dem Wege der Internalisierung mütterlicher Anteile bzw. der Introjektion von "Objektimagines" (Jacobson) erwirbt das Kind erste Vorstellungen von Beziehungsaspekten, vom Selbst und dem mütterlichen Gegenüber. Wichtige Voraussetzung für eine Trennung von Selbst und Objekt ist die emotionale Erfahrung einer beständigen Interaktion mit dem mütterlichen Objekt und die Einbindung in ein förderndes Familienklima. Die Vorstellungsbilder von der Mutter bleiben zunächst noch polarisiert in versagende, "böse" und befriedigende, "gute" Mutteraspekte, die zum Schutz der letzteren getrennt gehalten werden müssen. Mit zunehmender Trennung zwischen Selbst und Objekt, mit zunehmender Individuation und Separation (Mahler u.a. 1980) von der Mutter fließen "gut" und "böse" zusammen, wird das phantasierte innere Bild mit dem realen äußeren Bild des Gegenübers in Einklang gebracht.

Der Beginn reifer Objektbeziehungen und des Aufbaus stabiler Objekt-Repräsentanzen im Selbst unterliegt zahlreichen Störungen, die traumatisierende Wirkungen haben können. Zu lange Abwesenheit des mütterlichen Objekts, Ablehnung, Gleichgültigkeit, unbewußte Schuldgefühle der Mutter oder deren überstarkes Festhalten infolge eigener Not, fixieren das Kind an seinen frühen Triebbefriedigungsmodus. Die Entwicklung der Ich-Funktionen kann beeinträchtigt werden, die notwendige Fusion von liebenden und aggressiven Beziehungsaspekten unterbleibt, Liebe ist nicht mit Zärtlichkeit assoziiert, Wut nicht neutralisiert. Archaische Aggression, die ungebunden bestehen blieb, findet sich häufig bei Vergewaltigern.

Die Störungen in der Zeit der Symbiose, der Loslösung, Individuation und vor allem in der Subphase der Wiederannäherung, sind mehrfach beschrieben worden. Die Folgen solcher Fehlentwicklungen können Hemmungen in der Ich-Entwicklung, vor allem eine Störung der synthetisierenden Ich-Funktionen, eine Beeinträchtigung des Selbstwertgefühls, Störungen in den Realitätsbezügen, eine hohe narzißtische Kränkbarkeit, eine Erschwerung der Neutralisierung der Aggression, eine feindselige Abhängigkeit von Beziehungspersonen, eine erhebliche Ambivalenz und das zentrale Erleben extremer Hilflosigkeit sein.

Die Entstehung der "äußeren Realität" ist von Anfang an an die Beziehung zu einem Objekt geknüpft (später: zu einem Dritten). "Innen" und "Außen" bilden sich in der Interaktion und der realen Befriedigung oder Frustration. Unlustvolle Erfahrungen führen zur Einführung des Realitätsprinzips: "Erst das Ausbleiben der erwarteten Befriedigung, die Enttäuschung hatte zur Folge, daß dieser Versuch der Befriedigung auf halluzinatorischem Wege aufgegeben wurde. Anstatt seiner mußte sich der psychische Apparat entschließen, die realen Verhältnisse der Außenwelt vorzustellen und die realen Veränderungen anzustreben." (Freud 1911, S. 18) Mit der Wahrnehmung der Realität unterscheiden sich Vorstellungen, die aufgrund von Phantasien (Halluzinationen) zustandekamen, von jenen, die der Wahrnehmung der Außenwelt zu verdanken sind. (Hierzu gehört auch die verzerrte Wahrnehmung der Realität aufgrund innerer Notwendigkeiten.) Erfolgt nun im Rahmen der Primärsozialisation eine Traumatisierung (ein reales äußeres Trauma), so kommt es, wie bereits angedeutet, zu einer Art "rückwärts" gerichtetem Prozeß. Der Realitätscharakter der erlittenen Traumatisierung wird aufgegeben, als ob es gelte, die "Außenwelt" zu schützen - als weiter bestehende potentielle Befriedigungsquelle. Mit dem Ziel, traumatische Zustände im Nachhinein zu bewältigen, wird das real Erlebte zur Phantasie: das passiv Erduldete wird gewendet, indem es aktiv gestaltet, bewältigt wird.

M.R. Khan (1963) hat mit seinem Konzept des "kumulativen Traumas" auf eine spezifische Pathologie der frühen Mutter-Kind-Beziehung hingewiesen, die dann wirksam wird, wenn die Mutter ihre Reizschutzfunktion für das Kind nicht erfüllt. Es komme dadurch zu zahlreichen kleinen Traumen und nachfolgenden kindlichen Reaktionen, die nur in ihrer Addition traumatisch wirken, aber in gleicher Weise zu Verzerrungen der Ich- und Triebentwicklung führen. Das Kind könne während der Loslösung und Individuation nicht auf ein gutes, internalisiertes Mutterbild zurückgreifen, sondern finde lediglich ein Muster von schlechten Erfahrungen in sich vor.

Balint (1970) hat ein dreiphasiges Traumamodell entwickelt. Er betont, daß die Vorausetzung für jedes Trauma eine einigermaßen gelungene Einigungssituation ist, die unerwartet verändert wird. In dieser ersten Phase besteht eine Vertrauensbeziehung, in der das Kind zwar abhängig aber auf vertrauensvolle Erwartungen und die Erträglichkeit von Versagungen eingestellt ist. In der zweiten Phase tut der Erwachsene ganz gegen die Erwartung des Kindes etwas höchst Aufregendes, Schmerzhaftes, Erschreckendes, was nicht immer traumatisch wirken muß. In der dritten und eigentlich traumatischen Phase versucht das Kind, eine Wiederherstellung der Einigungssituation durch Annäherungsversuche zu erreichen. Es hofft, doch noch Verständnis, Beachtung, Trost, Wiedergutmachung zu erlangen, wird aber unverständlicherweise und unerwartet zurückgewiesen, "fallengelassen".

Anna Freud unterscheidet ein Belastungs- und kumulatives Trauma von einem retrospektiven oder Decktrauma. Die ersten beiden sieht sie als "vorbereitende Prozesse, die zum Trauma führen ohne selbst die Bedeutung eines traumatischen Ereignisses zu haben". (Anna Freud 1967a, S. 1821) In Abhängigkeit vom Alter des Kindes und von der Bedeutung, die Versagung, Strafe u.ä., für es hatten, d.h. entsprechend der durch das bisherige Leben entwickelten Belastungs- und Reiztoleranz, wirkt ein Erlebnis traumatisch oder nicht. Auch sie betont (wie z.B. auch Greenacre, Solnit u.a.) die Qualität der Erregung (im Gegensatz zur Quantität). Äußere Traumen - so Anna Freud - "verwandeln sich in Innere, wenn äußere Vorfälle aufgrund von Ähnlichkeit, Gleichzeitigkeit oder Symbolisierung mit tiefverwurzelten Ängsten oder Wunschphantasien assoziiert werden und diese zu verwirklichen scheinen." (A. Freud, ebd., S. 1826)

Sandler (1967) untersuchte den Zusammenhang zwischen einem Schock- und einem Belastungstrauma. Er stellte fest, daß in den meisten Fällen, selbst bei klassischen traumatischen Erlebnissen (wie z.B. dem Tod eines Elternteils), kein eindeutiger Zusammenhang zwischen dem Schock-Trauma und pathogenen Affekten bestand. Mehr Bedeutung mißt er deshalb dem Belastungsgrad des kindlichen Ich bei. Dauerspannungen münden häufig in ein Belastungstrauma, wenn sich die Bewältigungsmöglichkeiten erschöpfen. Verschiedene, auf das Sicherheitsbedürfnis zielende "Notlösungen" (z.B. Ich-Einschränkungen) dienen der Vermeidung der totalen Hilflosigkeit des Ich. Ausschlaggebend ist

so nach Sandler weniger das Trauma selbst, als die posttraumatischen Bewältigungsmöglichkeiten.
Es läßt sich feststellen, daß ein traumatischer Zustand dadurch gekennzeichnet ist, daß Ich-Funktionen nicht (ausreichend) verfügbar sind: entweder noch nicht (entwicklungsbedingt) oder nicht mehr (regressiv). So kann auch die "Übernahme" traumatischer Situationen der Elterngeneration, wie sie sich bei Kindern Verfolgter des Nazi-Regimes zeigte, verstanden werden als eine über Interaktionen "vermittelte" Traumatisierung: erweist sich die Objektwelt als nicht verläßlich und narzißtisch kränkend, wird auf dem Weg über Identifikationen versucht, der Störung entgegenzuwirken (vgl. auch Ferenczi 1934). Zepf u.a. schreiben, "daß unter traumatischer Sozialisation die traumatische Realität zur bloßen Phantasie verkommt, während unter neurotogenen Traumatisierungen die Realität durch Phantasien verzerrt wird" (1986, S. 142), d.h. im letzteren Fall wird die Realität aufgrund der Interaktionsformen mißverstanden. J. Kogan weist darauf hin, daß das von Holocaust-Überlebenden auf die Kinder übertragene Trauma zwischen Realität und Phantasie anzusiedeln ist: zur Realität der Eltern gehörend, wird es vom Kind als Teil seiner selbst phantasiert. "Die Phantasie wird in diesem Fall dazu benutzt, den Unterschied zwischen 'Ich' und 'Nicht-Ich' auszulöschen, da sich das Kind ganz und gar mit dem traumatisierten Elternteil identifiziert. Das vermittelte Trauma ist ein Teilen des realen Traumas in der Phantasie." (Kogan 1990, S. 533) Die Struktur solcher Traumatisierungen beschreibt sie so, daß das Kind versucht, den Erwachsenen Trost aufgrund deren Unzulänglichkeit zu spenden, um doch noch Fürsorge und Schutz zu erlangen und daß es hofft, durch Wiederholung des Traumas die Eltern doch noch zu verstehen. Die projizierte Abwehr von Trauer und Aggression ist ein lebensrettender Kunstgriff der Eltern, die das Kind zur Wiederholung ihrer Erfahrung benutzen müssen und durch die symbiotische Verschmelzung mit ihm die Wiederherstellung der verlorengegangen Objekte und des beschädigten Selbst anstreben.
Reale und phantasierte Traumata unterscheiden sich dadurch, daß in dem einen Fall aus erlebter Realität Phantasie (also psychische Realität) wird, die im Nachhinein bewältigt werden muß. Im anderen Fall wird aus der phantasierten Realität eine real wirksame Vermeidung einer als real empfundenen Bedrohung. Neurosen sind so, nach Freud, nicht Folgen von Traumata, sondern die Folge des Versuchs, solche antizipatorisch zu vermeiden.

# 2. Das Vergewaltigungstrauma

Um das Ausmaß der Traumatisierung durch eine Vergewaltigung zu verstehen, ist es notwendig, die konkrete Vergewaltigungssituation eingehender zu betrachten. Hierbei muß unterschieden werden zwischen dem bewußten Erleben der Situation und der inneren, unbewußten Dynamik, die sich oft erst im Laufe eines späteren therapeutischen Prozesses mitteilt, allerdings auch ablesbar ist an Reaktionen und Verhaltensweisen, die auf den ersten Blick unverständlich erscheinen. Neben der konkreten Situation der Traumatisierung gilt es, die Folgen einer Vergewaltigung und die Zeit nach einer Vergewaltigung in den Prozeß des Verstehens einzubeziehen, letztere wirkt in sehr vielen Fällen in Form einer sekundären Traumatisierung.

## 2.1 Die Vergewaltigungssituation

### 2.1.1 Die Vergewaltigung im Erleben der betroffenen Frau

Die Frauen, mit denen wir es im Rahmen unserer Arbeit in der Beratungsstelle des "Notrufs" zu tun hatten, berichten ausnahmslos, daß sie sich in der Vergewaltigungssituation vollkommen ohnmächtig, schwerwiegend gedemütigt und erniedrigt fühlten. Vorrangig berichten alle von massiven Angstgefühlen: Angst vor schwerwiegender körperlicher Schädigung, Verstümmelung und sehr häufig Angst vor dem Tod. Dabei überlagert diese Angst um das eigene Leben in fast allen Fällen die Angst vor dem sexuellen Übergriff. Sehr deutlich teilt sich so den Frauen mit, daß Vergewaltigung primär ein Aggressionsdelikt ist, bei dem die Sexualität nur eine "transportierende" Rolle spielt - was aber nicht heißt, daß sie keine Rolle spielt. Unabhängig davon, ob der Täter fremd, bekannt, vertraut war, ob es sich um eine Gruppenvergewaltigung oder einen Einzeltäter handelte, ob die Vergewaltigung in der eigenen Wohnung oder in ungewohnter Umgebung stattfand, wie lange der Gewaltakt dauerte (von wenigen Minuten bis hin zu mehreren Wochen), ob der Täter bewaffnet und wie groß das Ausmaß der körperlichen Gewaltanwendung war, berichten die Frauen von unbändiger panischer Angst, die sich bei fast allen bis zu dem Empfinden steigerte, daß es das eigene Leben zu retten gelte. Die Tat wird als Terrorakt erlebt, in dem es dem Täter darum gegangen sei, zu erniedrigen und zu entwerten. Die Frauen erlebten sich nicht mehr als Person, als Mensch behandelt. "Er tat, als ob ich ein Tier wär' oder ein Stück Dreck oder sonst was." Viele berichten von der Unmöglichkeit, zu glauben was ihnen da gerade geschieht. "Es war so, wie wenn ein Alptraum plötzlich wahr wird - es geschieht und du denkst: das gibt's doch nicht, das kann doch nicht wahr sein!" Die Entwertung der gesamten Person durch die gänzliche situative Macht des Täters ist dabei offenbar keine eingrenzbare Erfahrung: die Degradierung zum reinen Objekt von Aggression beinhaltet eine Art endgültige, nicht relativierbare Wertlosigkeit für das Opfer. Bereits in der Situation selbst mündet das Gefühl des gänzlichen Ausgeliefertseins, der absoluten Ohnmacht und des Benutztwordenseins in Gefühle tiefer Verzweiflung und existentieller Sinnlosigkeit. Die meisten Frauen beschreiben sich als unfähig zu irgendeiner Art von Widerstand. Sie berichten von einer Schockreaktion, die alle ihnen sonst verfügbaren Möglichkeiten und verläßlichen Reaktionsformen außer Kraft setzte, auf die sie sich üblicherweise auch unter Angst noch beziehen konnten. "Wie willenlos" oder "als ob ich eine Maschine wäre" beschreiben die Frauen ihre objekthafte und paralysierte Verfassung. Auch in den wenigen Fällen, in denen Frauen zu körperlicher Gegenwehr griffen oder zu Versuchen fähig waren, den Täter mittels "psychologischer Hilfsmittel", wie z.B. Appellen, persönlichem Ansprechen, Bitten, Ingangsetzen eines Gesprächs, Zeitschinden, Vortäuschen von Krankheit aufzuhalten, hatten sie das Gefühl, dies quasi "automatisch", ohne Überlegungen getan zu haben. Da auch psychischer und physischer Widerstand offenbar sehr selten zur Vermeidung der Vergewaltigung führt, mündet auch die noch aktivere Handhabung der Situation bei den meisten in eine passiv-gefügige Haltung der Resignation. So scheint das vorrangige Gefühl das zu sein, die Kontrolle über die Situation gänzlich verloren zu haben und nichts tun zu können, um sie zu wenden.

So zeigte eine Frau, die durch tatkräftigen Einsatz ihrer Körperkraft drei Männer in die Flucht schlagen konnte und so offensichtlich einer Vergewaltigung entkam, die gleichen Anzeichen und Symptome, wie sie sich sonst bei Vergewaltigungsopfern finden: sie berichtet, daß sie nicht den Eindruck hatte, daß sie selbst es war, die sich so erfolgreich zur Wehr setzte. Denn dies sei normalerweise gar nicht ihre Art.

In anderen Fällen erwies sich, daß Frauen, die gewissermaßen auf die Möglichkeit eines sexuellen Übergriffs vorbereitet waren (z.B. durch Teilnahme an Selbstverteidigungskursen), in der realen Situation keinen Gebrauch von diesen Mitteln machen konnten, was das Gefühl der eigenen Ohnmacht um jenes des Versagthabens ergänzte. Am häufigsten sind Berichte von Frauen, in denen diese sich als handlungsunfähig und unfähig zu klarem Denken beschreiben. Offenbar werden in der Vergewaltigungssituation nur solche Handlungsversuche unternommen, von denen angenommen wird, daß sie den Täter nicht noch mehr reizen und so das eigene Leben zusätzlich gefährden können.

Erst nach längerer gemeinsamer Beratungs-Arbeit sind Frauen dazu in der Lage, sich mit der Situation kurz vor der Vergewaltigung gefühlsmäßig zu beschäftigen, wobei es hier oft um die Frage geht, ob sich die Tat im Vorfeld angekündigt hat - was ja auch beinhaltet, ob sie zu vermeiden gewesen wäre. Dabei ist ein Widerspruch auffallend, der sich häufig findet: immer wird die Tat als plötzlich und unerwartet, wie aus heiterem Himmel erlebt, auch dort, wo zwischen Opfer und Täter eine vorherige Beziehung bestand oder sich anbahnte. Gleichzeitig aber sprechen viele Frauen von einem diffusen Gefühl dumpfer Vorahnung einer gefährlichen oder aber zumindest nicht stimmigen Situation, das in der Regel durch Selbstbeschwichtigung oder -bezichtigung der Falschwahrnehmung zum Schweigen gebracht wurde. Offenbar wird die Wahrnehmung der Gefahr bereits abgewehrt, Gefahrensignalen wird nicht getraut. Unsicherheiten vor allem bei erotisch gefärbten Kontakten, "Anstand", Höflichkeit und das Sich-Zurücknehmen gegenüber dem anderen bilden später einen Kern des Gefühls, für das Geschehene mitverantwortlich zu sein.

Um sich einen Rest von Kontrolle über die Situation zu bewahren, greifen die Frauen offenbar unbewußt zu Abwehrformen, die der Rettung der Ich-Funktionen und dem Schutz vor den alles zu überschwemmen drohenden Gefühlen dienen sollen: in Ohnmacht fallen, ein Gespräch mit dem Täter beginnen, Selbstgespräche führen, an etwas ganz Bestimmtes denken, mit dem Täter partiell "kooperieren" (z.B. sich "freiwillig" ausziehen). Diese können als durch die Angst diktierte Verhaltensformen verstanden werden, die gleichzeitig auch der Selbstberuhigung und der Selbstvergewisserung durch Aktivität dienen. Das relativ häufig beschriebene Gefühl der "Unwirklichkeit", das dazu führen kann, die sexuellen Handlung als unbeteiligt und leblos zu erleiden, scheint ein ähnlicher Mechanismus der Isolation und Verleugnung von Gefühlen zu sein wie jener, bei dem Frauen berichten, "gar nichts mehr gefühlt" zu haben, was es erlaubt, sich der Situation wenigstens psychisch zu entziehen. Zahlreiche andere psychische Mechanismen können als Versuche verstanden werden, die Erniedrigung und Ohnmacht in der Situation zu mildern, auch wenn der Preis, der dafür bezahlt werden muß, ein relativer hoher und langfristiger ist (z.B. Mitleid mit dem Täter als Verschiebung des eigenen Leids).

Auch nach dem Vergewaltigungsakt ist für das Opfer die Gefahr in aller Regel nicht vorbei; viele Frauen erwarten jetzt, daß der Täter sie töten, verletzen oder noch einmal von vorne beginnen könnte, und nicht selten sind sie auch real längere Zeit Gewalthandlungen ausgesetzt. Dies führt bei den Frauen auch dann, wenn der Täter sich entfernt hat oder die Frau fliehen konnte, zu dem Gefühl, sich weiterhin "totstellen", sich immer noch "ihm gemäß" verhalten zu müssen. Viele äußern fortdauernde Angst, er könne jeden Moment zurückkehren, sie verfolgen, gar nicht weg sein. Dies entspricht oft genug auch den realen Todesdrohungen des Täters, falls die Frau sich jemandem mitteile, Anzeige erstatte, nicht ruhig liegen bleibe. Nicht selten folgen einer Vergewaltigung weitere oder die Frauen müssen die restliche Nacht bei dem Täter verbringen. Zwischen der endgültigen Befreiung und dem letzten Sexualakt liegen häufig mehrere Stunden. Die Gefühle nach einer Befreiung reichen vom psychischen Zusammenbruch, völliger Desorientierung, anhaltender Apathie, die auch wie Gleichgültigkeit erscheinen kann, bis zur vorübergehenden Euphorie (noch am Leben zu sein) oder zu paradoxen Reaktionen. Dabei bleiben wesentliche Empfindungen aus der Tatsituation bestehen.
Zahlreiche Untersuchungen, die sich mit der psychischen Situation von Vergewaltigungsopfern beschäftigen , bestätigen die hier beschriebenen Reaktionen (vgl. Burgess und Holmstrom 1979a,b,c, Hilberman 1976, Weis 1982, Metzger 1976, Schlötterer 1982, Weis und Borges 1973, Lorke und Ehlert 1985). Unklar bleibt dabei jedoch, welche psychischen Mechanismen die Dynamik der Traumatisierung bestimmen - dies soll im folgenden Gegenstand sein.

### 2.1.2 Zur psychischen Dynamik traumatischen Erlebens

Fast ausnahmslos beschäftigen sich die Frauen, mit denen wir im Rahmen unserer Beratungsarbeit Kontakt hatten, intensiv mit der Person und den möglichen Motiven des Täters. Selbst in den selteneren Fällen, wo ein Fremder überfallartig eine Frau vergewaltigt, finden sich intensive Gefühle der Bindung an diesen Mann, die sich u.a. darin ausdrücken, daß - auch um den Preis der Ausblendung der Realität - eine absurd erscheinende Hoffnung spürbar wird, der Täter könnte die Tat bereuen, wiedergutmachen, der Frau "vergeben", ja gar sie "trösten". Manchmal verhindern Schuldgefühle oder auch die Abwehr von Beraterinnen die Thematisierung dieser für Außenstehende schwer verständlichen Wünsche , diese tauchen aber dann im Verlauf der weiteren Arbeit plötzlich auf.

Ein relativ häufiges Phänomen ist es, daß Frauen sich erst in dem Moment an uns wenden, wo sie im Gerichtssaal mit dem Täter konfrontiert werden, und sie beschreiben dessen Verhalten dort als den "eigentlichen Schock". Auch wenn ihnen dies selbst irrational erscheint, so haben sie doch erwartet, daß der Täter sich ihnen und ihrem Anliegen in irgendeiner Art zuwendet. Die Phantasien reichen von dem Wunsch nach Schuldeingeständnis des Mannes bis hin zu einer Art "Versöhnung", zu einem Trost für sich selbst. Dies findet im Gerichtssaal aber nicht statt - auch dort, wo der Täter reumütig und geständig ist, setzt dieser innere Trost nicht ein. Ebensowenig haben Frauen, für die die Gerichtsverhandlung eine rächende Wiedergutmachung beinhalten könnte, im Anschluß daran irgendein Gefühl von Genugtuung. Es kommen Fälle vor, in denen sich Opfer noch einmal mit dem Täter treffen, in denen es bei einem Treffen gar zu einem erneuten sexuellen Kontakt kommt. In einem - für alle Beteiligten unbegreiflichen - Fall kehrte eine junge Frau, die über viele Stunden von einem Mann sehr mißhandelt wurde, von einem Einkauf, zu dem er sie danach schickte, anordnungsgemäß in die Wohnung des Täters zurück, ohne die Chance zur Flucht zu nutzen. Der Stellenwert eines von außen auf die Psyche hereinbrechenden Ereignisses für den subjektiven Erlebnisprozeß und Bedeutungszusammenhang läßt sich nicht alleine aus der manifesten Struktur der Vergewaltigungssituation erklären. Ein Erklärungsmodell für den Einbruch eines objektiv sinnlosen Traumas in die subjektiven Sinnstrukturen und die in diesem Zusammenhang psychisch notwendig werdenden Aktivitäten haben Lorke und Ehlert (1985 und 1988) vorgelegt. Ihr Konzept von der Psychodynamik der traumatischen Reaktion hat sich in unserer Arbeit als schlüssig, praktikabel und hilfreich für das Verständnis der betroffenen Frauen erwiesen. Ich möchte deshalb im folgenden ausführlicher darauf eingehen.

### *Reinfantilisierung und Ich-Schwächung*

Wie bereits dargestellt, ist das Hauptkennzeichen einer traumatischen Konstellation in einer Vergewaltigungssituation ein radikales Macht-Ohnmachtgefälle. Der Täter verfügt im Moment der Tat sowohl faktisch als auch in der Wahrnehmung der vergewaltigen Frau über die Macht über Leben und Tod und zwingt die Frau in eine massive existentielle Abhängigkeit. Ihr bleibt in dieser Situation keine andere Möglichkeit, als sich dem Täter zu unterwerfen, um das eigene psychische Überleben zu sichern. Diese Unterwerfung unter den Willen des Täters findet in dessen psychischer Problematik ihre Entsprechung (vgl. Abschnitt 3).
Das als allmächtig erlebte Objekt einerseits und die unbeherrschbare Angst andererseits erzwingen auf seiten der Frau eine Reinfantilisierung: Hilflosig-

keit, Abhängigkeit und Angst schaffen einen Regressionsdruck, der die Frau in die Situation des kleinen Mädchens ihrer Kindheit zwingt. Assoziativ werden Verbindungen zwischen dem aktuellen traumatischen Erleben und frühkindlichen Bedrohungen und Ängsten (des In-Not-Seins, des Verlassenseins, des Ausgeliefertseins) hergestellt. Die in diesem Moment wiederbelebten Kindheitsängste überraschen das Ich insofern, als sie für längst überwunden galten und nun plötzlich und unmittelbar reaktiviert werden. Unbewußte, frühe Angstphantasien werden so zur Realität, während gleichzeitig zentrale Aspekte des Erlebens (Ohnmacht) zur Mobilisierung von rettenden Phantasien zwingen. Fenichel (1945, S. 172) hat darauf hingewiesen, daß für das Kind die Unterwerfung unter die mächtigen Eltern das Versprechen enthielt, daß einem von diesen geholfen wurde. Der von außen erzwungenen Regression gesellt sich so eine innere "Notfallreaktion" hinzu: es wird intrapsychisch eine Regulierung zur Bewältigung des Notstands geschaffen. Gleich einem "Automatismus" (Fenichel), d.h. ohne Teilnahme oder Willen des Ich, werden archaische und pathologische Versuche in Gang gesetzt, mit den unerträglich schmerzhaften Spannungsempfindungen fertig zu werden, die auf gewöhnlichem Weg (durch Erregungsabfuhr oder -bindung) nicht zu bewältigen sind. Als das "Unerwartete" in der Situation kann so nicht nur die reale Situation gelten, sondern ebenso sehr die unerwartete "Wiederkehr des Verdrängten". In dem Maße, in dem das "Unglaubliche", das scheinbar Überwundene (infantile Angstphantasien) wahr wird, verwischen sich die Grenzen zwischen Realität und Phantasie. Desorientierung und Unwirklichkeitsgefühle sind die Folge. Gleichzeitig kann das Festhalten daran, daß das Realität gewordene Trauma nur ein Alptraum ist, für eine gewisse Zeit die Realitätswahrnehmung vermeiden. Zusätzlich zu dem Reizdurchbruch von außen (unkontrollierbare Reize) und innen (infantile Ängste) wird das traumatisierte Ich - nach Eissler (1968) und Grubrich-Simitis (1979) - durch den plötzlichen Abbruch narzißtischer Besetzungszufuhren bedroht, d.h. es verliert die Chance, sich seine Identität als Subjekt zu erhalten und einen Sinn darin zu sehen, Ich-Funktionen aufrechtzuerhalten.

### *Regression und Intensivierung der Abhängigkeit*

Der Infantilisierung in der Vergewaltigungssituation entspricht nach Lorke/Ehlert so regelmäßig eine Ich-Regression im Opfer, d.h. es setzt bei der Frau - nach dem Vorbild des Kindes, das auf Hilflosigkeit mit Hinwendung zu den allmächtigen Eltern reagiert - die Suche nach einem Hilfs-Ich ein, daß die ihr verlorengegangenen Einflußmöglichkeiten auf die Situation stellvertretend übernimmt. Die Hoffnung dabei ist, diese Elternfigur möge die Situation doch noch zum Guten wenden. "Es ist nun nach unseren Erfahrungen ein Spezifikum der Vergewaltigung (die hier allenfalls mit bestimmten Formen der Folter und der Situation von Opfern radikaler politischer Verfolgung zu vergleichen ist), daß es gerade der Täter ist, der aufgrund seiner momentanen Machtposition und der (...) Abhängigkeit, in der sich das Opfer von ihm befindet, in die Position der so sehnlichst herbeigeführten Elternfigur gerät. Ausgerechnet der Täter wird also vom Opfer in einem ganz radikalen Sinne als Beschützer und Garant des eigenen psychischen Überlebens erlebt." (Lorke und Ehlert, Manuskript b, S. 7) Es wird angenommen, daß die Hoffnung auf Trost durch den Täter als Elterninstanz unbewußt bei allen Vergewaltigungsopfern zu finden ist und daß dieses Versprechen der Versöhnung (Verwandlung der "bösen" in die "guten" Eltern) die Unterwerfung unter die strafenden Eltern notwendig macht.

Der hier beschriebene regressive Vorgang meint nicht (wie es Eissler, Shatan oder Lorenzer für Verfolgungstraumen annehmen) eine durch ein traumatisches Ereignis reaktualisierte kindliche Entwicklungsphase (z.B. die Reaktualisierung oraler oder anal-sadistischer Phasen), sondern stellt die strukturalen Aspekte der Situation in den Vordergrund: Ddas Opfer erlebt etwas als Realität, was es (unbewußt) schon immer befürchtete, aber gleichzeitig als unmöglich ausschloß. Wiederholt wird also nicht nur eine frühere Erlebniskonstellation, sondern es wird auch eine bisher verleugnete Wirklichkeit real. Zustände des völligen Verwirrtseins, wie sie sich bei Vergewaltigungsopfern häufig finden, sind danach Ausdruck des "Ver-rücktseins" von Realität und Phantasie, von äußerer und innerer Realität und beinhalten den Verlust der Möglichkeit zur Realitätsprüfung und zur Kontrolle der äußeren Realität. Im Gegensatz zur Bedeutsamkeit der Ich-Regression und insbesondere der Rückkehr zu primitiven Abwehrformen betonen andere Autoren die Libido-Regression bei Verfolgungstraumen. So betont Grubrich-Simitis (1979), ähnlich wie Fenichel, die Regression in Richtung auf Oralität, d.h. auf die oralen Interessen der Selbsterhaltung und in der Folge eine Verschiebung der libidinösen Besetzung von den Objekt- auf die Selbstrepräsentanzen.

Entscheidend scheint, daß, obwohl die Regression eine erzwungene ist, es sich doch um eine Ich-Tätigkeit handelt als "Reaktion auf eine Störung des adaptiven Gleichgewichts" (Heinz 1976). "Die Regressionsveranlassung besteht in einer bestimmten Reizkonstellation, die derart traumatisch wirkt, daß eine angemessene Reaktion im Sinne einer adaptiven Reizverarbeitung zunächst ausbleibt." (ebd., S. 490) Mit Hilfe der Regression läßt sich ein Mechanismus erklären, der bewirkt, daß es zu einer Verschlimmerung der Traumatisierung kommt durch den Versuch des Ich, sich aus einer unerträglichen Situation zurückzuziehen. Sowohl die infantile Abhängigkeit (Objektregression) als auch die infolge der Ich-Regression gegen die äußere Gefahr eingesetzten archaischen Abwehrmechanismen (Introjektion, Projektion) bewirken nach Lorke/ Ehlert die eigentliche Traumatisierung, obwohl sie eigentlich einen Rettungsversuch des Ich der betroffenen Frau darstellen.

*Introjektion und Projektion*

Die erzwungene und aktive Unterwerfung des Opfers kann als das psychische "Ziel" des Täters gesehen werden. Die vom Opfer erhoffte Hilfe, Wiedergutmachung, Beendigung des psychischen Schmerzes findet nicht statt. Auf der Ebene der unbewußten Objektbeziehungen entspricht dies dem Verlust der Liebe des primären Objekts. Nach Lorke/Ehlert bleibt das Opfer so in einer auswegslosen Situation gefangen: der notwendige Glaube an das eigene psychische Überleben ist gebunden an die absurde Hoffnung, die Liebe des Täters zu gewinnen, um seinen Haß zu überleben. Ferenczi (1932) und später Anna Freud (1936) beschrieben den hier wirksamen Mechanismus als "Identifikation mit dem Aggressor". Durch Identifikation mit dem oder Introjektion des Angreifers "verschwindet dieser als äußere Realität und wird intrapsychisch" (Ferenczi 1932, S. 519), und es gelingt in einem Zustand der "traumatischen Trance", "die frühere Zärtlichkeitssituation aufrechtzuerhalten". Gleichzeitig wird nach Ferenczi das Schuldgefühl des Angreifers introjiziert, was dazu führt, daß sich das Opfer "ungeheuer konfus, eigentlich schon gespalten, schuldlos und schuldig zugleich, ja mit gebrochenem Vertrauen zur Aussage der eigenen Sinne" fühle. Entscheidend für diesen Abwehrvorgang ist die Wendung von der Passivität des Erlebens in Aktivität mit Hilfe einer speziellen Kombination von Introjektion und Projektion.

Nach Lorke/Ehlert (1985) ist die Introjektion der Kern des Vergewaltigungstraumas. Während "Identifikation" einen Vorgang beschreibt, bei dem "ein Aspekt, eine Eigenschaft oder ein Attribut des andern assimiliert" wird, sich also eine Person ganz oder zum Teil nach einem Vorbild verhält (was eine imitatorische Nachahmung des Angreifers wäre), meint die Introjektion einen Vorgang des Hineinnehmens von Objekten oder deren Qualitäten, quasi von außen nach innen, in den psychischen Apparat oder dessen Teile. Nach Lorke/ Ehlert kommt es bei einem Vergewaltigungstrauma zu einer Introjektion des Bildes, das der Täter vom Opfer entwirft. "Das Opfer besteht darauf, das zu sein, was der Täter durch die Vergewaltigung aus ihm gemacht hat, also eine minderwertige Existenz ohne eigene Rechte, eine Frau, die es gewollt und verdient hat." (Lorke/Ehlert, Manuskript b, S. 8) Die meisten Opfer verhalten sich auch nach einer Vergewaltigung so, als wäre der Täter noch anwesend, was als eine "Fixierung an den Moment des traumatischen Unfalls" (Freud 1916/1917, S. 274) betrachtet werden kann. Introjiziert wird das von der "Elternfigur" angebotene Bild des "bösen Kindes", das es verdient hat, so behandelt zu werden. Dieses "sichschlechtmachen" diente einst dem Kind dazu, sich der lebensnotwendigen Übereinstimmung mit den realen Liebesobjekten zu vergewissern. Während die aktive Unterwerfung des Kindes unter die Elternfiguren im "Normalfall" zu einer Versöhnung führte, d.h. den "bösen" immer auch "gute" Introjekte gegenüberstehen, ist dies in einer traumatischen Situation nicht der Fall. "Im Falle des Traumas bleibt die Versöhnung mit dem als Primärobjekt fungierenden Verfolger natürlich aus, und dieses Scheitern ist es, das das Trauma konstituiert." (Lorke/Ehlert 1988, S. 519)

Durch die Introjektion des Feindbildes des Täters wird dieses Fremdbild in das Selbstbild des Opfers aufgenommen, was bedeutet, daß das Ich-Ideal der zentrale Angriffspunkt der traumatischen Erfahrung ist. Unter Ich-Ideal wird jene Instanz der Persönlichkeit gefaßt, die aus der narzißtischen Idealisierung des Ich und den Identifizierungen mit den elterlichen und kollektiven Idealen hervorgeht. Seine Funktion ist die Beobachtung und die Bewertung des Ich gemäß dieser Ideale. Die Gründe für die Introjektion des Frauenbildes des Täters (das Bild der schmutzigen, wertlosen Huren-Frau) sehen Lorke und Ehlert in der Wirksamkeit elterlicher Verbote und dem Verlust der Liebe des Objekts. Das kleine Kind, das seinen Narzißmus auf die Eltern projiziert hat und diese idealisiert, erfährt seine narzißtische Besetzungszufuhr von diesen Eltern. Ein Liebesverlust gefährdet das kindliche Überleben. Um dieses Überleben zu sichern, ist das Kind bei drohendem Liebesverlust gezwungen, das eigene Tun als "böse" anzuerkennen, um sich der Übereinstimmung mit der Elternfigur zu vergewissern: die Introjektion des Imagos des "bösen" Selbst enthält also das Versöhnungsversprechen.

Die Dramatik des Vergewaltigungstraumas besteht danach in der unseligen Verknüpfung zweier psychischer Vorgänge: Die Reinfantilisierung in der traumatischen Situation führt zu einer Wiederbelebung von kindlichen Erfahrungen der Trennung vom primären Liebesobjekt, d.h. neben der realen Bedrohung des Überlebens erfolgt eine intrapsychische Bedrohung des Überlebens durch den abrupten Entzug der elterlichen Liebe. Mit Hilfe der Introjektion versucht das Opfer, wieder geliebt zu werden, der psychischen Todesdrohung zu entrinnen. Da nun aber der Verfolger selbst in die Position des primären Objekts getreten ist, richtet sich dieser Wunsch an ihn. Die vergewaltigte Frau behandelt ihn so, wie sie ihrem Primärobjekt bei Liebesverlust begegnet ist: mit Unterwerfung, Introjektion des Fremdbildes, dem Versuch, die Liebe zurückzugewinnen.

Das Gefühl der meisten Opfer, zur "Komplizin" des Täters geworden zu sein, könnte hier seine Begründung finden. Schuld- und Schamgefühle, die sich von dem introjizierten Bild ableiten lassen, tragen in der Folge dazu bei, das Selbstgefühl weiter zu untergraben. Häufig kommt es nach Lorke/Ehlert zu einer Re-Projektion des zuvor introjizierten Bildes, die sich dann in Form von Wut und Haß auf den Täter äußern kann. Dieser projizierte Haß ist jedoch immer auch Haß auf die eigene Person. Vergleichbar der Ambivalenz beim Melancholiker (Freud 1917) kann die Bindung an das Objekt nicht aufgegeben werden, muß deshalb introjiziert werden, weil es unbewußt auch gehaßt wird. Das Vergewaltigungsopfer kann den gehaßten Täter nicht aufgeben, weil es unbewußt auch von "ihm" geliebt werden möchte. Diese Fixierung wird durch die Hoffnung zementiert, gerade durch sie in Zukunft wieder liebenswert werden zu können. Das Opfer betreibt so notwendigerweise selbst aktiv die eigene Selbstentwertung, besteht darauf, schlecht zu sein, um sich eine Überlebenschance in der Zukunft zu sichern.

*Spaltung*

Die größte Gefahr für die Psyche besteht nach Lorke/Ehlert nun darin, daß das traumatische Introjekt das gesamte Ich-Ideal zu überschwemmen droht. Der Verfolger wurde quasi von "außen" nach "innen" verlegt und greift nun von dort aus unaufhörlich das Ich des Opfers an. "Vor diesem Hintergrund muß man das Vergewaltigungstrauma in erster Linie als eine narzißtische Problematik betrachten, die immer weiter wuchert und letztlich die gesamte Persönlichkeit des Opfers bis in die basalen Strukturen hinein zu zerstören droht." (Lorke und Ehlert, Manuskript b, S. 9) Während das Ich zunächst versucht, durch Isolierung bzw. Leugnung des dazugehörigen Affekts (vgl. Lorenzer 1965) oder durch Depersonalisationserscheinungen die Introjektion zu verhindern, muß das Introjekt selbst schließlich durch Abspaltung bekämpft werden.
Spaltungsmechanismen lösen die Mechanismen nicht auf (wie es die Verdrängung tut) und bringen auch die Affekte nicht zum Schweigen (wie bei der Isolierung): das Erlebte wird auch nach Jahren detailliert erinnert, die zugehörigen Gefühle bleiben erhalten. Die Spaltung erlaubt es aber, das Trauma vom übrigen Erleben abzutrennen und die damit verbundenen Affekte von anderen Gefühlen fern zu halten. "Der traumatische Komplex selbst bleibt als psychischer Fremdkörper in den Opfern erhalten, die Spaltungsmechanismen können ihn in seiner Wirkung nur abmildern, aber nicht auflösen, im Gegenteil, sie tendieren dazu, ihn auf die Dauer geradezu zu konservieren." (Lorke/Ehlert, Manuskript b, S. 10) Kernberg (1983) beschreibt die Spaltung als charakteristischen Me-

chanismus der frühen Ich-Entwicklung, der infolge der mangelhaften Integration der ersten Introjektionen als Abwehrmechanismus benutzt wird, um positive Introjekte zu schützen. Die Spaltung dient dem Getrennthalten positiver und negativer Identifizierungssysteme. Beim Kind ist das wesentliche Ziel der Ich-Entwicklung die Synthese von Introjektionen und Identifizierungen zu einer stabilen Ich-Identität. Dabei müssen zwei wesentliche Entwicklungsschritte vollzogen werden: die Differenzierung zwischen Selbst- und Objektimagines und die Integration von Imagines, die unter libidinösem und aggressivem Einfluß entstanden sind. Die später aktiv als Abwehr eingesetzte Spaltung von Selbst- und Objektrepräsentanzen in "ganz gute" und "ganz böse" innere Objekte vermeidet das Auftreten von Angst. Dabei wird das Ich erneut geschwächt, denn die neutralisierte Triebenergie entfällt als wichtige Energiequelle für das Ich.
Klinisch manifestieren sich Spaltungen z.B. darin, daß es zu Schwankungen zwischen konträren Selbstkonzepten kommt, daß gegensätzliche Seiten eines Konflikts abwechselnd die Szene beherrschen, während die jeweils andere Seite nicht wahrgenommen wird, daß Objekte als "nur gut" oder "nur böse" wahrgenommen werden und sich diese Kategorien abrupt und total ändern können. Mit Hilfe des Spaltungsmechanismus soll ein Konflikt zwischen einer großen Abhängigkeit von einem äußeren Objekt und der großen Angst vor demselben entgangen werden, d.h. es wird eine unerträgliche Realität im Bereich der Objektbeziehungen abgewehrt.
Rohde-Dachser (1983) nennt drei Faktoren, die diese Entwicklung verhindern:
- Spaltung ist eine Art Fluchtmechanismus, verknüpft mit einer partiellen Ausschaltung der Wahrnehmungsfunktion.
- Es gibt in der Folge keine realitätsgerechte Signalangst und bleibt deshalb bei einer ständigen Bereitschaft zu Panikreaktionen.
- Wegen mangelnder neutralisierter Triebenergien bleibt zuwenig Kraft für differenziertere Gegenbesetzungsprozesse (Verdrängung).

Wichtig scheint hier der Hinweis, daß die Spaltung als pathologischer Mechanismus im Falle des Vergewaltigungstraumas nicht als Ausdruck einer psychischen Störung, sondern vielmehr als "normale" Anpassung an eine pathologische Umwelterfahrung betrachtet werden muß, wenngleich dies die individuellen Folgen nicht mindert. Vergleichbar mit frühen Persönlichkeitsstörungen kommt es zu Konfliktlösungsversuchen wie Idealisierungen, Projektionen, Omnipotenz- und Entwertungstendenzen, Verleugnungen, Sexualisierung, agierendem Wiederholen, Wiederverschmelzungstendenzen, d.h. also zu Abwehrversuchen, die die Spaltung zementieren.

## 2.2 Psychische Folgen und subjektive Verarbeitungsversuche des Vergewaltigungstraumas

Betroffene Frauen wenden sich nur in seltenen Fällen direkt nach einer Vergewaltigung an eine Hilfseinrichtung. Meistens machen Frauen erst nach einigen Tagen oder Wochen vom Angebot unserer Beratungsstelle Gebrauch, oder sie benötigen dann Unterstützung, wenn Kontakte mit Polizei oder/und Justiz bevorstehen oder stattgefunden haben. Die meisten Frauen suchen aber erst nach mehreren Monaten oder Jahren nach psychosozialen Einrichtungen, meist deshalb, weil sich nun Symptomatiken herausgebildet haben, die ihnen ihr Leben erschweren oder gar unerträglich machen. Es gilt, im folgenden die Inanspruchnahme von Hilfsangeboten mit dem subjektiven Verarbeitungsprozeß in Zusammenhang zu bringen und die von den Frauen berichteten Gründe für den Wunsch nach Unterstützung im Kontext mit den Folgen des Vergewaltigungstraumas zu betrachten.

### 2.2.1 Erste Reaktionen: Die Zeit kurz nach der Vergewaltigung

Die erste Zeit nach einer Vergewaltigung wird in der Literatur als Schockphase beschrieben und dauert in der Regel einige Stunden bis hin zu mehreren Tagen, manchmal wenigen Wochen. Das Verhalten der Frauen in dieser Zeit ist sehr unterschiedlich: manche Frauen wirken ruhig, gelassen, fast unberührt, überkontrolliert, andere sehr erschüttert und verwirrt; die Frauen weinen, zittern, sind sehr ängstlich - oder zeigen nahezu keine Gefühlsregungen. Es kommt vor, daß Frauen paradox reagieren, d.h. lächelnd von der Vergewaltigung berichten, oder aggressiv sind. Unter dem Druck der Gefühle, die während der Vergewaltigung zurückgehalten werden mußten, brechen viele Frauen regelrecht zusammen. Sie laufen ziellos durch die Gegend, wissen später nicht mehr, wie sie nach Hause gekommen sind, oder sie verbleiben in einer apathischen Haltung, von der sie berichten, daß diese bereits während der Vergewaltigung eingesetzt hat. Frauen beschreiben Zustände des "wie in Trance" seins, Gefühle des Unglaubens, der Fremdheit; sie erleben ihre Umgebung "wie hinter einem Vorhang", unwirklich, fern. Sie berichten von einem Gefühl der Leere, des "Nichts".

Diese Gefühlszustände und Reaktionsweisen beeinflussen in hohem Maße das Verhalten der Umgebung, die - meist überfordert durch die Situation und die eigenen Gefühle - sich an dem orientiert, was ihr begegnet. Teilt sich eine Frau der Polizei, dem Partner, Eltern oder Freunden mit, trifft sie häufig auf Unglauben, auf übermäßig behütendes und aktives Verhalten oder auf ablehnend vorwurfsvolle Haltungen. Auch in Vernehmungen und Prozessen gilt der Eindruck, den Beamte vom emotionalen Zustand der Frau haben, immer noch als Mittel der Wahrheitsfindung. Im Gegensatz dazu läßt diese erste emotionale Reaktion keinerlei Schlüsse auf das Geschehen zu: sie ist vielmehr ein Ausdruck totaler Gefühlsverwirrung und psychischen Zusammenbruchs. Die Frauen sprechen in diesem Zustand meist nicht über ihre Gefühle, sondern beschränken sich auf die physischen Verletzungen, auf die äußeren Umstände der Vergewaltigung und die Frage ihrer persönlichen Sicherheit.

Die Schwere der physischen Verletzungen infolge einer Vergewaltigung tritt hinter der der psychischen zurück, dennoch muß man davon ausgehen, daß mindestens ein Drittel der Opfer (Weis 1982) leicht oder schwer verletzt werden. Diese Verletzungen reichen von Schürfwunden, Prellungen bis hin zu Würgemalen, Schnitt- oder Stichwunden, Verletzungen im Genitalbereich, Analbereich, Brandwunden und anderer Folgen zusätzlicher sadistischer Handlungen. Schwangerschaften, HIV-Infektionen oder Infektionen mit Geschlechtskrankheiten sind in unserer Praxis sehr selten, bestimmen aber häufig die Ängste der Frauen in der Zeit danach. Oft haben die Frauen körperliche Beschwerden, die im Zusammenhang mit der Tat stehen, ohne daß es einen medizinischen Befund gibt (z.B. Kopfschmerzen nach einem Aufprall, Schluckbeschwerden nach erzwungenem Oralverkehr). Die erste Zeit nach der Tat wird von den meisten Frauen als Lähmung, als Blockierung des angemessenen Handelns beschrieben. Die Idee, zur Polizei zu gehen, kommt ihnen selbst eher selten und wenn, dann oft aus einem drängenden Schutzbedürfnis gegenüber dem Täter. Häufiger ist die Kontaktaufnahme zu Freundinnen, Müttern, Schwestern oder Partnern, meist ebenfalls aus dem Wunsch nach Schutz heraus. Oft aber ist auch hier eine Zeit zwischengeschaltet, in der die Frauen den Wunsch haben, alleine zu bleiben. Fast alle Frauen berichten von Ekelgefühlen, von Gefühlen der körperlichen Verunreinigung, Beschmutzung, die z.T. in langen Waschzeremonien enden; es wird von stundenlangem Waschen und Baden berichtet. Viele Frauen möchten hinterher alleine sein: niemanden sehen, "bloß nicht darüber reden müssen". Auch wenn sie Schutz bei Freunden suchen, empfinden sie es als hilfreich, nichts gefragt zu werden, "in Ruhe gelassen" zu werden. Der Griff zu Alkohol oder Medikamenten ist häufig. Eine Frau berichtete, daß sie sich - nach Verdunkelung ihrer Wohnung - ins Bett verkroch, um dort immer wieder über Tage und Nächte hinweg einen Comic-Video-Film für Kinder anzusehen; sie habe sich dadurch "abgelenkt" und "irgendwie beruhigt".

Burgess und Holmstrom (1974) berichten anhand der Reaktionen von 146 Vergewaltigungsopfern, mit denen sie in der Aufnahmeabteilung ihrer Klinik zu

tun hatten, über ähnliche Phänomene der Desorganisation in der akuten Zeit und prägten dafür den Begriff des "Rape Trauma Syndrom". (Sie gehen von einem 2-phasigen Verlauf des Verarbeitungsprozesses aus: der Akutsituation und dem Langzeitprozeß). Sutherland und Scherl (1970), die von einem 3-phasigen Prozeß ausgehen (akute Reaktion, äußerliche Anpassung, Integration) betonen u.a. die Unfähigkeit der Frauen, sich in der Akutzeit überhaupt irgend jemandem mitzuteilen oder gar Einzelheiten des Tatgeschehens zu erinnern. Auch Forman (1980) beschreibt die Kennzeichen der "Initialphase" (als erste von fünf Verarbeitungsphasen) als überwältigenden Schock, Kontrollverlust, Zustand der Verwirrung und Gefühl der Realitätsentfremdung.
Die psychische Situation widerspricht so völlig dem, was gesellschaftlich vom Opfer erwartet wird: Anzeige zu erstatten, detaillierte Angaben machen zu können, um den Täter zu finden oder zu überführen, glaubwürdig zu wirken, Beweise gesichert zu haben, bereit zu sein zum Sprechen, zum Kontakt zu anderen. Die Frauen, die Anzeige erstatten, werden zur Spurensicherung in die Klinik gebracht und dort u.a. gynäkologisch untersucht (Spermiennachweis etc.). Diese Untersuchungen haben nicht primär versorgenden Charakter. Fast alle Frauen reagieren auf sie mit Abscheu. Sofern die Bedingungen der ärztlichen Untersuchung positiv sind, können sie partiell stützenden Charakter annehmen. Dies ist dann der Fall, wenn die Frauen eine Ärztin ihrer Wahl aufsuchen können, die ihnen vertraut ist, wenn keine Wartezeiten und unnötige Befragungen zum Tatgeschehen vorkommen, wenn die Patientinnen sich durch die Atmosphäre geschützt fühlen, das heißt auch, daß ihnen geglaubt wird, daß sie erklärt bekommen, welche Untersuchungen warum gemacht werden sollten, ihnen also die Situation durchschaubar gemacht wird und sie das Gefühl zurückgewinnen, daß es auf ihre Entscheidung und ihre Person wieder ankommt. Auch die erste polizeiliche Vernehmung wird dann als weniger belastend empfunden, wenn die PolizistInnen geschulte, mit der Problematik vertraute Personen sind, die sich durch Widersprüchlichkeiten und Schwierigkeiten der Befragungssituation nicht irritieren lassen und sich der Frau gegenüber primär als Helfende verstehen.
Alle Frauen berichten in den ersten Tagen über massive, meist diffuse Ängste, über Schlaflosigkeit oder nächtliches Hochschrecken nach Alpträumen sowie über Schwierigkeiten bei der Ernährung (Magenschmerzen, Appetitlosigkeit, Brechanfälle, Verdauungsstörungen). Viele erleben diesen Zustand als sehr zermürbend, bis hin zur völligen körperlichen Erschöpfung. Den alltäglichen Anforderungen fühlen sie sich in keiner Weise gewachsen, z.T. bringen sie auch keinerlei Interesse mehr dafür auf. Sie verlassen die Wohnung nicht mehr, haben Angst, dem Täter zu begegnen, aber auch Menschen überhaupt. Sie haben

oft zugleich Angst vor dem Alleinesein, vor der Dunkelheit, nicht selten aber auch vor dem Kontakt mit vertrauten Personen. Andere Frauen reagieren im Gegensatz dazu hyperaktiv, wollen möglichst schnell wieder ihrer Arbeit nachgehen, wechseln die Wohnung, oft erstatten diese Frauen Anzeige oder aber sie messen dem Erlebnis scheinbar nur eine geringere Bedeutung bei. Die dauernde Beschäftigung hat offenbar den Zweck, alles Nachdenken und Fühlen zu vermeiden durch möglichst viel Aktivität. Das gleiche Spektrum von Symptomatiken und Reaktionsformen stellen McCahill u.a. (1979) fest, die die Daten von fast 4.000 Vergewaltigungsopfern auswerteten, die in drei Jahren in Philadelphia, im Rahmen polizeilicher Anzeigen, klinisch untersucht worden waren. Dabei erscheint wichtig, daß z.B. die Angst, alleine zu sein, auch bei jenen Frauen vorkam, die nicht in der eigenen Wohnung vergewaltigt worden waren, und sich die Angst vor fremden Männern auch dort fand, wo der Täter bekannt war - wenn auch mit weniger großer Häufigkeit.
Die Angst und der Ekel vor Männern und vor allem, was mit Sexualität zu tun hat, bezieht sich häufig auch auf den Partner, der gemieden, als körperlich unangenehm empfunden wird. Gleichzeitig aber kann der Partner auch als eine Art Beschützer angesehen werden, ohne den nichts mehr geht. Nicht selten kommt beides gleichzeitig vor. Häufig empfinden es die Frauen als Hilfe, bei den Eltern oder einer Freundin zu wohnen, wo sie hoffen, versorgt und beschützt zu werden. Allerdings stellt sich oft - und dies ist vor allem bei den Eltern der Fall - auch das gegenteilige Gefühl ein. Nach unserer Erfahrung gehören die Kontakte zu den Eltern zu den zusätzlich belastendsten nach einem Vergewaltigungserlebnis. Dies fanden auch Lorke/Ehlert in ihrer Untersuchung heraus (1985). Oft wird ein nahezu zwanghaftes Grübeln über die Tat, deren mögliche Vermeidung und über den Täter bzw. dessen mögliche Motive berichtet. Dabei spielt offenbar die Frage nach der eigenen Beteiligung, Verantwortung, Schuld eine große Rolle. Häufig findet dies ein Pendant in Schuldvorwürfen der Umgebung. Gefühle der Wut und Racheimpulse finden sich in unserer Beratungspraxis extrem selten. Sie kamen in Einzelfällen bei jüngeren Frauen vor, hielten aber auch dort nur eine kurze Zeit an. Öfter wird von Wut auf andere Personen des sozialen Umfeldes berichtet, die sich nach Ansicht der Frau falsch verhalten hatten oder angemessene Hilfe verweigerten. Oft trifft diese Wut helfende Berufsgruppen. Dieses Enttäuschtsein hat immer eine reale Grundlage, hinzu kommt aber in einigen Fällen auch die notwendige Entlastung durch projektive Abwehrformen. Lorke und Ehlert berichten in ihrer Untersuchung, daß die meisten sich nach Jahren (!) an starke Rachegefühle unmittelbar nach der Tat erinnern. Möglicherweise könnte ein Grund dafür sein, daß eine solche Erinnerung im Nachhinein erträglicher ist als die an Gefühle

der Desintegration und Hilflosigkeit. Hinzu kommt, daß die Befragten, die sich auf eine Annonce hin gemeldet hatten, eher solche Frauen sein könnten, die zu einem aktiv-aggressiven Umgang mit ihren Ohnmachtsgefühlen neigen. Wie unterschiedlich Frauen reagieren, sollen zwei Beispiele verdeutlichen:

*Beispiel: Frau A*
Frau A kam wenige Tage nach der Vergewaltigung zu uns in die Beratungsstelle, auf Anraten einer Ärztin in der Klinik, in die Polizeibeamte sie gebracht hatten. Sie war nicht in der Lage, über die Tat zu sprechen. Es schien, als habe sie kaum Luft zum Sprechen, sie zitterte am ganzen Leib, war fast nicht zu verstehen. Sie äußerte Schmerzen im Rücken - der Täter hatte sie gegen ein Möbelstück geworfen. Ihre Ängste waren so groß, daß sie keine Minute alleine bleiben konnte. Ihr Mann hatte sich Urlaub genommen, war rund um die Uhr bei ihr. Sie hatte die Befürchtung, nie wieder ohne ihn bleiben zu können. Die Vergewaltigung habe aus ihr einen völlig anderen Mensch gemacht. Sie erkenne sich, ihre Umgebung und selbst ihre Eltern nicht wieder. Ihre Mutter habe ihr Vorwürfe gemacht. Dennoch besuche sie sie oft. Während des Gesprächs kann Frau A keinen Blickkontakt aufnehmen. Später erfahren wir, daß Frau A den Täter in einem Tanzlokal kennenlernte, in das sie nach einem Streit mit ihrem Mann geflüchtet war. Sie hatte mit dem Täter geflirtet und sich verliebt. Sie folgte dem Täter in dessen Wohnung, wo er brutal über sie herfiel. Sie wurde später von Passanten auf der Straße aufgelesen. Das spätere ständige Angewiesensein auf den Ehemann war verbunden mit einem Ekel vor ihm - er durfte sich ihr in keiner Weise körperlich nähern. Es schien, als ob sie es ihm verübelte, daß er ihr keine Vorwürfe machte, sondern "verständnisvoll" reagierte.

*Beispiel: Frau B*
Frau B kam wenige Stunden nach einer Vergewaltigung in der eigenen Wohnung zu uns, nachdem sie ihre Ärztin konsultiert hatte. Sie wollte sich beraten lassen, was sie als nächstes tun sollte. Frau B wirkte sehr gefaßt, zeigte keinerlei gefühlsmäßige Reaktion, verfiel aber ab und zu in einen apathischen, gelähmten Zustand, der nur wenige Minuten anhielt. Relativ schnell und vernünftig traf sie die Entscheidung, Anzeige zu erstatten. Der Täter, der ihr fremd war, war in die Wohnung eingedrungen, hatte sie mit einer Waffe bedroht, und mehrfach vergewaltigt. Der Täter verlangte von ihr, daß sie ihm bestätigte, daß sie sein Tun genoß. Frau B gab an, sich zur Anzeige "verpflichtet" zu fühlen.

In der Literatur gibt es nur wenig Anhaltspunkte dazu, welche Faktoren der Akutphase eine spätere Verarbeitung erleichtern könnten, d.h. welche sozialen, persönlichen und auf die Tat bezogenen Aspekte eine spätere Verarbeitung erleichtern oder erschweren. Obgleich unsere Arbeit hinsichtlich dieser Fragen keine repräsentativen Ergebnisse liefern kann, scheinen mir einige Tendenzen erwähnenswert, die bei unserer Arbeit immer wieder auffallen. Die erste Zeit nach einer Vergewaltigung kann offenbar dann leichter ertragen werden wenn:

- die Frauen noch jünger sind
- ein stabiles soziales Umfeld vorhanden ist
- das Umfeld mit Verständnis, Sorge und Zurückhaltung reagiert
- die Frauen möglichst bald das Gefühl zurückgewinnen, Situationen selbst kontrollieren und handhaben zu können
- die Frauen wissen, daß ihre Reaktionen nicht ungewöhnlich und unveränderbar sind
- die Umgebung sich auf sie einstellt und nicht umgekehrt
- sie das Gefühl haben, daß ihre Form des Umgangs mit der Situation akzeptiert wird, auch dann, wenn ihnen selbst oder anderen dies zunächst absurd vorkommt.

Ferner stellt sich die Frage nach den Einflußfaktoren, die sich auf die Tatsituation beziehen, also ob das Ausmaß an Gewaltanwendung, die Dauer des Gewaltaktes und die Fremdheit/Vertrautheit des Täters eine Rolle spielt. Nach unseren Erfahrungen haben weder das Ausmaß der Gewaltanwendung noch die Dauer zunächst einen erkennbaren Einfluß auf die erste Reaktion: selbst bei Vergewaltigungsversuchen oder anderen zurückgewiesenen sexuellen Übergriffen begegnete uns relativ oft eine "lärmende" Symptomatik. Im weiteren Verlauf - so unsere Erfahrung - kommt es jedoch bei Frauen, die über einen sehr langen Zeitraum Gewalttätigkeiten ausgesetzt waren oder bei denen die Vergewaltigung mit einem sehr extremen Ausmaß an Gewalttätigkeit verbunden war, auffallend häufiger zu Behandlungsabbrüchen. Diese Frauen legen mehr Wert auf rechtliche Beratungen oder belassen es sogar zunächst nur bei telefonischen Kontakten. Häufig begegnete uns das Phänomen, daß ein Übergriff durch einen bekannten Täter eher eine vergrößernde Wirkung auf die Traumatisierung hat, als dies bei einem Fremdtäter der Fall zu sein scheint. Die Plötzlichkeit und gänzliche Unerwartetheit der Gewaltanwendung durch einen Mann, dem ein gewisses Maß an Vertrauen geschenkt worden war, wirkt möglicherweise stärker traumatisierend. Zu ähnlichen Ergebnissen kommt auch Weis (1982) bei seiner Telefonbefragung, ebenso wie Lorke und Ehlert (1985). Im Gegensatz dazu stellten Frank u.a. (1980) bei einer Untersuchung von 50 Vergewaltigungsopfern keinerlei Einfluß der Tatumstände auf die Zeit danach fest. McCahill u.a. (1979) fanden dagegen heraus, daß die gravierendsten Störungen nicht nur bei jenen Opfern zu finden waren, die besonders brutal, sondern auch bei jenen, die besonders "zuvorkommend" bis hin zu "zärtlich" behandelt worden waren. Ebenso stellten sie schwere Störungen fest bei Opfern, die zu abweichenden Sexualpraktiken gezwungen und bei jenen, die zu eher "harmlosen" Sexualpraktiken veranlaßt worden waren. Als besonders schädigend erwies sich also das Erleben unerwartet milden oder unerwartet brutalen Verhaltens des Täters. Hinsichtlich des Bekanntschaftsgrades waren die Folgen dort am schlimmsten, wo der Täter weitläufig bekannt war.

## 2.2.2 Anpassungsbemühungen und "Vergessen"

Spätestens nach einigen Wochen, manchmal einige Tage nach der Vergewaltigung kommt es bei den betroffenen Frauen zu einer deutlichen Veränderung: sie bemühen sich aktiv um die Wiedererlangung ihrer ursprünglichen Verfassung. Es erfolgt eine allmähliche, oberflächliche Anpassung an die Erfordernisse des alltäglichen Lebens: Wiederaufnahme der Berufsarbeit, des Studiums, der Tätigkeiten im Haushalt, der Kinderversorgung etc. Frauen kehren jetzt wieder in die eigene Wohnung zurück oder treffen neue Arrangements zu ihrem Schutz (Umzug, Änderung der Telefonnummer, etc.). Oft legen sie eine Hyperaktivität an den Tag, die Außenstehende verblüfft. Es scheint nun primär darum zu gehen, das eigene Leben wieder in den Griff zu bekommen, die Situation und Lebensabläufe wieder selbst zu kontrollieren. In der Beratungsstelle kommt es in dieser Zeit oft zum Abbruch der Gespräche oder wenigstens zu der Überlegung, wozu sie diese Gespräche jetzt eigentlich nutzen wollen. Die Frauen erklären, daß es ihnen besser gehe, daß sie nun versuchen wollten, alleine zurechtzukommen. Manchmal ziehen sich diese Überlegungen hin bis zu ein paar Monaten und führen schließlich zu der Entscheidung, jetzt doch lieber nicht mehr zu kommen, weil die Gespräche entweder "nichts mehr bringen" oder aber drohen, belastend zu werden. Andere Frauen bestehen darauf, daß es in den Gesprächen nur um Prozeßvorbereitung, um konkrete Überlegungen der Alltagsbewältigung u.ä. gehen sollte. Auffallend ist eine starke Verleugnung der emotionalen Erschütterung, eine Art des "Sich-Zusammenreißens", die auf uns oft einen sehr gewaltsamen Eindruck macht.

*Beispiel: Frau C*

Frau C, die wenige Tage nach einer Vergewaltigung durch einen Einbrecher in der eigenen Wohnung zu uns kam, bricht nach vier Wochen die Gespräche ab. Sie gibt an, "alles im Griff" zu haben. Frau C legt eine große Aktivität an den Tag: sie hat in wenigen Tagen eine Wohnung gefunden, in einem ganz anderen Stadtteil. Sie beschäftigt sich ganztägig mit der Renovierung, mit dem Verkauf all ihrer Möbel, "nichts soll bleiben", sie freue sich sehr auf das "neue Leben". Sie will "alles" hinter sich lassen, nicht nur die Vergewaltigung, sondern die ganze "alte Zeit in L.". Sie erhält Hilfe von Freunden, macht von allen institutionalisierten Hilfsangeboten Gebrauch, als ob es gelte, alles "abzuhaken", nichts zu vergessen. In der Beratung reagiert sie besonders empfindlich auf die Befürchtungen der Beraterin, sie könne sich überfordern.

Diese Phase des Verarbeitungsprozesses wird in der Literatur beschrieben als "Pseudo-Anpassung" (pseudo-adjustment, Sutherland und Scherl) oder auch als "Verleugnungsphase" (Forman). Lorke und Ehlert weisen darauf hin, daß mit Hilfe der Verleugnung der emotionalen Erschütterung ein erster Schritt

dazu getan werde, den direkten Kausalzusammenhang zwischen Vergewaltigung und den psychischen Folgen aufzuheben. Das Erlebte wird vom übrigen Leben abgetrennt, abgespalten, um die übrige Persönlichkeit davon frei zu halten, d.h. zu schützen. Vor allem in dieser Phase des Verarbeitungsprozesses neigen die Frauen dazu, die ihnen entstanden psychosozialen Schäden eher herunterzuspielen als aufzubauschen, - was ihnen im Falle von Vernehmungen, Gerichtsverhandlungen zum Verhängnis werden kann (geht es doch dort gerade um den Nachweis der Schäden als Beweismittel für die Glaubwürdigkeit). Die Frauen wollen über die Vergewaltigung in dieser Zeit nicht sprechen, wollen "vergessen", nicht erinnert werden. Dieser Wunsch wird durchaus auch bewußt formuliert. Unserer Erfahrung nach liegen hier wesentliche Empfindungen begründet, von einer Anzeige abzusehen. Wurde eine Anzeige bereits spontan gemacht, bekommen die Frauen jetzt häufig Skrupel, ob diese Entscheidung richtig war. Oft versuchen Sie, die Anzeige rückgängig zu machen, - was nicht möglich ist (Offizialdelikt). Psychischer Verarbeitungsprozeß und Interesse der Strafverfolgungsbehörden folgen in dieser Zeit diametral entgegengesetzten Zielen. Nicht selten führt auch dies (neben wichtigen anderen Gründen) bei den Frauen zu dem Gefühl, daß Polizei und Justiz sich eher "verfolgend" statt helfend verhalten. Entscheiden sich Frauen dennoch - trotz des Bemühens um "Vergessen" - in dieser Zeit zu einer Anzeige, so ist die häufigste Begründung die, daß es ihnen um den Schutz anderer Frauen gehe, daß diesen nicht das gleiche widerfahren solle wie ihnen. Meist aber kommt es zu Überlegungen, daß eine Verurteilung des Täters nichts nutze, da dieser ja offensichtlich krank sei und schließlich nicht ewig eingesperrt sein könne. Sein Tun findet zahlreiche Formen der Entschuldigung, die eigene Schuldzuschreibung, die noch kurz nach der Tat häufig auftritt, tritt damit ebenfalls etwas in den Hintergrund. Die Vergewaltigung erscheint "erklärlich" (durch die Persönlichkeitsstruktur des Täters, durch eigenes Mißgeschick, etc.) und damit weniger schicksalhaft und scheinbar weniger bedrohlich.
Der Preis der Rückkehr in den normalen Alltag mit Hilfe der Verleugnung der Gefühle bleibt für die Frauen zunächst durchaus spürbar: sie erleben ihr Tun und Denken in gewisser Weise als "mechanisches Funktionieren", als notwendig zum Überleben, als durchaus immer noch von außen erzwungen. Dieser Preis scheint jedoch gering angesichts dessen, was es zu überwinden gilt: Ohnmacht ohne eigene Handlungsmöglichkeit und schmerzhafte, hilflose Desorientierung.

### 2.2.3 Ausbildung von Symptomen

Frauen, die etwa ein bis zwei Jahre nach einer Vergewaltigung in unsere Beratungsstelle kommen, geben als Grund seltener die Vergewaltigung selbst an. Bei den meisten haben sich fest umrissene Symptomatiken und Schwierigkeiten ausgebildet, die die Frauen selbst manchmal in keinerlei direkten Zusammenhang mit dem Erlebten bringen. Oft haben sie zunächst ärztliche oder therapeutische Hilfe gesucht und wurden dann nach anamnestischen Befragungen an uns weiterverwiesen. Von einer Behandlung erhoffen sie sich die Auflösung der Symptomatik, ohne daß sie die Vergewaltigung als etwas erleben, was es zu bearbeiten gelte. Manche Frauen wenden sich gezielt an uns, nennen die Vergewaltigung als Ursache ihres Kommens, weisen aber dann einen Zusammenhang zwischen Symptom und Vergewaltigung eher zurück, indem sie betonen, daß es ja kein zeitliches Zusammentreffen gebe. Manchmal wird der Wunsch geäußert, bei uns über die Vergewaltigung zu sprechen, während sie das Symptom an anderer Stelle bearbeiten möchten.
Im Gegensatz zu der ersten Zeit nach der Vergewaltigung sind diese Symptomatiken nun weniger diffus und unspezifisch, sondern haben sich zu einem regelrechten "eingegrenzten" Leiden entwickelt. Zu den Beschwerden, unter denen die Frauen in den ersten Jahren nach einer Vergewaltigung leiden, gehören:
- Ängste, Phobien: Angstzustände in bestimmten alltäglichen Situationen, Angst alleine zu sein, vor Dunkelheit, vor geschlossenen Räumen, vor Menschenmassen, verrückt zu werden, vor Verlust der Arbeitsfähigkeit, des Partners, Ängste, den Kindern könne etwas zustoßen, u.a. mehr
- Psychosomatische Beschwerden/ psychogene Schmerzen/ Konversionssymptome: Eßstörungen, Schmerzen im Unterleib, im Genitalbereich, Haut-, Magen- und Darmerkrankungen, migräneartige Kopfschmerzen, Rückenschmerzen, anhaltende Schmerzen in einzelnen Körperteilen, kürzerfristige Lähmungen oder Empfindungen der Nichtzugehörigkeit einzelner Körperteile, Ohnmachten, Ausbleiben der Menstruation u.a.mehr
- Depressionen / depressive Verstimmungen: Vorrangig wird ein Gefühl der Verzweiflung, Sinnlosigkeit, Resignation berichtet, oft im Zusammenhang mit Selbstwertproblematiken. Es kommt zu Antriebsschwächen, dem Verlust des Interesses an der Umgebung, zu Suizidalität - nicht selten gleichzeitig mit Alkohol- und Medikamentenabusus.
- Sexuelle Störungen und Beziehungsstörungen: In vielen Fällen kommt es nicht nur zu Störungen sondern sogar zum Abbruch jeglicher sexueller als auch sozialer Kontakte zu Männern, aber auch zu Frauen. Neben Funktionsstörungen (Anorgasmie, Vaginismus u.ä.) kommt es zu Ekelgefühlen bei körperlicher Be-

rührung überhaupt, zu tiefgreifendem Mißtrauen gegenüber bestehenden oder sich anbahnenden Partnerbeziehungen, aber auch gegenüber Fremden. Es kann aber auch im Gegenteil zu stark sexualisierten Beziehungsformen kommen, zu einem suchtartigen Aufsuchen sexueller Kontakte nach Art eines Wiederholungszwangs, wobei in einem Fall das promiskuöse Verhalten in Prostitution mündete.

- Veränderungen in der Beziehung zum eigenen Körper: Manche Frauen erleben ihren Körper als etwas "Losgelöstes", Fremdes, "Beschmutztes", Entwertetes. In mehreren Fällen mündete dies in einen Waschzwang, der aus dem Gefühl, sich reinigen zu müssen, entstand. Es kommt zu Gefühlen des Ekels, der Gleichgültigkeit, zu Vernachlässigungen oder gänzlicher Ablehnung des eigenen Körpers oder seiner Teile, bis hin zu autodestruktiven Tendenzen.

Im Zusammenhang mit der Symptomatik berichten Frauen über Ängste vor den möglichen Folgen dieser Symptomatiken, nämlich z.B. den drohenden Verlust des Partners, des Arbeitsplatzes u.ä. In der Mehrzahl der Fälle haben die Symptome ca. einhalb bis eineinhalb Jahre nach der Tat begonnen, in einigen Fällen schildern die Frauen - oft nur sporadisch aufgetretene - vergleichbare Symptome in ihrer früheren Lebensgeschichte. (Auf die Frage nach der Vorgeschichte komme ich noch zurück.) Gelegentlich berichten Frauen, die erst nach vielen Jahren zu uns kommen, rückblickend von Symptomatiken (meist depressive), die sich allmählich gebessert hätten. Dies wird oft festgemacht an einschneidenden Ereignissen in ihrem Leben (z.B. Ortswechsel, Partnerwechsel, u.ä.). Selten wenden sich die Frauen nur wegen einer Symptomatik an uns, fast immer leiden sie unter mehreren der oben aufgelisteten Probleme. Viele Frauen scheinen über einen längeren Zeitraum an den Symptomatiken zu leiden; oft haben sie sich einer ganzen Reihe von medizinischen Behandlungsversuchen (Untersuchungen, Klinikaufenthalte, Kuren, homöopathische Behandlungen) unterzogen, die ihnen aber nur vorübergehende Milderung verschafft haben, wenn überhaupt.

In ihrer Pilotstudie haben Lorke und Ehlert bei allen Opfern schwere und dauerhafte Schäden vorgefunden, die offenbar auch mit der Zeit nicht vermindert werden. Sie schreiben: "Wenn man sich einen ersten Überblick über das Ausmaß der psychosozialen Schädigung der Vergewaltigungsopfer verschaffen will, so kann man sich vor Augen halten, daß jedes Opfer nach der Tat an durchschnittlich weit über 10 Symptomen leidet, die in einem unmittelbaren Zusammenhang mit der Tat stehen. Immerhin 2/3 dieser Symptome bestehen auch noch nach einem Jahr in ihrer ursprünglichen Intensität fort, wobei über die Hälfte aller entstanden Störungen von den Opfern als extrem beeinträchtigend erlebt wird. Man mache sich klar: Jedes Vergewaltigungsopfer leidet als Folge der Tat unter vier schweren Symptomen, die es in seiner Lebensführung gravierend einschränken und die in dieser Intensität über ein Jahr lang fortbestehen. (...) Nach unseren Erhebungen scheint es keine Opfer zu geben, die die Tat ohne gravierende Langzeitfolgen überstehen, und selbst wenn diese Schäden von den Opfern nicht als solche anerkannt werden oder gänzlich verleugnet werden, lassen sie sich mit dem einfachen Instrumentarium eines Fragebogens zweifelsfrei erheben." (Lorke/Ehlert, Manuskript a, S. 6)

### 2.2.4. Scheinbare Verarbeitung: Veränderung der Lebenseinstellung

Lorke und Ehlert (1985) haben zurecht darauf hingewiesen, daß die in der Literatur häufig beschriebene letzte Phase der "Verarbeitung" des Vergewaltigungserlebnisses nur eine scheinbare ist. Festgemacht wird sie am Nachlassen der Symptomatiken, deren Umwandlung in eine neue Lebenseinstellung und der Fähigkeit, über die Vergewaltigung weder gefühllos noch emotional erregt zu sprechen. Lorke und Ehlert nehmen dagegen an, daß die häufig zu beobachtende gravierende Veränderung in der gesamten Lebenseinstellung ein zusätzlicher, weitgehenderer Versuch ist, die Folgeprobleme der durch die Symptomatik notwendigen Einschränkungen vor der Umgebung und vor sich selbst zu verbergen. Ziel der veränderten Lebenseinstellung sei es, den Zusammenhang zwischen der Vergewaltigung und den heutigen Schwierigkeiten gänzlich zu zerstören.
Hauptkennzeichen dieser veränderten Einstellungen ist der soziale Rückzug, eine allgemeine resignative Grundstimmung, eine Einstellungsänderung gegenüber Männern, Sexualität und gesellschaftlichen Kontakten bzw. Aktivitäten. Die Kontaktscheu und Isolation mündet in z.T. einschneidende Verhaltenseinschränkungen. Diese Veränderungen bleiben von der Umgebung oft unbemerkt, da sie lediglich endgültigere und verschärftere Formen auch zuvor bestehender Einstellungen beinhalten und gesellschaftlich gesehen "plausibel" und "schicklich" sind, d.h. mit den gängigen Rollenklischees übereinstimmen. Unsere Erfahrungen sind, daß Frauen sich in der Tat eine generelle, meist rationalisierte negative Einstellung zu Männern und zur Sexualität zulegen, sich gleichzeitig oft abhängig machen von einem Partner, Kind oder Elternteil, für den sie meinen, "ganz da sein zu müssen", oft das Interesse an zuvor noch für sie wichtigen Tätigkeiten verlieren, Geselligkeiten meiden und sich selbst dabei nur noch vage erinnern, daß ihr Leben früher ganz anders ausgesehen hat, sie sich durchaus als selbstbewußte, aktive Frauen erlebt hatten. Diesen Preis zahlen nicht wenige Frauen offenbar ihr Leben lang. Die emotionale Beschäftigung mit der

Tat und ihren Folgen, mit deren Bedeutung für den gesamten Lebenszusammenhang muß als zu bedrohlich empfunden werden, und es bedarf neuer Abwehrformen, diese innere Bedrohung unter Kontrolle zu bringen. Die Veränderung in der gesamten Lebenseinstellung wird - nach einer äußerlichen Anpassung und nach der Ausbildung von Symptomen - in allen Studien über Vergewaltigungsopfer beschrieben. Nach Lorke und Ehlert dient sie der endgültigen Vermeidung der Auseinandersetzung mit dem Geschehenen.
Mit der Veränderung des Lebensstils ändern sich auch Selbst- und Selbstwertgefühl: die Frauen trauen sich immer weniger zu, halten sich für wertlos, "unvollständig". Sie empfinden einen generellen Vertrauensverlust, sowohl in andere Menschen als auch in sich selbst und in ihre eigenen Fähigkeiten. Ein allgemeines Lebensgefühl der Unsicherheit, des Sich-nicht-verlassen-Könnens, der Ohnmacht macht sich breit. In zunehmendem Maße scheinen die Frauen freudloser und desinteressierter am Leben zu partizipieren. Zwar leiden sie nun seltener unter einer ausgeprägten Symptomatik (z.B. einer sexuellen Störung), meinen nun aber häufiger, selbst überhaupt kein Interesse an Männern oder sexuellen Praktiken zu haben. Dabei kommt es u.U. auch zu Haßgefühlen, zu Gefühlen der Verachtung und Ablehnung alles Männlichen, alles Erotischen, aber auch alles Weiblichen - Gefühle, die wiederum zu einem verstärkten Rückzug und Leiden an Sinnlosigkeit führen.
In dieser Situation suchen die Frauen allenfalls dann eine Beratungsstelle auf, wenn sich für sie - völlig unerwarteter Weise - die Vergewaltigung plötzlich ins Bewußtsein drängt und massive emotionale Reaktionen auslöst. Dies ist relativ häufig dann der Fall, wenn die Frauen mit der sexuellen Gewaltthematik bei anderen konfrontiert werden: durch Erlebnisse Bekannter oder Freundinnen oder der Kinder, durch Sendungen in den Medien, durch Kinofilme, Zeitungsberichte. Andere Auslöser können Krisensituationen sein, vor allem Scheidung, Trennung, Tod von Angehörigen, die Gefühle mobilisieren, die die Frauen mit der Vergewaltigung in Zusammenhang bringen. In der Literatur wird hier von sog. "flash-backs" gesprochen, zu denen es häufig auch durch sexuelle Kontakte zu Partnern oder durch Besuche beim Frauenarzt kommt. Auch die Frauen selbst werden von der Stärke der Gefühle überrascht, hatten sie doch auch selbst gemeint, über das Erlebnis "hinweg" zu sein. In ihrer Studie über die Folgen des Vergewaltigungstraumas kommen Lorke und Ehlert zu dem Schluß: "Schwerwiegender als die Langzeitfolgen sind jedoch wohl die echten Dauerschäden zu beurteilen. Es ist vielleicht das erschütterndste Ergebnis unserer Untersuchung, daß es hier Bereiche gibt, in denen die Zeit ihre heilende Wirkung verloren hat. Die so selbstverständliche Annahme, die Folgen einer Vergewaltigung werden schon mit der Zeit mehr und mehr abklingen, können

wir anhand unserer Daten in dieser Form nicht bestätigen. Obwohl diese Annahme für die Mehrzahl der durch die Tat hervorgerufenen Symptome gültig bleibt, scheint es ganz offensichtlich einen Kernbereich der Schädigung zu geben, der mehr oder weniger unverändert ein Leben lang bestehen bleibt. Dieser Kernbereich läßt sich bei allen Opfern, also auch den relativ wenig geschädigten finden, und er äußert sich in seiner mildesten Form in einer offenbar irreversiblen Veränderung der Lebenseinstellung und des Selbstgefühls der betroffenen Frauen, in seinen schärfsten Formen in klar erkennbaren, schweren psychoneurotischen Symptomen, die die gesamte bisherige Lebensführung der Opfer zerstören." (Lorke/Ehlert, Manuskript a , S. 7f.)

### 2.2.5 Verarbeitung des Traumas

In der Theorie herrscht noch immer die Auffassung vor, daß sich die meisten Vergewaltigungsopfer nach ca. einem oder mehr Jahren von der Tat erholt haben, es sei denn, daß sie bereits vor der Tat unter gravierenden psychosozialen Problemen gelitten haben. In Anlehnung an das Streßkonzept, wonach der "gesunde" Mensch Streßfaktoren letztlich auch gesund bewältigt, legt auch die Rechtsprechung Wert auf die biographische Vorgeschichte der Opfer, um auf diesem Weg die durch die Tat entstandenen Folgen gegebenenfalls in ihrer Bedeutung zu relativieren.
Lorke und Ehlert (1985) weisen nach, wie sich im Bereich der empirischen Studien und deskriptiven Analysen immer wieder theoretische Annahmen und Interpretationen durchsetzen, die die psychischen Folgen einer Vergewaltigung entweder gänzlich auf exogene Faktoren (z.B. Reaktionen der Umgebung) oder direkt aus dem Tatgeschehen selbst (z.B. Quantität der Gewaltanwendung) ableiten, um die Tatsache der Traumatisierung nachzuweisen oder zu erklären. Die Tendenz, die psychischen Vorgänge im Opfer zu übergehen oder als sekundär zu betrachten, führt dazu, daß eine Traumatisierung nur dort als solche Anerkennung findet, wo subjektive psychische Prozesse eliminiert werden konnten. Die Frage, was als psychischer Schaden der Opfer anzuerkennen ist, bleibt in der Literatur so immer noch unbeantwortet. Arbeiten, die sich eher auf die qualitativen, inhaltlichen Aspekte der Vergewaltigungsfolgen beziehen, machen die Schwere und Dauer der Störungen dagegen sehr deutlich (vgl. z.B. McCombie 1980, aber auch Weis 1982, Sanders 1980, Symonds 1976). In all diesen Arbeiten wird die Zerstörung der Identität, des Selbst-Konzeptes, des Selbst-Ideals betont, eine grundsätzliche, massive Störung des Vertrauens in das Leben, d.h. es wird das beschrieben, was an anderen Stellen als Störung des narzißtischen Gleichgewichts herausgearbeitet worden ist.

Die Hilflosigkeit und Ausweglosigkeit angesichts derart grundsätzlicher Störungen schlagen sich in zwei Konzepten einer möglichen "endgültigen" Verarbeitung nieder: eine Katharsis infolge einer aggressiven Entladung der Wut auf den Täter und/oder die Verleugnung emotionaler Beteiligung und Betroffenheit des Opfers. Lorke und Ehlert weisen darauf hin, daß beides auf die "endgültige Fixierung auf das Trauma hinauslaufen kann, weil es dieses zu einem unintegrierbaren 'Fremdkörper' im Leben des Opfers machen muß". (1985, S. 339) Dieser "Fremdkörper", der nach den Autoren auf dem Weg der Introjektion des traumatischen Geschehens Eingang in die Psyche der Frau gefunden hat und von dem dort eine ständige Bedrohung ausgeht, ist danach der Ansatzpunkt einer möglichen endgültigen Verarbeitung des Traumas. Während Lorke/Ehlert die Abspaltung des Erlebten als einen notwendigen, dem psychischen Überleben dienenden Verarbeitungsversuch beschreiben, muß die endgültige Verarbeitung ihrer Ansicht nach als entgegengesetzter Prozeß verstanden werden: als die Überwindung der Spaltungsmechanismen, das Durcharbeiten der aggressiven und verzweifelten Gefühle, die Trauer um ein unwiderruflich verlorenes Ideal-Selbst. Wichtig dabei ist, daß die Auseinandersetzung mit dem Erlebten erst dann beginnen kann, wenn die Frau sich äußerlich stabilisiert hat. Eine Möglichkeit der Integration des abgespaltenen Erlebnisbereiches sehen die Autoren frühestens nach vier bis fünf Jahren, wenn die Frauen selbst das Bedürfnis entwickeln, sich noch einmal mit den Folgen der Tat auseinanderzusetzen.

Diese Annahmen werden durch die Arbeit in unserer Beratungsstelle bestätigt. So zeigt sich eine Häufung der Nachfrage nach Unterstützung und Hilfe in den ersten Wochen bis hin zu ein oder eineinhalb Jahren nach der Tat. In dem Zeitraum von zwei bis vier Jahren nach einer Vergewaltigung machen fast überhaupt keine Frauen Gebrauch von unserem Angebot. Nach ca. vier bis acht Jahren ist ein massiver Anstieg der Nachfrage nach Therapiemöglichkeiten und Beratung zu verzeichnen. Diese Frauen wenden sich in der Regel ganz gezielt an uns mit dem Wunsch, die nun Jahre zurückliegende Vergewaltigung zu besprechen, um zu verstehen, weshalb es für sie zu so tiefgreifenden Beeinträchtigungen gekommen ist. Nach unserer Erfahrung spielt die Anzahl der Jahre, die seit der Tat vergangen sind, keine Rolle für die Dringlichkeit, mit der die Frauen eine therapeutische Hilfe suchen: so kommt es vor, daß Frauen nach 10, 20 im Einzelfall nach 30 Jahren über die Tat sprechen, als wäre sie gerade geschehen.

Da man davon ausgehen kann, daß sehr viele Frauen mit einem Vergewaltigungserlebnis sich niemals um fachliche Hilfe bemühen, ja selbst nach Jahren mit niemandem über die Vergewaltigung gesprochen haben, liegt die Vermutung nahe, daß eine endgültige Verarbeitung nur in den seltensten Fällen gelingt. Unserer Erfahrung nach kommt es oft zu mehreren Therapieversuchen mit nachfolgenden Abbrüchen. Als Gründe für die Abbrüche geben die Frauen an, daß sie es nicht "schafften", über die Vergewaltigung zu sprechen (nicht selten aus Schonung gegenüber dem Therapeuten/der Therapeutin), daß die TherapeutInnen negativ reagiert hätten (darunter werden sowohl Reaktionen des Unglaubens als auch fast noch häufiger Reaktionen des Mitleids, der Empörung über den Täter, der einseitigen Parteinahme verstanden), daß die TherapeutInnen sie "weitergeschickt" hätten (z.B. "Ihre Ängste können sie hier bearbeiten, aber wegen der Vergewaltigung müssen sie sich an jemanden anderen wenden"), oder daß die Frauen Gefühle nicht ertragen konnten, die durch bestimmte therapeutische Methoden (häufig körperorientierte Verfahren) bei ihnen ausgelöst wurden. Andere Frauen haben über Jahre mit niemandem oder nur mit vertrauten Personen über die Vergewaltigung gesprochen und geben an, der Grund für dieses Schweigen seien Gefühle der Verzweiflung und Sinnlosigkeit gewesen. Sie hätten gemeint, irgendwann könnten sie so alles vergessen. In einer Art erneuter Verzweiflung erleben sie den Wunsch, nun doch zu sprechen, als eine Art "letzte Chance".

## 2.3 Zum Stellenwert des Traumas in der Lebensgeschichte

Die beschriebenen Folgen und Verarbeitungsversuche der Vergewaltigung stellten den Versuch einer Verallgemeinerung dar, der Individuelles notwendigerweise ausblendet. Eine ganz zentrale Widersprüchlichkeit, der wir in der Arbeit mit vergewaltigten Frauen immer begegnen, verweist auf den schwierig zu bestimmenden Bereich zwischen Traumatisierung und subjektiver Verarbeitung. Nahezu alle Frauen bringen eine stark ambivalente Haltung zum Ausdruck, wenn sie sagen:

- Die Vergewaltigung ist für sie ein Bruch in der Lebensgeschichte, der alles verändert hat: nichts ist wie vorher. Der Eingriff von außen wird als gänzlich sinnlos, als totaler Einschnitt erlebt.
- Daß die Vergewaltigung ausgerechnet ihnen passiert sei, passe zu ihrem bisherigen Leben: die Frauen nennen nun subjektive Faktoren der Lebensgeschichte, die die Vergewaltigung als eine Art Wiederholung von Altbekanntem erscheinen läßt.

Man könnte diese Widersprüchlichkeit nun einfach als eine Form der Abwehr abtun: Die Vergewaltigung entweder als etwas betrachten, das überbewertet wird (Bruch) oder die subjektive Interpretation als einen Versuch werten, lebensgeschichtliche Kontinuität herzustellen. Oder man könnte die These ver-

treten, es sei naheliegend, daß Frauen sich die Vergewaltigung subjektiv zuziehen, da sie latent immer mit der Gefahr leben, Opfer sexueller Übergriffe werden zu können und hier nur eine in der Phantasie antizipierte Realität wahr wird. Die beiden letztgenannten Annahmen sind sicherlich nicht falsch.
Ich meine aber, daß sich in dieser Ambivalenz zwei wesentliche Informationen verbergen, die bislang zu undifferenziert betrachtet wurden: Das Trauma der Vergewaltigung bedeutet für alle Opfer einen massiven seelischen Einbruch - und zwar unabhängig von der zuvor bestehenden Persönlichkeitsstruktur. Die Versuche aber, das Trauma zu ertragen, zu verstehen und zu verarbeiten, müssen durchaus mit den je spezifischen biographischen Erfahrungen in Verbindung gebracht werden. Es bleibt deshalb wichtig, zwischen dem Ereignis und der subjektiven Verarbeitungsform zu trennen, will man nicht Gefahr laufen, unzulässig zu verallgemeinern oder zu individualisieren. J. Sandler schreibt in diesem Zusammenhang: "Wir müssen uns mit dem Problem der Unterscheidung zwischen unlustvollen Erlebnissen im allgemeinen und speziellen Traumen auseinandersetzen, ferner der Unterscheidung zwischen Reaktionen auf ein drohendes Trauma und Reaktionen auf das eingetretene Trauma und schließlich zwischen reaktivierten und neuerlebten Traumen." (Sandler 1967, S. 166)
Dieser Vorschlag hilft freilich auch nicht weiter, stellt sich doch vielmehr die Frage gerade nach den Zusammenhängen: ob eine erwachsene Frau, die durch äußere Umstände dazu gezwungen wird, auf infantile Reaktionsweisen zurückzugreifen, a) dies auch ohne Anlaß getan hätte, b) dies nur tut, wenn schwerwiegende infantile Traumata sie dazu veranlassen, c) dies nicht tut, wenn ihre frühkindliche Geschichte "gut genug" verlaufen ist oder ob sie gar d) den heutigen Anlaß nur dazu "benutzt", um sich ihre frühkindliche Erlebnisweise zu bestätigen oder diese zu verdecken.
Ich möchte im folgenden der Bedeutung des Traumas für die Lebensgeschichte der betroffenen Frauen nachgehen und dabei die Frage nach der "Schadensschwere" und nach der "prätraumatischen Persönlichkeit" stellen.

### 2.3.1 Biographische Einflußfaktoren und Schwere der Schädigung

Da es sich bei der Vergewaltigung auch immer um ein zu bestrafendes Delikt handelt, spielt die Frage nach den "Opfervariablen" in der Literatur - auch der psychologischen - eine wichtige Rolle. Versteht man die Justiz nicht allein als Ordnungs- und Machtfaktor, dem sich die Individuen zu beugen haben, sondern auch als (delegiertes) kollektives Bedürfnis, das "Böse" verfolgt zu wissen, so erklärt sich das Interesse aller an der Frage: Gibt es Bedingungen (psychische Krankheiten, Lebensbedingungen, Konstitution, Alter) oder Sozialisationsfaktoren, die dazu führen, daß bestimmte Frauen eher zum Opfer von Gewalt werden als andere? “Opferschutz”, wie immer ein solcher auch aussehen könnte, und “Opferbeteiligung” an der Tat sind Fragestellungen der Viktimologie, die die Psychologie berühren und die, wie ich meine, dazu führen können, sich dieser unzulässig zu bedienen.*) Gäbe es nämlich eine typische “Opferpersönlichkeit”, so würde dies vor allem die Viktimologen selbst, oder besser deren Auftraggeber, die Justiz, entlasten von ihrer Straffunktion, ebenso wie es die Durchschnittsbürgerin dazu verleiten könnte, sich selbst sicher oder immun zu wähnen, da sie diesem Personenkreis möglicherweise nicht angehört. Frauen, die eine Vergewaltigung anzeigen, müssen auch heute noch damit rechnen, daß sie die Beweislast**) dafür tragen, vor der Tat ein Ausbund psychischer Gesundheit gewesen zu sein, wenn sie ihre Glaubwürdigkeit als Zeuginnen anerkannt wissen wollen. Immer wieder gilt es, vor Gericht zu beweisen, daß eine Vergewaltigung nicht als Folge einer bereits fehlgeschlagenen Sozialisation und in deren Konsequenz als eine Art Provokation einer ohnehin gestörten Persönlichkeit betrachtet werden muß. Fatalerweise werden hier gerade jene Autoren zitiert, die von einem interaktionellen Ansatz aus oder einem psychodynamischen Verständnis das Opfer-Täter-Schema aufzuheben suchen, wenn auch nicht mit dem Ziel der Entlastung des Täters durch Opferbeschuldigung. Der Wunsch, die Tat samt ihren Folgen für das Opfer zu begreifen, und damit einen Beitrag zur Handlungs- und Urteilsfähigkeit der Richter zu leisten, mündet bei fortschrittlichen Viktimologen nun oft in sogenannte “multikausale” Erklärungsansätze, die - wahrscheinlich gut gemeint - dazu herausfordern, neben der Tat und deren Umständen die Persönlichkeit des Opfers, dessen Lebensbedingungen und Vorerfahrungen (z.B. sexuelle) und den Reifegrad der persönlichen Entwicklung zu wesentlichen Faktoren der “Wahrheitssuche” werden zu lassen (Baurmann 1983, Groffmann 1962).

---

*) Konzepte wie das von Seligman, das dem dynamischen Aspekt der “Opferentwicklung” nachgeht (“erlernte Hilflosigkeit”) und bei Viktimologen so gut ankommt, fördert ein Nachdenken über Vergewaltigung, das auf Opferbeschuldigung gründet. So wird inzwischen schon von “Rückfallopfern”, “Opferanfälligkeit”, “Opferbeitrag”, “Opferprovokation” gesprochen. (Kirchhoff, Sessar 1979) Es werden Zusammenhänge hergestellt zwischen “sexuellen Karrieren” und “Viktimisation” und spekuliert, diese könnten auf die Familienkonstellation zurückzuführen sein (Kirchhoff/ Kirchhoff 1979), oder es wird vom “Beitrag des Opfers zu seiner Mißhandlung” bei Kindern gesprochen (Baumann, Fehervary 1979).

**) Es kommt dann z.B. zu Kommentaren wie: “Bisher gewannen wir den Eindruck, daß nicht selten bei den Opfern hysteriforme Persönlichkeitszüge eine Rolle spielen. Dies zeigte sich u.a. darin, daß zwar die Ablehnung verbal eindeutig zum Ausdruck gebracht wurde, es aber offenbar nicht gelang, sie dem Täter völlig unmißverständlich zu vermitteln.” (Volk u.a. 1982)

Auf der Seite der betroffenen Frauen trifft diese Infragestellung der "Wirklichkeit" auf die oben beschriebenen Ambivalenz, d.h. auch auf Zweifel der Opfer an sich selbst und der eigenen bisherigen Sicht des Lebens. Die Erwartungen der Opfer und die der Untersucher der Opferschäden können sich so auf verhängnisvolle Art und Weise annähern. Bei der Frage nach den psychischen Schäden einer Vergewaltigung und deren Untersuchung spielt auch der Erwartungshintergrund der Untersucher eine Rolle. Neben fragwürdigen Methoden der Datenerhebung fällt dort immer wieder eine offene*) oder latente Opferfeindlichkeit auf, die auch in gutgemeinten Ansätzen transportiert wird. Als Beweismittel für eine Schädigung werden Brüche und Diskontinuitäten in der Lebensgeschichte herangezogen, d.h. unter Ausblendung jeglichen Wissens über psychische Verarbeitungsprozesse wird ein Schaden durch ein Trauma dort abgesprochen, wo sich eine Kontinuität zwischen zeitlich vor und zeitlich nach dem Trauma vorfindbaren lebensgeschichtlichen Eigenarten nachweisen läßt.**) Lorke und Ehlert weisen dagegen darauf hin, daß der Verarbeitungsprozeß selbst die nachträgliche Herstellung der Kontinuität mit den lebensgeschichtlich geprägten Mitteln zum Ziel hat, weshalb es verwunderlich ist, daß jene "Input-Output"-Konzepte überhaupt noch Schäden vorzufinden in der Lage sind. Die Abwesenheit auffälliger Symptomatiken wird so letztlich zum Kriterium psychischer Gesundheit und dementsprechend Folgenlosigkeit einer Vergewaltigung. Lorke und Ehlert (1985) haben in ihrer Studie herausgefunden, daß

- die Mehrzahl der Symptome, die die Opfer als Reaktion auf die Tat entwickeln, ganz neu entstehen,

---

*) Besonders hervorgetan hat sich unter den Viktimologen M.Amir (1971), der mit dem Hinweis auf die Psychoanalyse einen Wunsch der Frauen, vergewaltigt zu werden, propagiert, der auch ein klar verbalisiertes "Nein" überlagere und für die Frauen den angenehmen und befreienden Aspekt der Tat beinhalte. In guter Gesellschaft befindet er sich hier mit Schneider (1975a,b), der am deutlichsten und offensten die frauenfeindliche Perspektive vertritt. Wenn die Psychologie zu einem Instrument der Justiz wird und sich machen läßt, dann wird der "eigene Anteil" von Frauen nicht zu einem Mittel des Verstehens, der Gesundung, des Schutzes, sondern zu einer Frage der Schuld. Justiz und Viktimologie analysieren nicht, sondern dienen der Be- und Verurteilung.

**) Die Frage des Zusammenhangs zwischen Persönlichkeitsstruktur/Verhalten des Opfers in der Tatsituation und den Schädigungen hat v.a. bei der Opferentschädigung (Opferentschädigungsgesetz) fatale Konsequenzen: ein Anspruch wird in der Praxis nur dort zugebilligt, wo die Frau dem Untersucher glaubhaft machen kann, daß es weder in ihrer Biographie noch in ihrer Anlage, noch in ihrem Verhalten während und vor der Tat Anlaß gibt, an der "Schädigung durch die Tat" zu zweifeln. "Keine Vorbelastung" und "Keine Eigenbeteiligung" sind aber schwer nachweisbar, weshalb Entschädigungszahlungen selten sind (Persönliche Mitteilung von Betroffenen und von Mitarbeiterinnen des Weißen Rings in Bremen).

- vorher bestehende psychische Probleme keine Voraussetzung für eine schädigende Wirkung einer Vergewaltigung sind,
- das Ausmaß vorheriger Sexualerfahrungen für den Grad der Schädigung nicht ausschlaggebend zu sein scheint.

Oft wird die Problematik der weiblichen Sozialisation für das reale Verhalten in der Vergewaltigungssituation selbst und für die Folgen der Vergewaltigung verantwortlich gemacht. Man hört vielfach: wenn Frauen aggressiver, eindeutiger und stärkedemonstrierender zu reagieren gelernt hätten, dann wären die Folgen weniger schlimm oder Vergewaltigungen gar gänzlich vermeidbar. Einige Feministinnen meinen, die beste Vorbereitung sei die Erprobung physischen Widerstandes, weil dann ein geringeres Trauma zu erwarten sei. Die Polizei rät, statt Widerstand zu leisten, passiv zu reagieren, ja gar "zu beten" (Merkblatt des Landeskriminalamts Bremen 1979, "Frauen bei Nacht, gebt acht"), um Verletzungen oder den Tod zu vermeiden. Wie ein Zynismus klingt es, wenn es heißt, "Unsere Untersuchung ließ deutlich erkennen, daß sich selbstbewußte, souveräne Frauen selten unter den Opfern befanden" (Volk u.a. 1982), wenn man weiß, was eine Vergewaltigung mit einer Frau machen kann. Auch die Aufforderung "selbstbewußt" zu reagieren, ist eine irrwitzige, angesichts der Situation absoluter Selbstentwertung während einer Vergewaltigung.

Es ist nicht möglich, sich auf ein "Trauma" vorzubereiten und niemand ist "nicht-traumatisierbar". Im Gegensatz dazu zeigen unsere Erfahrungen, daß Frauen v.a. dann besonders gefährdet scheinen, wenn sie eindeutig Stellung beziehen: sei es durch "Flucht" (im Sinne von Rückzug, Kontaktabbruch, auch Verlust der eigenen Gefühlswelt und dementsprechend des "inneren" Reaktionsbarometers), sei es durch "Kampf" (im Sinne von disharmonischem aggressiven Reagieren). Beides scheint sowohl die reale körperliche Bedrohung als auch die späteren Schädigungen zu intensivieren. Frauen dagegen, denen es in der Situation gelingt, sich eine geringe aber doch noch vorhandene Struktur der Situation zu erhalten (zeitlich, räumlich, o.ä.), die einen gewissen "Kontakt" zur Person des Täters herzustellen in der Lage sind, v.a. aber in Kontakt mit ihren eigenen Gefühlen bleiben, erhalten sich am ehesten eine gewisse Aktivität - wie gering auch immer - und scheinen danach eine solche Situation auch ein wenig besser zu überstehen. (Ähnliches ist über Geiseln während der Geiselnahme berichtet worden, vgl. Bastiaans 1978.) Diese mögliche Reaktionsform ist nicht "lehrbar" und nicht "erlernbar", sondern rekurriert auf ein Gefühl der tiefgehenden "inneren" Sicherheit, auf das in einer Situation größter Not zurückgegriffen werden kann. Dementsprechend fanden Lorke und Ehlert (1985) als Einflußfaktoren für die unterschiedliche Schadensschwere heraus:

- Die Verarbeitungsprozesse scheinen jenen Frauen leichter zu fallen, die angeben, eine glückliche Kindheit und eine gute Beziehung zu den Eltern gehabt zu haben.
- Die Frauen, die in ihrer Biographie glückliche und befriedigende sexuelle Erfahrungen gemacht hatten, verarbeiten eine Vergewaltigung eher besser.
- Ein großes Sicherheitsgefühl und Gefühl der Unverletzlichkeit des Opfers vor der Tat führt offenbar zu schwerwiegenderen Schädigungen.
- Direkt aus der Tatsituation oder der Zeit danach abgeleitete Einflußgrößen hatten offenbar keinen Einfluß auf die Schwere der Schädigungen.
*Wichtig bleibt, daß es hier immer um die Verarbeitung geht, nicht um die Frage, ob eine Schädigung stattgefunden hat oder nicht.*

### 2.3.2 Die "prä-traumatische" Persönlichkeit

Es stellt sich hier die Frage danach, was "psychische Gesundheit" ist. Freud stellte fest, daß "Gesundheit und Krankheit nicht prinzipiell geschieden sind, sondern nur durch eine praktisch bestimmbare Summationsgrenze gesondert sind". (Freud 1904, S. 11/12) Zwischen Pathologie und Normalität besteht für die Psychoanalyse im Bereich sozialbedingter psychischer Erkrankungen lediglich eine quantitative Differenz. Das Maß wird dabei keineswegs einzig durch defekte Mutter-Kind-Beziehungen gesetzt, wie irrtümlicherweise so oft behauptet wird. Das Individuum trifft vielmehr auf gesellschaftliche Strukturen, die sich die kindlichen Muster zunutze machen und kaum Spielraum lassen für eine Auseinandersetzung mit den eigenen Abwehrformen und Ängsten. Es scheint ein gesellschaftliches Interesse daran zu geben, daß erwachsene Frauen an ihren kindlichen Fixierungen und erstarrten Beziehungsmustern festhalten, das "Pathologische" wird zur "Normalität".
Die inneren Kräfte, die eine Frau angesichts einer tiefgehenden Bedrohung durch ein Gewalterlebnis aufbringt oder zur Verfügung hat, sind immer eng verbunden mit der Qualität ihrer inneren Welt von Objektbeziehungen: sie bedarf in dieser Gefahren- und Verlustsituation stabiler Vorstellungen von Objekten, die Trost zu geben in der Lage sind. Vertrauen in das eigene Selbst und den eigenen Wert basiert immer auf der Bestätigung der Liebe internalisierter guter Objekte.
Andererseits erzwingt eine Verarmung an Befriedigung und Schutz einen Rückgriff oder Rückzug auf narzißtische Erlebnisweisen: d.h. es bedarf auch immer einer angemessenen sozialen Umwelt, die sich nicht durch unbewältigbare Anpassungszumutungen auszeichnet, um psychische Gesundheit aufrechtzuerhal-

ten. Fenichel (1945, S. 177) schreibt: "Schwere Traumen, die die gesamte Ökonomie der seelischen Energien durcheinander bringen, erschüttern *notwendig* (Hervorhebung durch U.K.) auch das Gleichgewicht zwischen verdrängten Antrieben und den verdrängenden Kräften". Die Wiederkehr des Verdrängten nach einem Trauma wäre also zu verstehen als "Aufhebung", Rückgängigmachung von gesunden Lösungsprozessen der zuvor zu bewältigenden lebensgeschichtlichen Konflikte. Dies kann bedeuten, daß latente neurotische Dispositionen mobilisiert werden, die andernfalls verborgen geblieben wären. "Um die überwältigende Aufgabe zu erfüllen, werden alle differenzierten seelischen Funktionen, die Sexualität eingeschlossen, ihrer spezifischen Besetzung beraubt. Dies gilt auch für die Besetzungen, die durch Verdrängungskonflikte gebunden waren. Die Besetzung der Abwehrkräfte kann zuerst mobilisiert werden. Das ist der Hauptgrund dafür, daß die verdrängten Kräfte nach Traumen mehr oder weniger offen wieder auftauchen. Das Bild, das dadurch geschaffen wird, ist das einer unspezifischen Desintegration der Persönlichkeit, bei der eine Entdifferenzierung und Regression zu kindlicher Abhängigkeit vorherrscht." (Fenichel, ebd.) Das Trauma kann frühere Traumen der Kindheit wiederbeleben, alte frühkindliche Konflikte remobilisieren, und es kann als Bestrafung erlebt werden für unerlaubte Wünsche der Kindheit. "Je mehr Verdrängungen vorhanden sind, desto weniger freie Energie steht zur Verfügung, neu eintreffende Erregung zu beherrschen, und desto größer ist die Anfälligkeit für traumatische Wirkungen." (Fenichel 1945, S. 182) Vorher existierende psychoneurotische Persönlichkeitsanteile, die ja bereits selbst als ein Versuch gesehen werden können, drohende traumatische Zustände zu verhindern, verlieren durch eine erneute schwere Traumatisierung den Charakter des "Vermeidens": die Realität macht hier eine nachträgliche Bewältigung nötig. Die Möglichkeit, ein Trauma zu "bewältigen" aber ist an das geknüpft, was im traumatischen Zustand gerade fehlt: einen funktionierenden psychischen Apparat. "Bewältigung" setzt also zunächst einmal voraus, die Funktionsweise des psychischen Apparats wieder herzustellen. Zepf u.a. (1986) schlagen vor, bei der Bewältigung traumatischer Zustände zwischen Form und Inhalt zu unterscheiden. "In der Absicht, traumatische Zustände nachträglich zu bewältigen, wird versucht, den szenischen Ablauf, der in einen traumatischen Zustand führte, inhaltlich in Richtung auf einen günstigeren Ausgang zu verändern - z.B. durch eine Wendung des passiv Erfahrenen in seine aktive Gestaltung. Im Zwang, diese Versuche ständig zu wiederholen, artikuliert sich dann das Bemühen des Betroffenen, sich immer wieder von der Tauglichkeit seiner im Trauma als insuffizient erfahrenen Ich-Funktionen zu überzeugen. Durch den Einsatz seiner Ich-Funktionen kann dies zugleich auch als ein Versuch verstanden werden, den erfahrenen traumatischen Zustand zu negieren; in ihm waren die Ich-Funktionen nicht mehr verfügbar. Das Individuum macht das Trauma dadurch ungeschehen, daß es wieder jene 'psychischen Verhältnisse' herstellt, die vor dem Trauma bestanden haben." (Zepf u.a. 1986, S. 133)

Die Notwendigkeit der Wiederherstellung von Ich-Funktionen ist beim Vergewaltigungstrauma universal. Jedes Individuum besitzt aber gleichzeitig eine ihm eigene Grenze der Erträglichkeit, die in Abhängigkeit von den frühen Objektbeziehungen und dem damaligen Schutz gegen Traumatisierungen gesehen werden muß. So kommt es bei vergewaltigten Frauen auch häufiger vor, daß eine Erkrankung erst dann einsetzt, wenn sie sich erneut einer massiven Enttäuschung durch die Umgebung ausgesetzt fühlen.

Es ist behauptet worden, daß bestimmte Frauen, die aufgrund ihrer Biographie und der allgemeinen weiblichen Sozialisationsbedingungen ohnehin zu masochistischer Unterwerfung und Opferbereitschaft neigen, eine Vergewaltigung leichter verdauen könnten als Frauen, die z.B. weniger auf klassische Weiblichkeit hin sozialisiert worden waren oder auch als Männer, da sie bereits intrapsychische Schutzmechanismen entwickelt hätten, auf die sie dann leichter zurückgreifen könnten. Genannt werden hier z.B. auch Frauen, die jahrelange sado-masochistische Beziehungen erduldeten oder auch Prostituierte. Oft wird diesen Frauen sogar unterstellt, letztlich die Vergewaltigung selbst provoziert und unbewußt gewünscht zu haben. Als Beweismittel dient hier, daß diese Frauen weniger lärmende Symptomatiken zeigen, was ja nur heißt, daß sie die Affekte stärker isolieren oder leugnen. Der Zusammenhang zwischen Biographie und Trauma ist damit immer noch nicht aufgeklärt. Wichtig ist aber, daß letzendlich nur individuell etwas darüber zu erfahren sein wird: über den langwierigen Weg einer therapeutischen Arbeit.

Möglicherweise ist die Frage, ob für eine schwere Schädigung ein "Einzelreiz" oder eine in der Lebensgeschichte begründete "traumatisierende Gesamtsituation" verantwortlich gemacht werden kann, auch falsch gestellt. So kann eine Vergewaltigungserfahrung von einer Frau wie losgelöst erlebt werden von der Gesamtheit der sozialen und kulturellen Prozesse, in denen sie lebt und in denen sie zu bestimmten Verarbeitungsformen gezwungen ist. Ob das Ereignis "Auslöserfunktion" hat für eine verborgene Schädigung oder nicht, ist nur dann interessant, wenn dem Trauma selbst keine schädigende Wirkung attestiert würde. Dies aber ist in keinem Fall so. Eine Vergewaltigung ist in sich eine Schädigung, die zusätzlich auslösende Funktion haben kann. Und (und dies ist wichtig für die Rechtsprechung) dort, wo eine latente Krankheit durch die Vergewaltigung manifest wird, ist dieses Manifestwerden eine Folge der Vergewaltigung. Eine Differenzierung von traumatischen Neurosen in ich-strukturelle Veränderungen, in vorübergehende traumatische Reaktionen oder in Psychoneurosen ist nosologisch wichtig. Sie wird aber unsinnig, wenn sie dazu dient, ein Trauma nur dort zu attestieren, wo "dispositionelle Faktoren" ausgeschlossen werden können.

### 2.3.3 Die Folgen der Folgen: persönliche Verluste und Vermeidung von Trauer

Die Auseinandersetzung mit den Folgen des Vergewaltigungstraumas für die weitere Biographie der Opfer wird seit nunmehr zwanzig Jahren geführt und ist eng verknüpft mit der Frage nach der angemessenen Behandlungsform. Dabei hat sich - vor allem in den USA - die Auffassung verbreitet, daß eine Psychotherapie deshalb nicht indiziert sei, weil es eine Pathologisierung von psychisch gesunden Frauen und emotional gesunden Reaktionen nach einer ungewöhnlichen Streßsituation beinhalte. Dem liegt ein bestimmtes Verständnis von Therapie zugrunde, deren einziger Gegenstand frühkindliche Konflikte sind, unter Auslassung der Erwachsenenerfahrungen, und ein Verständnis des Traumas als Eingriff, der biographisch frühere Ereignisse unberührt läßt.
Die ersten, die vorhersehbare, gesunde Reaktionen von Frauen auf eine Vergewaltigung beschrieben haben, waren meines Wissens Sutherland und Scherl (1970), die die Ansicht vertraten, daß eine Vergewaltigung als "Krise" zu verstehen sei, die es zu überwinden gelte. Es sei möglich, mit Hilfe beruhigender und stützender pädagogischer Beratung das Erlebte in einigen Wochen zu verarbeiten und in das übrige Leben zu integrieren. Nur dort, wo sich eine zugrundeliegende Psychopathologie finden lasse, ist ihrer Meinung nach eine therapeutische Arbeit notwendig. Was hier mit Verarbeitung oder Integration gemeint ist, bleibt offen. Genannt wird die Klärung der Gefühle und der Beziehung zum Täter.
Einige Jahre später prägten Burgess und Holmstrom (1974) den Begriff vom "rape-trauma-syndrome" und verwiesen auf eine ergebnisorientierte und stützende Krisenberatung als angemessene Interventionsform. Therapie wird nur dort für notwendig erachtet, wo die Opfer vergangene oder akute psychiatrische Auffälligkeiten zeigen. Traditionelle psychodynamische Betrachtungsweisen werden vor allem deshalb als problematisch betrachtet, weil sie der "Opferbeschuldigung" Vorschub leisteten (ich komme darauf zurück). Auch andere Autoren teilten und teilen diese Auffassung. (Forman 1980, Hilberman 1976, McCombie/Arons 1980) Unverständlich ist dies, weil die Autoren selbst schwere Schäden des Vergewaltigungstraumas beschrieben. Der Annahme einer "Krise" oder Ausnahmesituation steht gegenüber, daß bei den Opfern Todesangst,

Verletzung der Körpergrenzen, narzißtische Kränkungen, Überschwemmung gewohnter Ich-Funktionen, Kontrollverlust, Aktivierung unbewußter Konflikte und die Zerstörung wichtiger Beziehungen festgestellt wurden. Daß diese massiven Schäden durch eine Krisenintervention behoben werden könnten, ist unwahrscheinlich. Auch Langzeitstudien zeigten ein ganz anderes Bild (Horowitz 1976, Krystal 1984, Santiago u.a. 1985): Eine sog. Erholungszeit schien es nicht zu geben, eher eine Art Moratorium; die Mehrzahl der Opfer berichtete Jahre nach der Tat von schweren Symptomen und hatte ihr Leben um diese Symptomatiken herum organisiert. Die Annahme, daß eine Krisenintervention ausreiche, erwies sich als Ergebnis der Beschränkung auf zu kurze Untersuchungszeiträume von allenfalls zwei Jahren nach der Tat.
Die schließlich doch geforderte therapeutische Arbeit war nun vorwiegend verhaltenstherapeutisch ausgerichtet. Eine Erklärung für das Phänomen, daß das Vergewaltigungstrauma derart zerstörend in das Leben nahezu aller Opfer eingreift, lieferten erst die Theorie der Objektbeziehungen und die Ich-Psychologie im Rahmen der Psychoanalyse. Das Vergewaltigungstrauma wurde dort als eine Störung des narzißtischen Gleichgewichts aufgefaßt, in deren Folge sich sowohl strukturelle Störungen als auch Störungen in den Objektbeziehungen feststellen ließen. Als besonders zentrales Thema wurde das des "Verlustes" genannt (der im übrigen, ohne näher erklärt oder verstanden zu werden, auch in anderen Ansätzen immer wieder thematisiert wird).
Nach D. S. Rose (1986) sind die Verlusterlebnisse der Opfer so verheerend und tiefgreifend, daß intrapsychisch jede Stufe der psychosexuellen Entwicklung, das Selbstkonzept und die Objektbeziehung beeinträchtigt, bzw. angegriffen werden. Die jeweiligen Reaktionen der Umgebung, das Spezifische der Tat und die lebensgeschichtliche Entwicklung der Frauen bestimmen einzig über die Intensität des Angriffs auf den verschiedenen Ebenen - zu konstatieren ist der Verlust aber bei allen Opfern. Welche Verarbeitungsmuster und inneren Haltungen, einschließlich der Abwehrformen, die Frauen in ihrem weiteren Leben ausbilden, soll nach Rose unter dem Aspekt der Art des Verlustes, der individuellen Antwort im Bereich der intrapsychischen Entwicklungsstufen und der Art der sozialen Beziehungen unterschieden werden. Wie bereits beschrieben, greift die Vergewaltigung die Opfer auf nahezu allen Ebenen an: auf der Ebene des Körpers, der psychisch-sozialen Realität und der Beziehungen. Die Angst läßt den Frauen nur eine Möglichkeit des psychischen Überlebens, nämlich den Rückgriff auf internalisierte Objekte, auf Identifikationen, die die Grundlage ihrer Identität bilden; sie müssen ihr Selbst und ihre Ideale vor gänzlicher Zerstörung verteidigen.

In seinem Aufsatz "Fear of Breakdown" spricht D.W.Winnicott (1974) statt von Angst, von einem Zustand der "primären Agonie", die dem archaischen Stadium absoluter Abhängigkeit entspricht. Er beschreibt diese Zustände der Agonie so:
- Rückkehr zu einem nicht-integrierten Zustand, wobei die Desintegration Abwehrfunktion hat.
- Der "endgültige Fall", dessen man sich durch "Self-holding" zu erwehren sucht.
- Verlust der psychosomatischen Einheit (Gefühl, bei sich nicht zu Hause zu sein); partiellen Schutz bietet hier die Depersonalisation.
-Verlust des Realitätssinns, dem man durch Rückgriff auf den primären Narzißmus zu begegnen sucht.
- Verlust der Fähigkeit, sich auf Objekte zu beziehen, der bis hin zu autistischem Verhalten beantwortet wird.

*Die Drohung existentieller und sozialer Vernichtung*

Die Vernichtungsdrohung während der Tat hat eine äußere (Todesdrohung) und eine innere (Zerstörung von Teilen des Selbst) Seite und wirkt auf einer sehr frühen (oralen) Stufe der psychosexuellen Entwicklung: der des Urvertrauens. Das universale Gefühl des Bedrohtseins an Leib und Leben durch eine Vergewaltigung wirkt später in Form eines generellen Mißtrauens hinsichtlich der Bedürfnisse nach Sicherheit, Wohlbefinden und des Nicht-fallen-gelassen-Werdens. Dieser Argwohn richtet sich gegen andere - vor allem gegen Männer, aber auch gegen Frauen - und gegen die eigene Person: Die Erfahrung, sich nicht bewahrt zu haben, sich nicht geschützt zu haben, mündet im Gefühl tiefster Verwundbarkeit. Das Leben "danach" wird so von vielfältigen Versuchen bestimmt, dieses verlorene Vertrauen zurückzugewinnen oder aber auch von zahlreichen Neuinszenierungen dieses Vertrauensverlustes. Die häufig instabilen Lebensweisen (Umzüge, Ortswechsel, Sicherungsmaßnahmen, Arbeitsplatzwechsel, Partnerwechsel, u.ä.) lassen sich zwar sehr wohl als Versuche verstehen, Vorsichtsmaßnahmen zu ergreifen, sie haben aber immer auch den Charakter von Wiederholungszwängen. Immer wieder wird ein Ort, ein Mensch, als etwas wahrgenommen, dem nicht zu trauen ist. So kommt es stets von Neuem zu den von den Frauen gefürchteten und doch "gesuchten" Situationen, in denen sie sich z.B. in extremster Weise abhängig machen von Personen, an die sie massive Erwartungen hinsichtlich Schutz, narzißtischer Bestätigung oder passiv-oralem Versorgtwerden stellen. Von Anfang an aber sind diese Beziehungen - die letztlich auch der Beziehungsvermeidung dienen - auf Enttäuschung hin angelegt. Es kommt zu einem agierenden Durchleben der Situation des Verlassenseins. Oder es treten Gefühle der omnipotenten Beherrschung der

Situation auf, die dem bleibenden Gefühl der Vernichtungsangst entgegenwirken sollen, was manchmal für kurze Zeit auch gelingt. Es kommt zu Umdeutungen der Realität, z.B. der Interpretation der Vergewaltigung als "Chance", als Anstoß zu all den vielen Veränderungen, die jetzt in Angriff genommen werden. Die Ohnmacht soll ungeschehen gemacht werden, aber das Ungeschehenmachen verkehrt sich in eine Handlung, mit der die Ohnmacht wiedererlebt wird: es kommt zur gleichen Erfahrung der Trennung, des Verlusterlebnisses. Das Scheitern von neuen Überlebensstrategien ebenso wie die Abhängigkeitsgefühle gegenüber anderen, führen zu neuen Aggressionen, die abgespalten werden müssen, und machen weiter anfällig für Kränkungen, Kritik, Mißachtung (reale und vermeintliche). Die Verlustgefühle werden durch die Abwehrmaßnahmen der Spaltung, Neuinszenierung und Depersonalisation noch zusätzlich frustriert. Diese Gefühle - eingesetzt zum Schutz noch funktionierender Ich-Funktionen und Autonomiegefühle - bleiben noch lange nach der Vergewaltigung bestehen. So erlebt eine Frau, bei der die Vergewaltigung schon Jahre zurückliegt, es immer wieder, daß sie beim Geschlechtsverkehr mit ihrem Mann die gleichen Vorstellungen erlebt, die sie auch während der Vergewaltigung hatte. Sie betrachtet sich von oben und sieht sich zu. Dies macht ihr solche Angst, daß sie versucht, sexuellen Kontakten ganz auszuweichen oder sich, wenn es doch dazu kommt, vorzustellen, daß sie "aus Stein" sei und alles ohne Gefühle ertrage.

Nach Rose (1986), Terr (1979), Titchener und Kapp (1976) kommt es zu Persönlichkeitsveränderungen, die in dem Gefühl des Opfers münden, daß das alte Selbst tot ist oder unwiederbringlich verloren. Die alte Identität scheint - wenigstens zeitweise - nicht mehr vorhanden zu sein; Selbstkonzept und Selbstgefühl unterliegen der Regression. Eine wichtige Rolle spielen Projektion und Introjektion und werden in aller Regel durch die Reaktionen der Umgebung gestärkt. Oft äußern Frauen das Gefühl, sie würden durchschaut, haben Angst, daß man ihnen alles ansehen kann, wenn sie sich auf der Straße bewegen. Gleichzeitig werden die anderen als voyeuristisch erlebt. Mit Hilfe der Idealisierung wird die Anerkennung der Trennung zwischen Selbst und Objekt projektiv abgewehrt: die Entwertung infolge von Enttäuschungen wird immer auch zur Selbstentwertung. Auch hier liegt die besondere Dramatik wieder in einer doppelten Konstellation: die Umgebung reagiert gleichzeitig real mißtrauend, erneut verletzend, beschuldigend, überfordernd. Innere und äußere Realität nähern sich an und können so die psychische Situation der Frau langfristig zementieren. Schon früh im Verarbeitungsprozeß stellt sich für die Frau und die Umgebung die Frage nach der Schuld. Rache und Vergeltungswünsche gegenüber dem Täter, der Wunsch, den Peiniger ebenso zu zerstören, wie man sich selbst von ihm zerstört fühlt, dürfen oft nicht bewußt, d.h. emotional zugelassen werden. Dann aber finden sich diese Wünsche in der gleichen Massivität im sozialen Umfeld wieder, ebenso wie die darauffolgenden und damit zusammenhängenden Opferbeschuldigungen: So gehen vom Umfeld oft zunächst massive Haß- und Rachegefühle gegenüber dem Täter aus, die, wenn sie zu groß werden, um vom Gewissen noch akzeptiert werden zu können, in Schuldzuweisungen an das Opfer (als Mittel der eigenen Entlastung) münden.

*Zerstörung der Körpergrenzen und Verlust der Kontrolle*

Dem Durchdringen und der Zerstörung der Grenzen des Körpers entspricht das Gefühl des gänzlichen Verlustes der Kontrolle. Diese war dem Angreifer überlassen worden, er war Herr der Situation. So berichten Frauen, daß sich ihnen mitteilte, daß jedes "Lebenszeichen" ihrerseits den Angreifenden neu zu erzürnen drohte. Und in der Tat führen auch real vom Täter "unerwartete" kleine Ereignisse - z.B. Körpergeräusche - die sich seiner Kontrolle entziehen, zu Ausbrüchen exzessiver Wut.
Es kommt häufig nach Vergewaltigungen zu Ekel, Erbrechen, Urinieren, Defäzieren, und auch diese Symptomatiken können sich später, verselbständigt, in allen möglichen Situationen wiederholen. Der Verlust jeglicher Kontrolle und der Beherrschung psychischer Funktionen führt zu einer Aktivierung intensiver Affekte, oft verbunden mit dem Wunsch, doch noch geliebt zu werden. Die einsetzenden Schamgefühle münden meist in Selbstbeschuldigungen, bis hin zu Selbstbestrafungstendenzen. Intensiviert werden Konflikte zwischen Abhängigkeit und Kontrolle. Spaltungsmechanismen kommen zum Tragen, in ihrer Folge vor allem massive Wut. Diese Selbstbeschuldigungen, wiederum sehr stark bestätigt durch das Verhalten der sozialen Umgebung, können zum großen Schweigen über das Erlebte führen, das so viele Jahre anhalten kann. Auch in den Fällen, in denen die Umgebung "aufgeklärter" reagiert, kann das Schweigen als einzig verläßliche Form empfunden werden, das Erlebte zu verarbeiten. So erlaubte sich eine Frau, die sich der Frauenbewegung zugehörig fühlte und dort ihre wesentlichen Kontakte hatte, nicht über ihre Gefühle der Schuld und Scham zu sprechen, weil ihr dies doppelt unangemessen erschien: nie hätte sie von sich geglaubt, so "klassisch" reagieren zu können, wie sie es aus den Büchern über andere Frauen gelesen hatte; dies ihrer Umgebung zu "gestehen", war ihr eine unerträgliche Vorstellung. Frauen bestehen nach Vergewaltigungen immer wieder darauf, die Kontrolle über die Situation doch nicht ganz verloren zu haben, um diese unerträglichen Gefühle der Scham zu mildern. So bezichtigte eine andere Frau den Täter immer wieder der Lüge, weil dieser

ausgesagt hatte, daß es zu Oralverkehr gekommen sei und das Opfer das Sperma geschluckt habe. Sie habe es aber nicht geschluckt, sie habe "nur so getan", damit er nicht wütend werde, aber heimlich habe sie alles in ihren Pullover gespuckt. Es ist ihr sehr wichtig, daß ihr dies geglaubt wird.
Selbstbeschuldigungen beziehen sich oft auf Ereignisse, die zeitlich vor der Vergewaltigung liegen und auf Gedanken an die Zukunft. Sie äußern sich in Rückzugstendenzen, in Selbsteinschränkungen ebenso wie in aktiven Vermeidungen von Situationen. Vorsichtigkeit, Verzicht auf soziales Leben oder eingreifende Veränderungen der Lebenssituation versprechen der Frau, die Kontrolle wiederzugewinnen, nicht aus der Hand geben zu müssen. Nicht selten kommt es zu wiederkehrenden Verhaltensweisen oder Stereotypien, mittels derer sich die Frauen nun auch tatsächlich selbst gefährden oder doch zumindest weniger schützen. Aus dem Gefühl heraus, selbst schmutzig und "verdorben" zu sein, finden sich die Frauen häufig in Situationen wieder, in denen ihnen dieser Unwert bestätigt wird, oder in denen sie selbst andere wertlos und "beschmutzt" zurücklassen. Eine ganze Reihe von Beziehungskonflikten sind in diesem Zusammenhang zu finden, bei denen Haß, Beschuldigung, Wut und Scham dominieren. Die Frauen erleben ihre innere und ihre äußere Welt als gänzlich beherrscht von Terror, Unberechenbarkeit, Unmenschlichkeit, Inkompetenz. Dramatischerweise trägt die Realität auch wenig dazu bei, diesen Gefühlen entgegenzuwirken. So verglich eine Frau, die nach einer Vergewaltigung die Beziehung zu ihrem Mann abgebrochen hatte, weil dieser sie hinterging und sich in ihren Augen als jemand entpuppte, den sie zu Unrecht geliebt zu haben meinte, ihr Leben mit dem Golfkrieg, der wenige Tage vorher ausgebrochen war: man denke, daß es nie soweit komme und plötzlich, dann sei alles wahr, die Katastrophe ist wahr, alles Zutrauen, alle Hoffnung dahin. Nun sei alles außer Kontrolle, die ganze Welt drohe, zerstört zu werden. Jetzt gebe es nur eine, radikale Möglichkeit: "schnell und schmerzlos alles beenden".
Die Angst, die Kontrolle über das eigene Tun, die Affekte und das Denken zu verlieren, drückt sich in der späteren Furcht vor Gefühlen überhaupt aus. Ein junges Mädchen berichtet, sie könne sich bestimmte Filme nicht mehr ansehen, in denen "etwas Schönes" passiere. Sie habe Angst, weinen zu müssen und "nie wieder aufhören zu können".
Es ist anzunehmen, daß nahezu die Hälfte aller Opfer in der Akutphase eine ruhige, "vernünftige" Erscheinung zeigt. Gerade bei diesen Frauen erweist sich die nähere soziale Umgebung als unbeherrscht, aktiv und Stellung beziehend. Projizierte Wut, Scham und depressive Gefühle äußern sich dann oft bei den Angehörigen, die in der Beratung verzweifelt versuchen, ihrer eigenen Gefühlsregungen Herr zu werden. Rache- und Vergeltungswünsche gegenüber dem

Täter werden zunächst kaum geäußert; nach Jahren aber tauchen sie plötzlich auf. Diese Phantasien sind deshalb so ängstigend, weil sie das Opfer in dessen Empfinden ganz mit dem Täter eins werden lassen. Verschoben finden sich diese Gefühle aber auch schon früher in Reaktionen von und in bezug auf Personen des sozialen Umfeldes. Eine Frau, deren beste Freundin sie kränkte, indem sie die Vergewaltigung mit dem Satz kommentierte: "Das ist kein Zufall, daß das gerade dir passierte", äußert der Freundin gegenüber starken Haß: "Der würde ich gönnen, daß ihr das Gleiche passiert, oder besser, was Schlimmeres. Sie sollte dabei draufgehen." In den meisten Fällen aber bilden solche Rachegefühle auch die Grundlage von Scham- und Schuldgefühlen; diese tauchen auf in der Furcht, der Täter werde zurückkehren und es wieder tun (was dieser oft auch androht), in selbstdestruktiven Handlungen bis hin zu erneuter Kontaktaufnahme mit dem Täter. So reagierte eine schwer traumatisierte Frau auf das Gerichtsverfahren, das sie als demütigend erlebte und bei dem der Täter seine Strafe zur Bewährung ausgesetzt bekam, völlig verwirrt. Daß das Gericht mit dem Täter schonender umgegangen war als mit ihr, traf sich mit ihren Gefühlen der Schuld. Sie suchte daraufhin den Täter auf und hatte nun "freiwillig" mit ihm Verkehr. Die Hoffnung, die panische Angst zu überwinden, die Möglichkeit, dem Verdacht Rechnung zu tragen, daß sie selbst die Schuld treffe, sowie Selbstbestrafungsbedürfnisse, die ausagiert wurden, erwiesen sich im Nachhinein für sie als extrem zerstörend. Man kann diese Phänomene auch unter dem Aspekt des zu strengen Gewissens betrachten. Es kommt zu Mechanismen, die an das erinnern, was Parin (1961) "Projektion des Über-Ichs auf äußere Autoritäten" und "Identifikation mit dem Über-Ich-Träger" bezeichnete. Die Neigung zur Projektion erlaubt das handlungsmäßige Inszenieren innerpsychischer Konflikte und die Aufrechterhaltung der Spaltung. Die eigenen unerträglichen Vorwürfe, die als sadistisch erlebt werden, werden wieder auf die Außenwelt projiziert und - im Sinne der projektiven Identifikation - auf diesem Weg gegen die eigene Person gerichtet. Es kann so zu einer Art Kampf kommen, der sich einerseits gegen eine strafende, versagende Umwelt, andererseits ausschließlich gegen die eigene Person richtet. Dieser Prozeß wird verstärkt durch die Neigung zu Neuinszenierungen und zu Verleugnungen (der inneren und äußeren Realität).

*Die Zerstörung von Elementen der weiblichen Identität*

Die Vergewaltigung ist immer ein Angriff auf die weibliche Geschlechtsidentität und die weibliche Sexualität. Dies zeigt sich in dem Gefühl der Frauen, "als Frau" angegriffen worden zu sein. (Auch bei homosexuellen Vergewaltigungen werden in der Regel jüngere Männer, also die "weiblicheren" angegriffen und unterjocht.) Auch in den darauffolgenden Kontakten zu Polizei, Justiz und Ärzten, geht es immer wieder um das Gefühl, "als Frau" schlecht oder gut behandelt worden zu sein, und zwar unabhängig vom Geschlecht des Gegenübers. Tiefgreifend erleben die Frauen das, was man mit "weiblichem Unwert" zu bezeichnen meint: sie fühlen sich aufgrund ihrer Weiblichkeit klein, schwach, wertlos, schlecht ausgerüstet, hilflos, unfähig, sich zu wehren oder zu schützen. Verloren scheint das Gefühl, als Frau ohne äußere Bedrohung erwachsen und selbstverantwortlich leben zu können. Bewegungsfreiheit, Initiative, das Gefühl, über Energien und Kraft zu verfügen, neugierig sein zu dürfen und aktiv, werden zunächst vermißt, später nicht einmal mehr das, oder müssen "künstlich" hergestellt werden. In den Beziehungen der Frauen kann dies dazu führen, daß sie sich zurückziehen von Aktivitäten überhaupt, besonders aber von sexuellen Aktivitäten oder diese überdimensional, aggressiv vorantreiben, um dem Rückzug entgegenzuwirken. Die immer wieder auftauchenden Erinnerungen an die Vergewaltigung bei sexuellen Kontakten, Berührungen überhaupt, können zu einer Haltung des "Zähnezusammenbeißens-und-durch" oder zu einer Vermeidung führen. Dies gilt nicht nur für heterosexuelle Kontakte. Es dominiert entweder die von Schuldgefühlen begleitete Wut auf die Männer überhaupt oder aber eine Wut auf Frauen und alles, was Frauen so schwächt, angreifbar macht, ungeschützt sein läßt. Gerade andere Frauen können wegen der Phantasie, daß diesen "das" nicht passiert ist und sie sich "noch" illusionär sicher bewegen, als besonders bedrohlich erfahren werden. Manchmal führt dies auch dazu, daß Frauen sich ausdrücklich einen männlichen Berater oder Therapeuten wünschen. Gefühle, selbst beschmutzt und ruiniert zu sein, trennen manche Opfer psychisch von den übrigen Frauen so sehr, daß sie andere Frauen nicht ertragen. Auch in einer Form der Schonung des Täters (als Introjekt) kann aller Haß auf das Weibliche verschoben werden. Oft äußern Frauen den Wunsch nach väterlicher Zuwendung. So kam es z.B. in einigen Fällen in unserer Beratungsstelle auch zum Abbruch der Gespräche, nachdem die Frauen Kontakte zu als besonders fürsorglich erlebten männlichen Autoritäten (Ärzte, Heilpraktiker o.ä.) aufgenommen und deren (vornehmlich körperbezogene) Behandlungsmethoden als ungewöhnlich hilfreich empfunden hatten.

Die Frauen selbst wagen es nur zögernd, über die sexuelle Komponente der Vergewaltigung zu sprechen, wenngleich dieser Bereich für sie als besonders dramatisch gelten kann. Die Furcht, daß dann geschehen könne, was real auch geschieht, daß sie nämlich des heimlichen Wunsches, vergewaltigt werden zu wollen, überführt werden könnten, läßt sie schweigen. Eine Frau, die während des Trampens von einem Autofahrer vergewaltigt wurde, berichtet 17 Jahre nach der Tat unter massiven Ängsten und Schamgefühlen und mit Unverständnis für sich selbst, über eine sexuelle Erregung, die sie für kurze Zeit während der Vergewaltigung hatte. Dieses Gefühl war so unvereinbar mit dem Erlebten, daß sie daran zu verzweifeln drohte. Nach der Vergewaltigung hatte sie sich scheiden lassen und daraufhin keine feste Beziehung mehr eingehen können. Am häufigsten finden sich vergleichbare Konflikte bei flüchtig bekannten Tätern, meistens Fälle, in denen die Frau den Mann kurz vorher kennenlernte, interessant fand und durchaus auch erotische Situationen wünschte. Die Vergewaltigung trifft hier so unerwartet auf ein Stadium des sich anbahnenden Verliebtseins, des Sich-Anvertraut-Habens, auch der körperlichen Begierde, daß sie als besonders verrücktmachend erlebt wird. Während der Fremde eher als "Schwein", der Familienangehörige eher als "krank" definiert werden kann, scheint hier die Abwehr in besonderem Maße zu versagen (vgl. auch: McCahill u.a. 1979). Das Gefühl der Frauen, sich auf ihre "Menschenkenntnis" nicht verlassen zu können oder gar selbst sexuell pervers zu sein, führt oft zu Suizidgedanken. Eine häufig anzutreffende Form, sich selbst von Sexualität zu "befreien", findet sich bei Frauen, die großen Wert darauf legen, sich wenig attraktiv zu kleiden, sich nur unter "Bewachung", wenn überhaupt, in erotisch "anrüchige" Situationen (Diskos, Bäder u.ä.) zu begeben oder als sexuell verdächtige Situationen ganz zu meiden. Es kommt vor, daß Frauen eine Anorexia entwickeln oder - ganz im Gegenteil - auf sadomasochistische Beziehungsformen ausweichen. Wir haben erlebt, daß Frauen, die in lesbischen Beziehungen lebten, plötzlich wieder Kontakte zu Männern aufnahmen und umgekehrt, Frauen jetzt entdeckten, daß sie nur Sexualität mit Frauen ertragen können. Noch häufiger wird berichtet, daß die Masturbation als einzige Form des sexuellen Erlebens gesehen wird, was wiederum oft zu Schuldgefühlen führt, zu der Angst, "nicht normal zu sein". Gewissensängste und rigide Ansprüche ans Ich-Ideal finden sich auf mannigfache Weise wieder in öffentlichen Diskussionen über Vergewaltigung, wo es immer sehr schnell um Moral, Schuld und Identifikationsprozesse geht, die ein offenes Besprechen von Gefühlen und Wünschen hemmen können.

*Verlust wichtiger Personen und sozialer Bezüge*

Infolge von Vergewaltigungen kommt es sehr häufig zu Beschädigungen von bestehenden Beziehungen bis hin zu gänzlichen Verlusten: Ehescheidungen, abrupter Abbruch von Beziehungen zu den Eltern, Konflikten mit Arbeitskolleginnen, Trennungen von Freunden und Freundinnen, Aufgabe des bisherigen Freundeskreises oder Abwendung der Freunde u.a.m. Die Konflikte mit den

Kindern nehmen zu; die Frauen berichten davon, daß sie sich überfordert fühlen oder sogar Desinteresse und Ablehnung empfinden. Die Gründe dafür sind vielfältig. Es kann sein, daß ein verändertes Verhalten der betroffenen Frau zu Konflikten führt, daß die Umgebung überfordert und überrascht reagiert oder, vor allem wenn einige Zeit verstrichen ist, kein Verständnis mehr für die Betroffene aufbringen kann. Das kann auch bedeuten, daß interpersonelle Abwehrsysteme zwischen den Personen nicht mehr funktionieren und die Beziehungspersonen sich angegriffen und bedroht fühlen. Ein anderer Grund sind Verschiebungen und Projektionen von Gefühlen der Wut, der Angst und der Scham, die auf Seiten der Personen der Umgebung massiv auftauchen und deren Rückzug bestimmen. Nicht unterstützendes und konfliktuöses Verhalten der anderen aufgrund ihrer Abwehrstruktur oder mobilisierter Ängste kann dazu führen, daß unbewußte Konflikte agiert werden, mit der Folge der Trennung und des gänzlichen Kontaktabbruchs. Ferner beinhaltet jede intimere und gefühlsbeladenere Form des Kontakts die Gefahr von Erinnerungen und "Flashbacks" und droht somit, vehemente Gefühle der Angst vor Verlassensein und/ oder Vereinnahmung zu mobilisieren. Partner/innen fühlen sich überfordert und verlassen oft fluchtartig das Feld. Immer wieder werden uns Interaktionen berichtet, in denen es darum geht, wer die Situation kontrolliert, wer über Wertigkeiten entscheidet, wer letztendlich psychisch überlebt. Für die betroffene Frau bedeutet dies, daß zum intrapsychischen Verlust auch äußere Verluste hinzukommen, was häufig zu weiteren schweren Regressionen führt. Auch der Tod Nahestehender wirkt hier besonders dramatisch.
Die belastete Umgebung reagiert mit diversen Selbstschutzmechanismen, die zunächst dem Erhalt - bis hin zur Abschottung - der Beziehung dienen. Meist sind dies vollkommen überprotektive oder aber ablehnend-konfrontierende Verhaltensweisen, die die Frauen in tiefe Verzweiflung stürzen können. Nicht selten jedoch ist es schon einfach das schützende, tröstende und fürsorgliche Verhalten der anderen, auf das die vergewaltigten Frauen mit Ablehnung reagieren: es kommt für sie "zu spät". Sie wollen keinen Zuspruch, kein Mitempfinden, weil sie der Auffassung sind, daß überhaupt niemand mitempfinden kann, was ihnen geschehen ist. Die Reproduktion der "Opfer-Täter-Beziehung", die sich auf diese Weise häufig einstellt, hat für alle Beteiligten zunächst vielleicht schützende Funktion. Sie bietet scheinbar Schutz vor tiefer Verzweiflung, Sinnlosigkeit, Kränkung, führt aber letztlich genau zum Gegenteil: zu erneuten Selbst- und Fremdbeschädigungen, die die Diskrepanz zwischen dem Selbstbild und den Idealvorstellungen von der eigenen Person vergrößern. Das Wissen um die Realität und die Angst vor weiteren Verlusten wirkt stärker, als gemeinhin angenommen wird. Die Angst vor Verlust der ökonomischen und sozialen Exi-

stenz ist v.a. dann gegeben, wenn der Täter aus dem Bereich des Arbeitsplatzes des Partners (Kollegen, Vorgesetzte des Ehemannes) oder des eigenen Arbeitsbereiches stammen. Fast nie führt dies zur Anzeige, nicht selten werden direkte Drohungen ausgesprochen.

*Beispiel: Frau D*

Eine Frau sucht uns auf, um sich rechtlich beraten zu lassen. Sie wurde vor einigen Monaten von einem vorgesetzten Arbeitskollegen vergewaltigt. Sie hatte mit mehreren Kollegen an einer Tagung teilgenommen und am Abend sei gefeiert worden. Der betreffende Kollege habe sich abseits gehalten, sie selbst sei fröhlich gewesen. Eine Kollegin habe sich noch einmal bei ihr angekündigt, um etwas zu borgen, deshalb habe sie ihre Zimmertür nicht verschlossen. Der Mann habe geklopft, sie habe gerufen: "Ist offen". Er sei sofort über sie hergefallen. Mehrfach habe er sie mit einem Gegenstand in den Bauch gestochen. Die Frau lag mehrere Wochen im Krankenhaus wegen schwerwiegender Unterleibsverletzungen. Die Frau kann sich nicht entschließen, diesen Kollegen anzuzeigen. Ihre Ängste, den Arbeitsplatz zu verlieren, bzw. im Betrieb zum "Gespött" zu werden, sind zu groß. Dies aber bedeutet für sie auch, daß sie den Kollegen immer wieder sehen wird.

### *Das Vermeiden von Trauer*

Insgesamt ist es wichtig, die bisher dargestellten Abwehrformen, zu denen die Frauen greifen, um eine Vergewaltigung zu ertragen, auch buchstäblich als solche zu verstehen: d.h. es geht nicht um die "Bewältigung", sondern um eine Abwehr der Gefühle, die durch die Vergewaltigung ausgelöst wurden. Das heißt keineswegs, daß dieser Prozeß ein "pathologischer" ist - er hat zunächst durchaus rettende und erhaltende Funktion für das psychische Überleben. Monate und Jahre später überwiegt jedoch in der Regel das Leid und dieses macht eine psychotherapeutische Arbeit notwendig.

Der Verlust von Teilen des Selbst, welche durch die Vergewaltigung nahezu unabänderlich zerstört wurden, der Verlust des Gefühls, in Sicherheit zu sein und sich auf den Schutz der Umgebung verlassen zu können, die Tatsache schließlich, daß all dies als sinnlos und willkürlich-zufällig erlebt wird, macht es notwendig, über dieses Leid zu trauern. Diese Trauerreaktion wird jedoch gerade blockiert, aus Angst, daß es zu einem psychischen Zusammenbruch kommen könnte, der schließlich alles vernichtet. Die (unbewußte) Angst vor einem solchen Zusammenbruch aber kann die Ich-Funktionen der Frauen gleichzeitig immer mehr angreifen. Trauer ist nämlich mit den bisher dargestellten Abwehrvorgängen nicht vereinbar, deren Aufgabe ja gerade darin besteht, den Realitätsbezug und die damit verbundenen Schmerzen zu vermeiden.

Es ist in der Literatur darauf hingewiesen worden, daß die spätere therapeutische Arbeit mit Vergewaltigungsopfern einen Trauerprozeß notwendig impliziere (Forman 1980, Libow und Doty 1979, Whiston 1981). Wenn Therapie Trauer ermöglichen soll, so ist es wichtig zu klären, was Trauer im Gegensatz zu Depression, pathologischer Trauer im Sinne einer "ewigen Trauer" (Eissler 1963), eigentlich meint. Bowlby (1980, S. 114) unterscheidet vier Phasen des Trauerprozesses:
"1. Phase der Betäubung, die gewöhnlich einige Stunden bis Wochen dauert und unterbrochen werden kann von Ausbrüchen extrem intensiver Qual und/oder Wut. 2. Phase der Sehnsucht und Suche nach der verlorenen Figur, die einige Monate und manchmal Jahre dauert. 3. Phase der Desorganisation und Verzweiflung 4. Phase eines größeren oder geringeren Grades von Reorganisation."
Da es eine Hauptfunktion der pathologischen Trauer ist, den normalen Trauerprozeß aufzuhalten, ist sie dadurch charakterisiert, daß die Betreffenden vor allem auf den ersten beiden der genannten Stufen verharren. Paula Heimann bemerkt dazu: "Die Trauerarbeit ist das auffallendste Beispiel für die mit der Erinnerungsarbeit verbundenen Schmerzen. So wird das Erinnern ein stückweises, fortgesetztes Zerreißen der Bindung an das geliebte Objekt und damit ein Erlebnis von Rissen und Wunden im Selbst des Trauernden." (1966, S. 321) Hat die "Unfähigkeit zu trauern" (A. und M. Mitscherlich) das Ziel, einen depressiven Zusammenbruch zu vermeiden, so kann das Sträuben gegenüber Trauerprozessen gerade dazu führen, daß die Abwendung von der Realität und das Festhalten des Objekts verstärkt werden. T. Charlier (1987, S. 867) schreibt: "Eine der vorrangigen Funktionen der pathologischen Trauer ist es (...), die Endgültigkeit des erlittenen Verlusts zu verleugnen, oder, noch darüber hinausgehend, zu leugnen, daß überhaupt ein Verlust eingetreten ist."
Spaltung und Introjektion sollen die Illusion aufrecht erhalten, daß nichts "Schlimmes" passiert ist, daß die Kontrolle über das eigene Leben nicht abgegeben werden mußte. Der Verlust und die Angst werden quasi ungeschehen gemacht. Gleichzeitig beinhalten sie aber auch die Unfähigkeit, die Bindung an den Angreifer zu lösen, ihn aufzugeben als Figur, die alles wiedergutzumachen in der Lage wäre. In einer therapeutischen Arbeit, die es vermag, das Haften der betroffenen Frau an der Tat und dem Täter zu lösen, wird dem Opfer zugemutet, den ganzen Schmerz zu empfinden, den die Vergewaltigung auslöste und gegen den die Abwehrmechanismen sich bisher richteten. Dabei ist es wichtig, diesen Prozeß nicht vorzeitig für abgeschlossen zu halten: es kommt im Verlauf der Therapie immer wieder zu Externalisierungen des Verlorenen, des Schmerzes, bzw. zu Reinternalisierungen des verlorenen Objekts.

# 3. Der Vergewaltiger - Zur Psychodynamik des Sadismus

Ein Verständnis dafür, was Vergewaltigung für die betroffene Frau bedeutet, erfordert eine Analyse dessen, was sie für den Vergewaltiger bedeutet, sofern man das Wirken unbewußter Vorgänge nicht ausklammern möchte. Zu diesem Zweck möchte ich mich der Psychodynamik des Täters zuwenden, um in einem weiteren Schritt Aspekte der Interaktion zwischen Opfer und Täter zu erörtern.
Die Arbeit mit Sexualstraftätern und die Arbeit mit Opfern von Sexualdelikten offenbarte nicht selten eine verhängnisvolle Absurdität: es begegnen den TherapeutInnen jeweils vergleichbare psychodynamische Konstellationen und Abwehrformen. Ob und wie eine derartige "Angleichung" zwischen Opfer und Täter zu erklären ist, soll im folgenden Gegenstand sein.

## 3.1 Täterbilder zwischen "Krankheit" und "Kriminalität"

Zentraler Punkt feministischer Kritik an der therapeutischen Arbeit mit Sexualdelinquenten ist, daß Vergewaltigung extremster Ausdruck männlichen Dominanz- und Machtverhaltens sei und somit die "Spitze des Eisbergs" patriarchalischer, am Mann orientierter Werte: therapeutische Arbeit sei eine Pathologisierung eines gesellschaftlichen Problems. Sonst durchaus aufgeklärt denkende Frauen fordern deshalb hier - im Einklang mit breiten Bevölkerungsschichten - eine besonders harte Bestrafung, obgleich sie sonst wissen, daß Strafe nicht ändert oder bessert.
Das Vergewaltigungsthema wird so innerhalb des Feminismus auch zum Kulminationspunkt eigener Konflikte im Umgang mit gesellschaftlichen und individuellen Werten. Die massive Emotionalität, mit der die Frauenbewegung, die Linke, fortschrittliche JuristInnen hier diskutieren, ist meines Erachtens auf die Leugnung der Nähe zwischen gesellschaftlicher Macht und individuellen Ohnmachtsgefühlen zurückzuführen. Unbestreitbar ist ein Zusammenhang zwischen

dem Anstieg sexueller Gewalttaten und der zunehmenden Repressivität und Brutalisierung des gesellschaftlichen Lebens. Sexualstraftäter sind keine exotische Randgruppe von Kranken, sondern sind in Verbindung zu sehen mit gesellschaftlichen Phänomenen von äußerster Brisanz. Je direkter, offener, unverstellter sich Machtdemonstrationen, Herrschaftsverhältnisse und Unterdrükkung gesellschaftlich äußern, um so unverhohlener zeigt sich der alltägliche Sadismus. Wo bedingungslose Abhängigkeit, Schutzlosigkeit, unverblümtes Ausgeliefertsein legitim sind, wird Sadismus zu einem gängigen Verhalten. Es gilt, daran zu denken, wie häufig Vergewaltigungen im Zusammenhang mit anderen Formen gesellschaftlich legitimierter Gewalt aufgetreten ist und noch auftritt: in Kriegen und Besatzungszeiten, in totalen Institutionen (vor allem in Gefängnissen, Heimen), in totalitären Systemen (Folter) und bei uns gerade im Faschismus (der bei Unbelehrbaren immer noch als Zeit gilt, in der Vergewaltigungen nicht vorgekommen seien). Vergewaltigung wird zu einem allgemein verbreiteten Verhalten, dessen sich die Männer bedienen als Mittel der Machtdemonstration, Überlegenheit und totaler Kontrolle (vgl. Huhle 1993). Wie dies auf regressivem Weg möglich ist, zeigen z.B. die Massenvergewaltigungen an Frauen im ehemaligen Jugoslawien, die hierzulande auf große Betroffenheit stießen. Wie bei vielen kriegerischen Auseinandersetzungen koppeln sich hier patriarchalische Haltungen (Frauen als Besitztum des Gegners, das "zerstört" wird), Chauvinismus (die Zerstörung erfolgt nicht über Tötung, sondern "Entwertung", "Blutsschande") mit auf den Gegner gerichteter sadistisch-destruktiver Zerstörungswut. Dabei richtet sich der Haß auf die gegnerischen Männer, deren "Besitztum" angeeignet bzw. entwertet werden soll. Nicht zuletzt werden kriegerische Auseinandersetzungen ja oft auch begonnen mit der Begründung, es gelte, die eigene Gruppe, d.h. Familie, Frau und Kinder "zu schützen", ihr "Raum" zu verschaffen, womit diese als unbewußte Aggressionsobjekte benannt werden. Vergewaltigung gehört zum Krieg, ebenso wie Fremdenhaß, ein "humaner" Krieg ist nicht möglich (vgl. Mentzos 1993). Täterschaft wird auf regressivem Weg zum Massenphänomen, sobald die Lebensbedingungen unmenschlich werden.

Beziehungsformen zwischen Männern und Frauen entsprechen in höchstem Maße gesellschaftlich gebilligten Strukturen. Im Herrschaftsverhältnis geht es immer auch um Aggressionen. Ist aber die Vergewaltigungstat nun tatsächlich auch ein Ausdruck des real besonders Mächtigen? In sogenannten "Friedenszeiten", d. h. in Zeiten, in denen sich narzißtische Kränkungen, archaische Wut im Zaum halten oder kompensieren lassen, wird der einzelne Vergewaltiger zum "Monster". Frauen und Männer scheinen sich einig in ihrer Identifikation mit dem Opfer, mit dem Wunsch nach rigorosem Durchsetzen von Recht und

Ordnung und oft auch in ihren eigenen sadistischen Impulsen: die heile Welt muß gerettet werden (Steinert 1973), man möchte entschädigt werden für eigene aufgezwungene Versagungen (Fromm 1970), es gibt die Chance, eigene aggressive Impulse projektiv auszuleben. "Der Vergewaltiger" wird für Frauen und Männer zum Beweiş des eigenen prosozialen Verhaltens, dient zur Kanalisation der eigenen Aggressionen. Wichtig scheint es mir an dieser Stelle, den Begriff "Macht" als Phänomen einer Beziehungsstruktur und nicht als Merkmal einer Personengruppe zu verstehen: Macht ist nicht gleichzusetzen mit Gewaltanwendung. Der/die Mächtige, so Mentzos (1993), hat allenfalls "Verfügungsgewalt" und dies ist es, was dem Vergewaltiger gerade fehlt: in der Vergewaltigungssituation verschafft er sich das, was ihm aus seiner Sicht vorenthalten wurde und wird (vgl. dazu auch Erdheim 1984b).
Frauen reagieren auf Täter hochgradig ambivalent: sie spüren die Bedrohung, reagieren mit großer Angst oder omnipotenten Parolen ("schlagt zurück"). Dabei erleben sie sich in jedem Fall als Reagierende, als "Opfer", das den (potentiellen) Tätern hilflos ausgeliefert ist oder aber von ihnen zu Gegenmaßnahmen gezwungen wird. Die Reaktionen von Frauen reichen von Formen der Verleugnung der eigenen Unterdrückung durch phantasierte Macht bis hin zu schuldhafter Übernahme der Verantwortung für das ungleiche Geschlechterverhältnis. Es finden sich sowohl Züge illusionärer, mächtiger Aktivitätsbereitschaft, als auch solche der Selbstbestrafung, als ob sich Frauen der eigenen Aggression erinnerten, die nun - gegen sie gerichtet - zurückkehrt. Sowohl Hyperaktivität als auch Rückzug legen es nahe, daß es Frauen schwerfällt, die faktisch existierende, reale Macht von Männern gegenüber Frauen anzuerkennen. Es ist wichtig, diese Reaktionen von Frauen als Folgen struktureller Machtverhältnisse zwischen den Geschlechtern zu begreifen: die Hemmung der weiblichen Aggression - infolge der Aufspaltung der Lebensbereiche zwischen Männern und Frauen - führt zu deren übermäßiger Entladung ebenso wie zu Schuldgefühlen und Rückzug. Indem Frauen sich als Akteurinnen oder Schuldige definieren, gewinnen sie die vermeintliche Kontrolle über die Bedingungen, heben sie scheinbar ihre strukturell bedingte Ohnmacht auf.
Der Sadismus scheint dort, wo er psychisch auftaucht, nur deshalb zum Unvorstellbaren und Fremden zu werden, weil er allen Beteiligten in einem erschrekkenden Maße vertraut ist. Die innere Bedrohung durch vergleichbare Impulse macht eine massive Abwehr nötig, die sich dann in unkontrollierbaren Affekten und sadistischen Phantasien Luft macht: im Gegenangriff. Die ständige Bereitschaft, sadistische Affekte zu mobilisieren und sich von sadistischen Themen beeindrucken zu lassen, äußert sich auch in der Faszination, dem Gruseln, dem Wunsch nach und dem Miterleben, Anschauen von Gewaltszenen und

sadistischen Aktionen. Die weite Verbreitung von ehelicher und familiärer Gewalt, die Rufe nach der Todesstrafe und die Sicht von Tätern als unmenschlich, als "Bestien", sind ebenfalls Ausdruck dessen, daß sich gesellschaftliche Herrschaft und Unterdrückung weitverbreiteter individueller Störungen in der Entwicklung von Autonomie und Verselbständigung bedienen kann und sie immer wieder neu produziert. Die Frage, wieso sich der Sadismus zwischen den Geschlechtern entlädt, also was den Mann so in Angst und Schrecken versetzt, daß er die Frau so behandelt wie er es tut, ist immer auch eine Frage nach der Differenz. (Das gleiche gilt für die Meinung, doch nicht immer nach den Motiven der Täter zu fragen, sich lieber mit den eigenen Motiven zu beschäftigen.) Sowohl die Leugnung der Differenz als auch die Spaltung aber haben einen gemeinsamen Hintergrund: sie fragen insgeheim danach, ob es einen Schutz gibt vor Destruktivität, fremder, eigener und gesellschaftlicher Destruktivität und ob es eine Chance gibt, Diskrepanzen - zwischen den Individuen, zwischen Individuum und Gesellschaft und zwischen den Geschlechtern - auf ein erträgliches Maß zu reduzieren, ein Maß an Differenz, das für die Lust noch ausreicht. Die Frage nach der Differenz beinhaltet auch die nach der Gleichheit: sie ist das, was übrig bleibt, wenn nicht mehr die eine Seite diktiert, was die andere fühlt, denkt und wert ist.

## 3.2 Sexuelle Perversionen

In den Anfängen der Beschäftigung der Psychoanalyse mit Perversionen*) wurden sexuelle Deviationen mit der kindlichen Sexualentwicklung in Beziehung gesetzt: vor allem die kindlichen Partialtriebe waren von Interesse, deren Aufleben in der sexuellen Deviation und die Bedeutung des Kastrationskomplexes, der die Regression auf die Partialtriebe bewirkt. Später wurden die triebdynamischen Aspekte ergänzt durch die den Deviationen zugrundeliegenden Abwehrformen (Freud 1918, Fenichel 1945), wobei zunächst der Abwehr der Kastrationsangst das Hauptaugenmerk galt. In den 50er und 60er Jahren begann das Interesse für die Bedeutung der präödipalen Entwicklungsprozesse für die Entstehung von sexuellen Deviationen.

---

*) Nach Schorsch u.a. (1985) wird von Perversionen dann gesprochen, wenn eine intrapsychische Symptombildung aus psychodynamischer Sicht gekennzeichnet werden soll, von Devianz, wenn es um eine äußere Beschreibung des Verhaltens geht. Eine Vergewaltigung wäre demnach eine deviante Handlung, sie kann, muß aber keine perverse Symptombildung sein.

Allgemein wird davon ausgegangen, daß sexuelle Perversionen und Impulse eine reparative Funktion haben, mittels deren lebensgeschichtlich entstandene Grundthemen und Ängste ausgedrückt werden. Sie haben angstreduzierende und stabilisierende Wirkung für das psychische Gleichgewicht und tragen auf dem Umweg über das Ritual oder die Inszenierung zur "Kohäsion des Selbst" (Kohut) bei. Die selbsterhaltende und reparative Funktion der Perversion ist in der Literatur mehrfach beschrieben worden. Morgenthaler (1974) sprach von der "Plombenfunktion" der perversen Handlung, die eine Lücke im narzißtischen Selbsterleben zu füllen hat. Das Symptom wirkt, meist in Kontrast zur übrigen Persönlichkeit und oft fest ritualisiert wie ein Fremdkörper in der Psyche, wo es schließlich eine entlastende Funktion ausübt, indem es die fragmentarische psychische Struktur "zusammenhält". Khan (1983) stellt dar, wie mit Hilfe der Perversion eine in der Beziehung zum mütterlichen Objekt mißlungene Integration des Ich ausgeglichen werden soll. Stoller (1979) bezeichnet die Perversion als erotische Form von Haß und zeigt auf, daß in jedem perversen Akt ein infantiles Drama verborgen liegt, das traumatische Erfahrungen in Bezug auf die männliche Identität und die körperliche Integrität beinhaltet. Er sieht den perversen Akt als Rachephantasie, die dazu dient, ein Kindheitstrauma in den Triumph des Erwachsenen zu verwandeln. Chasseguet-Smirgel (1986) betont die Fixierung von präödipal organisierten Selbst- und Identitätsgefühlen, vor allem die Aufrechterhaltung eines Ich-Ideals, das an ein prägenitales Modell gebunden ist, bzw. auf die Prägenitalität projiziert wird. Kernberg (1985) hat darauf hingewiesen, daß verschiedene Formen der Perversion berücksichtigt werden müssen, die unterschiedliche Strukturen aufweisen: zum einen trennt er zwischen organisierten Perversionen und unorganisierten, polymorph-perversen Phantasien, zum anderen zwischen Perversionen auf eher neurotischem Niveau und solchen auf dem Niveau der frühen Störungen (Borderline, Narzißmus, Psychosen). McDougall (1985b) arbeitete heraus, daß neuartige Formen der Sexualität nicht alleine der Aufrechterhaltung des Selbstbildes dienen, sondern auch die Zerstörung introjizierter Objekte verhindern. Sie weist darauf hin, daß "nur Beziehungen zu Recht als pervers bezeichnet werden können".
Nicht "der Vergewaltiger" als Person kann demnach pervers sein, sondern die Funktion, die die Vergewaltigung als Symptom für die Persönlichkeitsstruktur dieses Mannes hat. Neben der Frage des Symptoms selbst, dessen Kontrollierbarkeit, dessen Ich-Nähe spielen andere Faktoren, wie z.B. die Beziehungsfähigkeit, die zentrale psychische Problematik, aktuelle Schwierigkeiten im sozialen Breich und im psychosexuellen Erleben eine wichtige Rolle.
Vergewaltigung kann als eine von mehreren möglichen Äußerungsformen des Sadismus gelten. Sadismus beschreibt ein Kontinuum, beginnend mit devian-

ten Sexualpraktiken, einmaligen sadistischen Akten, mehrmaligen oder suchtartig zunehmenden Vergewaltigungen, bis hin zu (rituellen) Tötungsdelikten. Den Sadismus zeichnet aus, daß aggressive Impulse nicht abgewehrt werden, sondern Bestandteil des Symptoms sind und sich aggressive Regungen mit sexuellen Wünschen und Über-Ich-Regungen vermischen. D.h. der sadistisch Agierende greift das Weibliche an, wünscht dessen Unterwerfung, Zerstörung und folgt gleichzeitig dem Wunsch, mit dem Gegenüber zu verschmelzen, eine Einheit zu bilden, darin aufzugehen. Das Bestrafen der Frau ist gleichzeitig Strafe für die eigenen Wünsche und bewirkt (vorläufige) Entlastung.
Schorsch (1976) unterscheidet verschiedene Verlaufsformen sexueller Deviationen anhand des Stellenwerts des Symptoms im Zusammenhang mit den übrigen Persönlichkeitsanteilen:
- Personen, die die sexuelle Deviation akzeptieren und in bestehende Partnerschaften einbauen konnten, d.h. sie wird lustvoll und ich-synton erlebt (z.B. in sadomasochistischen Paarbeziehungen, in denen beide Partner ihre Vorlieben ausleben).
- Personen, die die Deviation zwar ich-synton akzeptieren, bei denen aber Schamgefühle und in der Folge das Verheimlichen dazu führen, daß sie neben bestehenden Beziehungen gelebt wird (z.B. in subkulturellen Zirkeln der S-M-Szene, in denen die Akzeptanz und die Anonymität das Ausleben sadistischer Wünsche ermöglichen).
- Personen, bei denen der deviante Impuls heftige Schuldgefühle weckt und zu dem Versuch führt, ihn als ich-fremd abzuwehren. Es treten Bestrafungsängste und -wünsche auf, die oft einen progredienten Verlauf einleiten. Aufgrund der Ich-Schwäche und den geringen Abwehrmöglichkeiten kommt es zu einem permanenten Konflikt zwischen devianten Impulsen und unreifen Über-Ich-Einflüssen.
- Personen, die die devianten Regungen noch mehr abwehren, bis hin zur Verleugnung, um damit nicht bewußt konfrontiert werden zu müssen. In besonderen Situationen werden sie selbst von den impulsartig durchbrechenden devianten Regungen überrascht.

Hinsichtlich der Intensität der Perversion unterscheiden Schorsch u.a. (1985) zwischen einem einmaligen, sporadischen Auftreten von perversen Reaktionen (oft bei Jugendlichen, die in einer aktuellen Lebenskrise eine Vergewaltigung begehen, ohne daß es später wieder dazu kommt), perversen Reaktionen als wiederkehrenden Konfliktlösungsmustern (dies wäre dann der Fall, wenn ein Mann in für ihn belastenden Situationen immer wieder die Phantasie bekommt, eine Frau zu vergewaltigen und es dann auch tut) und der echten Perversionsbildung im Sinne eines stabilen, verselbständigten Symptoms (wenn sexuelle Wünsche und Phantasien nur im Vergewaltigungsakt befriedigt werden können, es darüberhinaus keine Sexualität gibt und ein Bezug zu Krisen nicht erkennbar ist). Zwischen der perversen Reaktion und der sadomasochistischen Perversion liegen unterschiedliche Grade von Störungsintensitäten hinsichtlich der zugrundeliegenden Problematiken; zu einem progredienten Verlauf, also einer "süchtigen" Zunahme von Vergewaltigungshandlungenen, kommt es offenbar am ehesten bei hochgradigen Störungsintensitäten.

## 3.3 Erscheinungsformen und Bedeutungsgehalt des Sadismus

Sadismus gilt als Ausdrucksform einer auf andere gerichteten Destruktivität, die sexualisiert wurde. Sadistische Handlungen haben die Bemächtigung des anderen zum Ziel, das totale Verfügen über das Opfer, dessen völlige Beherrschung. "Destruktiv ist die sadistische Dynamik deshalb, weil sie in dem anderen etwas zu brechen, etwas zu zerstören trachtet, nämlich dessen Eigenständigkeit und Selbstbestimmung." (Schorsch, Becker 1977, S. 41)
Bei der Entschlüsselung des perversen Rituals haben Schorsch u.a. in einer Untersuchung an 86 Patienten typische Bedeutungsgehalte herausgefunden, die verschiedene Aspekte des komplexen Ausdrucksgehaltes des Sadismus widerspiegeln.
*1. Demonstration von Männlichkeit und Macht:* Die Schwäche der männlichen Identität und die Verletzbarkeit des männlichen Selbstwertgefühls wurde auf Konstellationen zurückgeführt, die bei diesen Patienten eine Identifikation mit dem Vater erschwerten oder unmöglich machten (weil der Vater nicht vorhanden war oder besonders schwächlich, submissiv, oder als besonders bedrohlich erlebt wurde). Die Vergewaltigung erlaubt eine vorübergehende und momentane Illusion von Potenz, Männlichkeit und Macht, eine Art "Flucht nach vorne".
*2. Wut und Haßgefühle:* Der Haß drückt sich aus in der Entpersönlichung des Gegenübers und im Erleben des Triumphes (Stoller 1979), der in der Umkehr eigener früher Entwertungen besteht. Je größer die Männlichkeitsproblematik, umso massiver das Ausmaß von Wut und Haß in dem perversen Akt. Durch frühe reale Traumata, die als Angriff auf die Autonomie und Männlichkeit erlebt wurden, kommt es zu Lücken in der Persönlichkeitsstruktur, in deren Folge depressive Anteile nicht neutralisiert und integriert werden konnten. Es kommt zu einer Kontamination phallisch-sexueller und aggressiver Impulse, bei gleichzeitig alles zu überschwemmen drohenden frühen Ängsten. Durch den Vergewaltigungsakt wird das mütterliche Objekt geschützt, werden bestehende Beziehungen "verschont". Hinsichtlich der Aggressionsproblematik finden sich sowohl Patienten mit generell hoher als auch mit ausschließlich im Gewaltakt gebundener Aggressivität.

*3. Oppositioneller Ausbruch:* Hier zeigt sich ein starker Kontrast zwischen einer von außen zu beobachtenden Lebensführung mit rigiden Ordnungs- und Moralvorstellungen und Normen, ohne daß Unvorhersehbares, Lebendiges dabei Platz hätte, und der episodenhaften Sprengung dieses sozialen Rahmens zur intrapsychischen Rettung der Autonomie.
*4. Allmacht- und Größenphantasien:* Im Gewaltakt wird die regressive Wiederbelebung infantiler Omnipotenz- und Größenphantasien möglich, die auf eine Grundstörung in der narzißtischen Organisation hinweist. Bei allen sadomasochistischen Perversionen findet sich diese Allmachtsphantasie, die die erlebte Ohnmacht umkehrt durch Entwertung und Unterwerfung des Gegenübers.
*5. Auffüllen innerer Leere:* Bei fast allen untersuchten Patienten fanden Schorsch u.a. (1985), daß im perversen Symptom die Funktion des Trostes, der Selbstvergewisserung, des Ausfüllens innerer Leere eine Rolle spielt. Der Hinweis auf eine schwerwiegende Beziehungsstörung mit mangelnder Differenzierung zwischen Selbst und Objekt ist hier gegeben, wobei die perverse Symptomatik als Versuch verstanden werden kann, einem depressiven Zusammenbruch vorzubauen.
*6. Identifikatorische Wunscherfüllung:* Darunter werden Abwehrprozesse zur Bewältigung früher Verlustängste verstanden, die durch Spaltung, Projektion und Introjektion frühe mütterliche Imagines und Introjekte zu schützen suchen. Versagender mütterlicher, "böser" Imagines entledigt sich das Kind durch Projektion, gewährende, "gute" mütterliche Imagines stärken (introjiziert) das Selbst. Das Getrennthalten guter und böser Imagines ist wegen der unentschärften destruktiven Impulse notwendig (vgl. Melanie Klein: "schizoide Position"). Aggressive Handlungen stellen danach eine Wiederbelebung sehr früher Mutter-Kind-Beziehungen dar, mit abrupten Übergängen und unverbundenem Nebeneinander von absolut destruktiven und umsorgend schützenden Aspekten.
*7. Ausweichen vor Sexualität/Genitalität:* Dieses Ausweichen gilt beim Sadismus weniger dem Koitus als den Frauen überhaupt. "Das Unbehagen gilt der Frau, solange sie ein 'Sexualsubjekt' mit eigenen Wünschen ist, nicht mehr unbedingt, wenn sie zum 'Sexualobjekt' männlicher Wünsche geworden ist." (Schorsch/Becker 1977, S. 59) Dahinter steckt die Angst vor der erwachsenen weiblichen Sexualität. Die Sexualisierung der Konflikte dient dazu, sich der phallischen Unversehrtheit zu vergewissern. Das anale Grundthema wird bei Vergewaltigungsdelikten vor allem durch das Überschreiten von Ekelbarrieren erkennbar, aber auch durch verbale Beschmutzungen, Entwertungen, Erniedrigungen der Frau.

Die Ritualisierung dient dem "Erhalt" des Objekts, d.h. einer gewissen Entschärfung der aggressiven Impulse durch phantastisch-irreale Momente. Die diesen Ausdrucksgehalten zugrundeliegende Problematik beschreiben die Autoren wie folgt:

*Störung der männlichen Identität* unterschiedlicher Ausprägung, hinter der sich meist frühe Ängste wie Vernichtungs- und Todesängste, Trennungs- und Verschmelzungsängste, Kontrollverlustängste, Körper-Ich-Ängste aber auch ödipale Ängste verbergen.

*Aggressionsproblematik*, die phallisch-aggressive ebenso wie narzißtische, sadistische Impulse ausdrücken kann: je früher die Ängste und je weniger integriert die Aggression ist (starkes Aggressionspotential ebenso wie starke Aggressionshemmungen), umso sadistischer wird die perverse Inszenierung.

*Störung des Selbsterlebens* auf narzißtischer Ebene: aufgefallen sind hier einerseits durchgängig negative Selbstkonzepte (Wertlosigkeit, Nichtigkeit, Selbstverachtung mit negativer Einstellung zum eigenen Körper) und starke disharmonische Selbstbilder (extreme Schwankungen zwischen Selbsthaß und Größenvorstellungen, zwischen Entwertung und Idealisierung). In der sadistischen Aktion geht es um magische Kontrolle und omnipotentes Verfügen über das Opfer, was einer punktuellen Aktualisierung von Größenselbstphantasien, beschränkt auf die sexuelle Situation, entspricht.

*Beziehungsproblematiken:* auch hier wird unterschieden zwischen Patienten, die die Symptomatik benötigen zur Kompensation von tiefgehenden Potenzunsicherheiten, die aus Kastrationsängsten folgen, und zwischen Patienten, deren nicht ausreichend gelöste Symbiose zu prägenital geprägten Objektbeziehungen führte. Das Muster der Beziehungen, die diese Männer eingegangen sind, besteht in Umklammerung, Beherrschung, Idealisierung, Entwertung, Verlassen und Funktionalisieren. Zentrale Thematik ist die Ablösung und Verschmelzung auch in der sadistischen Handlung, die eine Art Kompromiß darstellt: "Einerseits führen die regressiven Tendenzen in Richtung auf Verschmelzung dazu, daß, begrenzt auf die sadomasochistische Situation, analog der Symbiose mit der Mutter eine duale Einheit von Sadist und Opfer hergestellt wird, in der die Grenzen zwischen beiden verschwimmen und Abgrenzung zwischen Subjekt und Objekt, zwischen Männlichem und Weiblichem unscharf werden. In dieser dualen Einheit als dem Urbild einer narzißtischen Beziehung wird eine oszillierende Identifizierung von Sadist und seinem Opfer möglich. (...) Andererseits führen die Ängste vor Regression und Verschmelzung zu einer aggressiven Konfrontation, zu einer Unterwerfung, Entmachtung und Kontrolle des Opfers." (Schorsch/Becker 1977, S. 75)

Groth/Birnbaum (1979) haben, basierend auf 16 Jahren klinischer Erfahrung mit über tausend Gewalttätern, Rückfalltäter unterschieden nach: Vergewaltigern, die aus Wut agieren, solchen, die aus Macht agieren (Machtbestätigung oder Machtvergewisserung) und sadistischen Tätern.

*Täter, die aus Wut vergewaltigen,* neigen zu besonderer unkontrollierter Gewaltanwendung, zu besonders spontanen und impulsiven Angriffen, demüti-

gen und erniedrigen ihr Opfer aus starken inneren Haßgefühlen heraus, verspüren massiven Zorn. Oft wird die Tat durch einen aktuellen Anlaß - unabhängig von der Tatsituation - aktiviert; sie wird eher nicht geplant und findet meist an vertrautem Ort, d.h. in der üblichen Umgebung des Täters statt; sie ist in der Regel von kurzer Dauer. Diese Täter neigen dazu, sich Opfer zu wählen, die meist gleich alt oder älter als sie selbst sind und denen sie zahlreiche Verletzungen zufügen.
*Täter, denen es um Machtdemonstration geht,* begehen eher geplante Taten, in denen es darauf ankommt, die Frau durch Einschüchterung und Gewaltandrohung zu unterwerfen. Herrschaft und Dominanz, Männlichkeit und Kontrolle stehen im Vordergrund. Aktiviert wird die Handlung durch vorausgegangene Phantasien, in denen das Selbstgefühl bedroht wird oder die eigene Autorität untergraben scheint. Nach Groth wendet der von Machtwillen bestimmte Vergewaltiger in der Regel nur so viel Gewalt an, wie er braucht, um sein Opfer zur Kooperation zu zwingen. Die Täter wirken eher ängstlich, nervös, benutzen häufiger mitgebrachte Waffen. Öfter suchen sie, ihre Identität zu verbergen (tragen Masken oder verbinden den Opfern die Augen) und halten die Opfer eher längere Zeit fest. Oft vergewaltigen sie mehr als einmal, häufig auch unter Anwendung nicht-genitaler Sexualpraktiken. Bei diesen Tätern nehmen die Handlungen hinsichtlich Häufigkeit und Aggression eher zu. Sie suchen sich häufiger jüngere Opfer, oft auch leichter verletzbare Personen (behinderte Frauen u.ä.).
*Bei Tätern, die als sadistische Vergewaltiger klassifiziert wurden,* streicht Groth die erotische Bedeutung der Aggression heraus. Die Vergewaltigung ist hier ein ritualisierter, geplanter Übergriff, oft in Verbindung mit Folterungen, Fesselungen und sexuellem Mißbrauch, bei dem Aggression und Sexualität streng verknüpft sind, d.h. die Befriedigung und sexuelle Erregung ist an Aggressionen geknüpft. Entweder wird die Wut- oder die Machtkomponente erotisiert. Das Opfer wird zum Symbol, das kontrolliert, ausgelöscht, bestraft oder zerstört werden soll. Im Falle einer Tötung des Opfers geschieht dies nicht aus "Fahrlässigkeit" oder um Zeugen auszuschalten, sondern weil das Sterben der Frau ebenfalls mit sexueller Befriedigung verknüpft ist. Oft haben die Opfer hier ein gemeinsames Merkmal, eine Besonderheit (Aussehen, Alter, Beruf, u.a.) und werden oft besonders schlimmen Torturen ausgesetzt.
Obwohl jeder zu einer Vergewaltigung fähig sei, auch Frauen, gibt es nach Groth/Birnbaum (1979) stark "gefährdete" Personen, für die eine Vergewaltigungshandlung charakteristisch sei und bei denen sich besondere Persönlichkeitsstörungen finden. Die Autoren nennen als charakteristisch vor allem Gefühle der Wertlosigkeit, der Unzulänglichkeit, die fehlende Fähigkeit, das Leben effektiv zu bewältigen und Kontrolle über ihr Leben auszuüben. Diese Per-

sonen erleben sich wie Schachfiguren, über die verfügt wird und die keinen Einfluß auf Ereignisse und Situationen nehmen können. Sie erleben keine verläßlichen zwischenmenschlichen Beziehungen, empfinden andere als Feinde, Ausbeuter, Manipulateure. Mit Hilfe der Aggression soll das psychische Gleichgewicht wieder hergestellt werden. Als Kinder wurden sie in der Regel selbst körperlich und seelisch gequält, abgelehnt, verlassen, mißhandelt. Nach Groth ist besonders signifikant in der Biographie, daß die Täter zu einem hohen Prozentsatz selbst sexuell mißbraucht worden waren, d.h. daß die Mehrzahl der Täter selbst einmal Opfer gewesen ist. "Als charakteristisches Verhaltensmuster scheint die Vergewaltigung ihre Wurzeln im sexuellen Mißbrauch zu haben, den der Täter in einer kritischen Phase seiner ihn entscheidend prägenden Lebensjahre erfahren mußte. Die daraus entstandenen Störungen seines psychischen Reifeprozesses und die daraus resultierenden Störungen seiner Persönlichkeitsentwicklung machen es in hohem Maße erforderlich, daß er zum Sexualstraftäter wird." (Groth/Birnbaum 1979, S. 98)
Immer wieder stellt sich die Frage danach, wieso Störungen, die üblicherweise als "narzißtische Störungen", "Charakterneurosen", "Ich-Deformationen", "Borderline-Syndrom" diagnostiziert werden, so sehr zunehmen und dennoch in dem einen Fall noch "erfolgreich" integriert werden können in das gesellschaftliche Zusammenleben (z.B. bei Karrieristen, Mitläufern), im anderen Fall aber zu Delinquenz führen. Versteht man die Ich-Bildung nicht allein als intrapsychischen Prozeß, sondern im wesentlichen als Vorgang der Verinnerlichung der kulturellen Organisation des Zusammenlebens und so auch der gesellschaftlichen Werte, muß man davon ausgehen, daß die derzeitig gesellschaftlich "im Angebot" befindlichen Modelle und Lösungsmöglichkeiten dem entsprechen, was sich als Pathologie in subjektiven Strukturen niederschlägt: die Unterscheidungsfunktionen des Ich (als Ergebnis des unbewußten Prozesses, zwischen Ich und Nicht-Ich, zwischen Lust und Unlust, zwischen Gut und Böse zu trennen) scheinen auf breiter Ebene nicht mehr gefragt. Vielmehr scheint die Verwirrung und Überwältigung angesichts technologischer, wissenschaftlicher, politischer und produktionstechnischer Entwicklungen nicht zu einem vermehrten Verständnis, Mitsprache- und moralischem Entscheidungsrecht zu führen. Es kommt auf breiter Ebene zur Ausbildung regressiv eingeschränkter Persönlichkeiten, die zu vielem bereit und zu wenig fähig sind. Vergewaltigung ist aus dieser Sicht Folge eines Massenphänomens, das die "Friedfertigkeit" der Nicht-Täter oder potentiellen Opfer ernsthaft in Frage stellt. Wenn "Vergewaltigung" Resultat einer bestimmten Ich-Organisation ist, die einem bestimmten Gesellschaftstypus entspringt, wird von derartigen Impulsen so gut wie niemand frei sein: Personen (Männer wie Frauen), die sich durch verhältnismäßig

wenig innere Konflikte und Angst auszeichnen, sich für "normal" halten und auch von anderen als gesund bezeichnet würden, zeigen sich in jenen Zeiten besonders aggressionsbereit, in denen das Fehlen der Einfühlung in andere zum gesellschaftlich proklamierten Erfordernis wird. Wut, Machtdemonstrationen und Sadismus spielen eine herausragende Rolle in Bürokratien, Militärapparaten und Mediendarstellungen, die es erlauben, generell "erfolgreich" pervers und delinquent zu sein. Vergewaltigung sprengt nicht den Rahmen des Sich-arrangiert-Habens mit Folter, Verfolgung, Ausweisung, Ausgrenzung und Krieg. Die Tatsache, daß viele selbst zu diesen Mitteln nicht greifen würden, sondern deren Gebrauch allenfalls fordern, dulden oder hinnehmen, kann kein Hinweis sein auf eine gelungenere frühe Entwicklung.
Erdheim schreibt dazu: "Erst durch (...) (die) Fixierungen und die dadurch erzwungenen Regressionen kann die frühe Kindheit bestimmend werden für die Art und Weise, wie der Erwachsene die Welt erfährt und sich in ihr verhält. Insofern die Fixierungen gesellschaftlich produziert werden und institutionelle Zwänge die Dynamik der Adoleszenz bremsen, kann man sagen, daß der Determinismus der Kindheit ein gesellschaftlicher Faktor ist." (Erdheim 1984a, S. 294) Parin (1978) führt das vermehrte Auftreten narzißtischer Persönlichkeitsstörungen auf ein Versagen der Anpassung in einer entfremdeten sozialen Situation zurück. Das Ich habe zwar Anpassungsformen ausgebildet, die unter anderen Lebensumständen durchaus ausreichten, aber die Verarmung an Befriedigungsmöglichkeiten erzwinge in der heutigen Gesellschaft einen Rückgriff auf narzißtische Erlebnisweisen. Das Ich fühle sich immer häufiger der Notwendigkeit ausgesetzt, sich mit z.T. widersprüchlichen Rollen zu identifizieren, wodurch objektbezogene Befriedigungen und Konflikte zurücktreten und kompensatorisch ersetzt werden müssen durch narzißtische Gratifikationen. "Wenn man diesen Überlegungen folgt, kommt man zu dem Schluß, daß die sich häufenden narzißtischen Persönlichkeitsstörungen strukturiert sind wie Perversionen". (Morgenthaler, 1974) "Defekte in der Besetzung des Selbst und der Objekte werden durch die Überbesetzung narzißtischer Bedürfnisse kompensiert. Diese sind für die Erhaltung einiger Funktionstüchtigkeit unentbehrlich, ohne sie würde das Ich seine Stabilität verlieren. Da die soziale Situation eine narzißtische Kompensation des frustrierten Ich und des defekten Selbst begünstigt, ist es zweifelhaft, ob narzißtische Persönlichkeitsstörungen noch pathologisch genannt werden dürfen: gemessen an einer höheren Flexibilität und Toleranz des Ich gegenüber den Triebansprüchen und an einer angenommen Harmonie zwischen narzißtischen und objektbezogenen Bedürfnissen handelt es sich um schwere Störungen. Gemessen an der geforderten Einordnung in die verwaltete Welt der Technik, der Produktion und des Kapitals sind 'nar-

zißtische' Entwicklungen gelungene Lösungen, die das Ich, das mit seinen Rollen identisch geworden ist, zuwege gebracht hat." (Parin 1978, S. 110) Im Gegensatz zu den Abwehrmechanismen, bei denen Ansprüche des Es und des Über-Ich so in Einklang gebracht werden müssen, daß reale Befriedigung möglich wird, spricht Parin von "Anpassungsmechanismen" mittels deren das Ich versucht, Ansprüche des Es und der Außenwelt auf direktem Weg in Einklang zu bringen. Danach wäre Regression nicht Ursache, sondern Folge einer erzwungenen Ich-Veränderung: Der Zwang zu einem restriktiv entworfenen Rollenverhalten führt zu Identifikationen mit der Ideologie der Rolle. Der geforderte Triebverzicht wird kompensiert durch den Gewinn an narzißtischer Belohnung. Dem hohen Preis, nämlich Erstarrung, Einbuße von Gefühls- und Gewissensfreiheit, steht so ein Gewinn gegenüber: "Die Abwehrorganisation des Ich wird entlastet und dadurch das Ich stabilisiert, gestärkt. Verlassenheits- und Trennungsängste werden beruhigt: man gehört dazu." (Parin 1978, S. 125)

## 3.4 Zur Opfer-Täter-Dynamik

Wenn Vergewaltigung auf die Zerstörung der Autonomie und Identität des Opfers aus ist und die Frau selbst die Tat erlebt als einen plötzlichen und gänzlichen Verlust von haltgebenden Objekten, so stellt sich die Frage, ob nicht das, was die Pathologie des Täters ausmacht, auch die Ätiologie des Vergewaltigungstraumas bestimmt. "Wenn das Trauma als Objektverlust erlebt wird", so Zepf u.a. (1986, S. 139), "dann stellt es eine narzißtische Kränkung dar." Die aus einer narzißtischen Kränkung resultierende Bedürftigkeit aber führt dazu, die ehemalige primäre Ungeschiedenheit wiederherstellen zu wollen, da sich die Objektwelt als nicht verläßlich erwies. Diese Wiederherstellung der Einheit zwischen Subjekt und Objekt aber gelingt natürlich nicht. Das Objekt, d.h. der Täter, wird - wie beschrieben - zu einem Hilfs-Ich, das dazu dient, Unabhängigkeit zu erreichen. "Die subjektiv intendierte Rückkehr in die primäre Ungeschiedenheit mit dem Objekt, der Versuch, in einen Zustand noch vor der Trennung in ein Subjekt und in ein Objekt zurückzukehren, der eine narzißtische Kränkung ausschloß, führt über eine sich über Identifikationsprozesse vermittelnde Ich-Entwicklung objektiv aus diesem Zustand hinaus. Verfolgt man nun in diesem Begründungszusammenhang die Restauration des Ichs unter der Bedingung schwerer Traumen als Ergebnis destruktiver Einwirkungen seitens eines als übermächtig erlebten Objekts, dann müßte u.a. zweierlei als Konsequenz zu beobachten sein. *Einmal müßten das Objekt, welches das Trauma zufügt, und das Subjekt, welches das Trauma erleidet, mit dem trau-*

*matischen Ereignis in ähnlicher Weise umgehen. Zum anderen müßte auch die Destruktivität des Objekts in einer Selbstdestruktivität des Subjekts sich wiederfinden lassen.* Beides wurde nun immer wieder beobachtet." (Zepf u.a. 1986, S. 140, Hervorhebung durch U.K.)

Das bedeutet auch, daß die zur Selbstdestruktivität des Opfers gewordene Destruktivität des Täters einen Wiederholungszwang einleitet, der Ergebnis der Identifikation mit dem Objekt bzw. der Introjektion von Teilen des zerstörerischen Objekts ist, die notwendig wird, um das Ich zu reetablieren. Das destruktiv-aggressive Geschehen findet sich so später auch in Interaktionen anderer mit dem Opfer wieder. Spaltung, projektive Identifikation, Introjektion, Projektion und Reinszenierung sind die wesentlichen Abwehrformen der Täter. Das Opfer wird zu zweierlei: zum "Empfänger", Rezipienten der Projektionen des Täters, seiner Hilflosigkeit, Wut, seines Schmerzes und Terrors und zur Interaktionspartnerin am Geschehen selbst. *Das Vergewaltigungsopfer introjiziert die Projektionen des Täters, die Überlebensversuche des Täters werden Teil der Psychodynamik des Opfers.*

Im folgenden soll diese Dynamik nachgezeichnet werden anhand von Interaktionen (Re-Projektionen) der betroffenen Frauen mit ihrem gesellschaftlichen Umfeld. Auch Erfahrungen im Bereich der Einstellungen und Verhaltensweisen von "Experten" und des "Mannes auf der Straße" können unter diesem Blickwinkel betrachtet werden.

# 4. Die Wiederholung aggressiv-destruktiver Beziehungsmuster im sozialen Umfeld

Im Kontakt mit Vergewaltigungsopfern, im Vor- und Umfeld, finden sich immer wieder Beziehungsformen, die den Eindruck einer sich reproduzierenden Opfer-Täter-Dynamik erwecken. Ich möchte diese Wiederholungsphänomene, die sich im Umgang mit Partnern, Eltern, Kindern der betroffenen Frauen ebenso zeigen wie im Umgang mit Polizei, Justiz und den HelferInnen, als etwas verstanden wissen, was die traumatische Reaktion verschlimmert oder "einfriert", d.h. Besserung und Gesundung behindert. Die Wiederholungsphänomene dürfen nicht unabhängig von der Abwehr der umgebenden Personen betrachtet werden. Inwiefern diese Wiederholungsphänomene sinnvoll genutzt werden können, soll später beschrieben werden.

## 4.1 Belastungsphänomene im sozialen Nahbereich

Im Umgang mit Frauen, die massive Gewalterfahrungen erleben mußten, kommt es bei Angehörigen, Freunden, aber auch Helfern immer wieder zu folgenden Belastungsphänomenen:

*Reaktionen der Ohnmacht, Hilflosigkeit, des Überfordertseins*
Eine besonders häufig beklagte emotionale Antwort Angehöriger, Freunde und helfender Berufsgruppen ist das Gefühl, der Symptomatik und dem Leid der Frau völlig ausgeliefert zu sein, nichts für sie tun zu können, als Helfende zu versagen. Die Unterstützungsversuche des Umfeldes werden zurückgewiesen oder erweisen sich als unzureichend. Die Angehörigen fühlen sich z.T. tief verletzt, zurückgewiesen, überflüssig, verzweifelt. Bewährte stabile Beziehungsmodi sind in Frage gestellt. Die betroffenen Frauen wiederum erleben das Verhalten der Umgebung als "nicht stützend", selbstbezogen, voyeuristisch, kritisch. Oft kommt es zu massiven Haß- und Wutgefühlen auf die Umgebung, nicht selten kombiniert mit dem

Wunsch, diese zu zerstören, zu quälen. Der Wunsch, die Kontrolle in Beziehungen zu behalten, mündet oft in Versuche, andere zu beherrschen und zu lenken - bis hinein in den Bereich der subjektiven Empfindungen. Die Ohnmachtsgefühle der betroffenen Frauen finden sich projektiv in den relevanten Personen wieder, die ihrerseits identifikatorisch versuchen, die eigenen Ängste, Scham- und Schuldgefühle durch überprotektives, sorgendes Verhalten abzuwehren. Das Umfeld reagiert häufig panisch, wendet sich an Einrichtungen, Institutionen, erhofft sich die Möglichkeit der Delegation der Verantwortung, die es selbst immens erlebt. Es kommt zu Hyperaktivitäten und nicht selten zum Abbruch der Beziehung, wenn diese nicht "belohnt" werden durch Besserung der Symptomatik. Die Gefühle der Hilflosigkeit und Bedeutungslosigkeit werden auf vielfältige Art und Weise abgewehrt.

*Gefühle des Unglaubens und Mißtrauens*
Es kommt zu dem Gefühl, daß möglicherweise nichts oder nicht alles von dem stimmt, was die Betroffene berichtet, daß sie täuscht oder die Unwahrheit sagt. Oft steckt dahinter der Verdacht, die Frau habe die Vergewaltigung unbewußt gewollt oder bewußt provoziert, oder sie wollte aus niedrigen Motiven den betreffenden Mann der Strafverfolgung aussetzen. Es kommt zu dem Bedürfnis, fast kriminalistisch die Wahrheit herausfinden zu wollen, zu bohrenden Fragen und ständigen inneren Zweifeln. Die Frau wird als sorglos bezichtigt, als naiv, als jemand, der es besser hätte wissen müssen, sich hätte schützen sollen. Die sozial relevanten Personen beteuern, daß sie selbst ganz anders reagiert haben würden, sie meinen, wäre die Frau wirklich vergewaltigt worden, hätte sie sich im Nachhinein anders verhalten. Für die Betroffenen bedeutet dies, daß sie sich erneut angegriffen fühlen, diesmal von jenen, von denen sie sich Hilfe erwartet hatten. Sie fühlen sich verraten, erneut gedemütigt. Wiederum kommt es zu abrupten Kontaktabbrüchen infolge von Haß- oder Schuldgefühlen, die durch die Umgebung verstärkt werden. Zurück bleibt die Bestätigung der Tatsache, daß man niemandem trauen kann.

*Gefühle, der/die einzige zu sein, der/die helfen kann*
Es werden Impulse ausgelöst, nun alles Erdenkliche für die Frau tun zu müssen, ihr alles abzunehmen, alles Anstrengende und "Böse" zu ersparen und den Schaden wiedergutzumachen. Meist ist dies gekoppelt an das Gefühl, daß außer einem selbst niemand da ist, niemand in der Lage ist, diese schwierige Aufgabe zu bewältigen. Gefühle der Unersetzbarkeit knüpfen das Überleben der Betroffenen an die eigene Existenz. Es kommt zu Allmachts- und Größenvorstellungen, aus eigener narzißtischer Not. Die Realität des Schadens wird ebenso geleugnet wie die Gefühle, die mit dem Ereignis verknüpft werden. Auf seiten der betroffenen Frauen entspricht dem zunächst eine Idealisierung der helfenden Personen, Wünsche

nach gänzlichem Versorgt- und Beschütztwerden. Die Übergänge zur gänzlichen Infantilisierung und erneuter Viktimisierung sind fließend. Auf seiten der Umgebung münden die Bedeutsamkeitsgefühle regelmäßig in massive Kränkungen, wenn die vermeintliche Hilfe zurückgewiesen oder als unwirksam erkannt wird. Der Idealisierung durch die Betroffene folgt so gut wie immer eine Entwertung der Personen der Umgebung, die den Helfenden nun wieder starke Kleinheitsgefühle zumutet. Für die betroffenen Frauen bedeutet dies, daß ihre Verschmelzungshoffnungen und Versöhnungswünsche erneut enttäuscht werden und das eigene "Böse"- und "Unwert"-Sein bestätigt werden.

*Aggression, Wut, Haß und Ärger*
Die Aggressionen der Umgebung zentrieren sich einerseits auf die Tat und den Täter, der "ihnen" oder "einer von ihnen" dies angetan hat, zum anderen auf die Betroffene selbst. Im ersten Fall wird der Ruf nach Vergeltungsaktionen, werden Rachewünsche, Drohungen gegen diesen Mann oder gegen alle Männer laut und z.T. auch agiert. Im zweiten Fall - und oft darauf folgend - kommt es zu wütenden Reaktionen gegenüber der betroffenen Frau. Diese wird von den Beziehungspersonen als narzißtisches Objekt gesehen, als Eigentum oder Teil des eigenen Selbst, das geschändet wurde oder verloren ging. Das Gefühl des Verlustes auf seiten der Umgebung führt zu Interaktionsformen, bei denen das Opfer abwertend behandelt und als beschädigtes Gut erlebt wird. Die Reaktionen des Umfeldes verstricken sich auch an dieser Stelle mit den Konflikten und Affekten der betroffenen Frau, die ihren Unwert bestätigt fühlt. Die Haßgefühle auf den Täter, die sich z.B. in Rufen nach harter Bestrafung des Mannes oder nach "Zurückschlagen" äußern können, nähren die Hoffnung, das Unfaßbare der Tat dadurch mildern zu können, daß man sich mit dem Opfer identifiziert und quasi "nachträglich" die Aktivität entfaltet, zu der das Opfer zum Tatzeitpunkt nicht in der Lage war. Der Haß auf das Opfer dagegen gipfelt nicht selten in Identifikationen mit dem Verfolger, der als der eigentlich Verführte und Blamierte erlebt wird. Auf der Seite des Opfers finden sich Selbstbeschuldigungen, Schamgefühle und Autoaggressionen, die durch dieses Umgebungsverhalten intensiviert werden. Nicht selten appelliert die Frau direkt an andere, für ihr Verhalten, ihre "Schuld" bestraft, erneut (verbal) "vergewaltigt" und mißbraucht zu werden für die Bedürfnisse anderer. Andererseits finden sich die betroffenen Frauen oft in Beziehungen wieder, in denen sie selbst andere immer wieder wertlos und hilflos zurücklassen. Die Furcht der Opfer vor Gefühlen (Wut, Haß, Schuld), die sich gerade im Fehlen dieser Gefühle äußert, führt zu erneuten Projektionen: die fehlende Wut findet sich wieder in den Affekten der Umgebung. Unterstützt durch die Realität wird die Rollenumkehr und Gefühlsvermeidung möglich und gefestigt.

Die Beschädigung der Beziehungen, der Verlust wichtiger Personen, die Sinnlosigkeit von Hilfsangeboten und die Wiederholung von macht- und gewaltdominierten Beziehungskonstellationen hat so mehrere Ursachen: zum einen führt ein verändertes Verhalten des Opfers dazu, daß Spannungen entstehen, also altbewährte Interaktionsmuster und Abwehrsysteme ihrer Grundlage beraubt werden. Zum anderen werden Aspekte des Erlebens der Tat in relevante andere Personen reprojiziert und verschoben, was zunehmend zu Konflikten führt. Das Ausagieren unbewußter Konflikte in der Beziehung zu anderen führt zu massiven Abwehrreaktionen auf seiten der Umgebung, die mit den Folgen der Tat immer wieder konfrontiert wird und eigene Ängste und Versäumnisse zu verdecken sucht. Der Kontakt zu Gewaltopfern löst bei Männern und Frauen unterschiedliche Schuldgefühle aus: während Frauen dazu neigen, sich schuldig zu fühlen, weil es "der anderen" und nicht ihnen passierte, neigen Männer dazu, sich "als Mann" beschämt zu fühlen. Im Hintergrund stehen Ängste angesichts der Realität, daß ein Mensch durch ein auf Zufall beruhendem Ereignis so massiv zerstört werden kann. In der Folge wird das Verhalten von der eigenen Bedürftigkeit diktiert; das Opfer wird zum Instrument eigener Wünsche nach Sicherheit und Schutz - auch um den Preis der Realitätsverleugnung.
All diese Gefühle stehen in engem Zusammenhang mit dem Erleben der Tat durch die Betroffene, deren Dynamik immer wieder reinszeniert wird. Die massiven inneren Spannungen führen dazu, daß die Frau die Konflikte nach außen verlagert, bzw. Gefühlsbereiche abspaltet, womit sie versucht, dem drohenden Zusammenbruch des Ich vorzubauen. Ängste, Aggressionen, Schuld- und Schamgefühle, führen zu einem Beziehungsangebot, das durch hohe Kränkbarkeit, große Schwierigkeiten mit Realitätsanforderungen zurechtzukommen, Kontaktstörungen, ständige Bereitschaft zu Panikreaktionen, ein Übermaß an (verdeckter) Aggression, Ohnmachtsgefühlen, Trennungs- und Verschmelzungswünschen gekennzeichnet ist. Das Gegenüber wird frühkindlichen Beziehungsformen eingepaßt, die nach dem Macht-Ohnmachts-Prinzip strukturiert sind. Die anderen werden zu "nur guten", einzigartigen oder "nur bösen", verfolgenden Elternfiguren. Wird dieses Rollenangebot übernommen - was sich nicht vermeiden läßt und auch durch die eigene Not mitdiktiert ist - rücken andere in die Position des Opfers und/oder Täters, Verhaltensstereotypien werden ausgebildet. Es kommt zu interpersonalen Abwehrsystemen (Mentzos 1976), die primitiven Objektbeziehungen gleichen und von der Umgebung mitagiert werden durch Übernahme der "passenden" Rolle. Den Kontrollwünschen und Geborgenheitsphantasien auf seiten der Umgebung entspricht der Wiederholungszwang, das Ausagieren und der Rückgriff auf archaische Abwehrformen auf seiten der betroffenen Frau.

Unter dem Begriff "Wiederholungszwang" wird ein unbewußter Vorgang verstanden, in dessen Verlauf unangenehme Situationen aktiv gesucht und somit alte Erfahrungen wiederholt werden, wobei der Zusammenhang des ursprünglichen Ereignisses mit dem gegenwärtigen Erleben verborgen bleibt. Nach Fenichel (1945, S. 650) können Wiederholungsphänomene verstanden werden als Versuch, die Außenwelt dadurch zu bewältigen, daß aktiv das wiederholt wird, was selbst passiv erfahren wurde: "Das Ich wünscht die Wiederholung, um eine unangenehme Spannung zu lösen, aber die Wiederholung selbst ist auch unangenehm (...). Der Patient ist in einen circulus vitiosus hineingeraten. Die schließliche Bewältigung, auf die die Wiederholung abzielt, wird nie erreicht, weil jeder Versuch eine neue traumatische Erfahrung mit sich bringt."
Indem die Frauen immer wieder erleben, was sie einst in der traumatischen Situation durchmachen mußten, scheinen sie allmählich die Selbstkontrolle wieder zurückzugewinnen und eine verspätete Erregungsabfuhr, ein Loswerden ihrer inneren Spannungen möglich zu machen. Die Trennung zwischen einer traumatischen Neurose und einer Psychoneurose wird an dieser Stelle immer schwieriger. Schwierig wird nicht zuletzt auch die Unterscheidung zwischen einer neurotischen Wiederholung in bestehenden Beziehungen (als ob die Gefahr weiterhin bestünde) und einer normalen Reaktion auf sich wiederholende Anforderungen (weil die Gefahr weiterhin besteht).
Wichtig scheint es, an dieser Stelle noch einmal zwischen intrapsychischen und interpersonalen Abwehrformen zu differenzieren, wie es Mentzos getan hat. Nach ihm spielen bei den intrapsychischen Abwehrformen die Beziehungspersonen nicht als "reale Objekte", sondern als im Ich der Betreffenden lokalisierte Objektrepräsentanzen eine Rolle. Danach würde eine Frau, die sich von ihrer Umgebung permanent verfolgt und sadistisch kontrolliert fühlt, ihre eigenen Ängste und Wünsche intrapsychisch auf relevante Personen der Umgebung projizieren. Dagegen kann man im Falle einer Frau, deren Familie nun real strafend und kontrollierend auf die Gewalterfahrung reagiert und die durch die Frau dazu gleichzeitig auch veranlaßt wird, von einem interpersonalen Abwehrsystem sprechen. Dabei handelt es sich um Interaktionsformen, die als Kompromiß- und Konfliktlösungsversuch beider verstanden können.
Nach unserer Erfahrung in der Arbeit mit Angehörigen bzw. Freunden von Frauen mit Gewalterfahrungen ändern sich infolge der Tat sehr häufig auch real bestehende zwischenmenschliche Beziehungsformen, was dazu führt, daß neue Abwehrsysteme aufgebaut und zementiert werden, um die Beziehung überhaupt noch aufrechtzuerhalten. Neben den Versuchen, Partner oder andere Familienmitglieder durch Agieren in entsprechende Rollen zu manipulieren, wird einer Trennung u.a. auch durch den Versuch vorgebeugt, das gesamte familiäre

Erleben zu mobilisieren oder mittels Projektionen und Externalisierungen einzelne Familienmitglieder zu Vertretern bestimmter Aufgabenbereiche ("Rächer", "Ankläger", "Leidender", "Moralist", "Sadist") zu machen. Alle Angehörigen sind dabei in der Regel aktiv und regressiv beteiligt. Nach unserer Einschätzung muß dies nicht stabilisieren, vielmehr haben solche familiären Entwicklungen die Tendenz, immer negativer und belastender zu werden. Vor allem die Kinder von betroffenen Frauen sind in einer besonders ungünstigen Position: sie werden in Rollen gedrängt, die der Mutter vermeintlich helfen, narzißtische Bedürftigkeit zu "füllen" und innere Spannungen zu mildern. Besonders oft übernehmen Kinder nun versorgende und schützende Funktionen für die Mutter, sie fühlen sich der "Wiedergutmachung" verpflichtet, es kommt häufig zum Rollentausch. Oder die Kinder werden dazu veranlaßt, die Rolle des gefährdeten und verlorenen idealen Selbst der Mutter zu tragen, z.B. indem die Kinder das zu leben gezwungen sind, was die Mutter durch die Vergewaltigung verloren zu haben glaubt. Nicht selten sind Fälle, in denen Frauen ihre Töchter dazu funktionalisieren, ihnen die negativen, abgespaltenen Gefühle und Selbstanteile "abzunehmen". Die Kinder werden dazu benötigt, die traumatische Reaktion mitzuagieren, zu einem Bestandteil ihres Lebens zu machen. Wir haben es oft erlebt, daß Kinder in der Folge der Gewalterfahrung der Mutter selbst starke Verhaltensauffälligkeiten zeigen.

## 4.2 Täter-Opfer-Interaktionen im Kontakt mit verschiedenen gesellschaftlichen Gruppen

Die oben beschriebenen Interaktionen finden sich wieder in einem größeren System gesellschaftlicher Kontroll- und Sicherungsorgane und Versorgungseinrichtungen, die im Zusammenhang mit sexuellen Gewaltdelikten tätig werden. ViktimologInnen, JuristInnen, GutachterInnen, PolizeibeamtInnen, ÄrztInnen, TherapeutInnen usw. finden sich immer wieder Konflikten ausgesetzt, die sich in dem breiten Spektrum zwischen Identifikation mit dem Opfer und schroffer Ablehnung der betroffenen Frau niederschlagen können. Angstabwehr und Abwehr eigener destruktiver Impulse finden sich wieder in Verhaltensweisen, Reaktionen und Funktionen, bei denen Extremformen zwischen Kontrolle und Großzügigkeit, Distanz und Nähe/Verwickeltsein, (Über-) Engagement und Apathie/Desinteresse, Hilflosigkeit und Machtdemonstration, dem grundsätzlichen Mißtrauen und dem Wunsch, alles zu verstehen, zu finden sind. Man gewinnt den Eindruck, daß für Richter, Ärzte, Helfer und andere mit Gewaltdelikten Befaßte die größte Bedrohung von Gefühlen des Kontrollverlustes, des nicht-kalkulierbaren Emotional-Zwischenmenschlichen, dem "Sexuellen" im weitesten Sinne, dem "Aggressiven" und der Sinnlosigkeit ausgeht - samt der daran anschließenden Frage nach dem Sinn der eigenen Tätigkeit.

### 4.2.1 Vergewaltigungsopfer im Kontakt mit Polizei und Justiz

Es ist vielfach ausführlich beschrieben und dokumentiert worden, welchen sekundären Traumatisierungen und Viktimisierungen Gewaltopfer ausgesetzt sind, wenn sie ihre Erfahrungen veröffentlichen (vgl. z.B. Junker 1986, Fehrmann 1986, Jakobs 1986, Warnke 1986, Weis 1982, Teubner u.a. 1983, Schlötterer 1982, Schliermann u.a. 1989, Finkelhor 1986, Flothmann/Dilling 1987). Die Frau, die sich zu einer Anzeige entschließt, nimmt von vornherein in Kauf, das Geschehene über einen langen Zeitraum hinweg nicht "vergessen" zu können: Befragungen durch Schutzpolizei und Kripo, oft mehrmals, Gegenüberstellungen, medizinische Spurensicherung und polizeiliche Dokumentation von Verletzungen, Blutprobenentnahme (DNS-Fingerprinting), Befragungen durch die Staatsanwaltschaft, Kontakte zur Anwältin zwecks Nebenklage und dann die Gerichtsverhandlung selbst, nicht selten mehrere Verhandlungstage, diese Vorgänge können sich insgesamt über einen Zeitraum von ein bis zwei Jahren hinziehen. Immer wieder muß das Geschehene erzählt, müssen alle Fragen detailliert beantwortet werden. Selbst unter den günstigsten Umständen bedeutet dies, daß der Verarbeitungsprozeß stillsteht, jeder Termin als erneute extreme Belastung erfahren wird und es im Anschluß oft zu wiederholten psychischen Einbrüchen kommt. Aber die Umstände sind nicht günstig. Selbst dort, wo zahlreiche Verbesserungen geschaffen wurden, kommt es durch die Sache selbst zu erneuten Demütigungen und Kränkungen der Frau.*)
Vergewaltigung kann noch immer als ein Verbrechen gelten, bei dem auch das Opfer angeklagt ist. Ein Vergewaltigungsprozeß ist noch immer ein Verfahren, bei dem der Geschädigten, die ja Zeugin ist, unterstellt wird, ihre Anzeige unrechtmäßig gemacht zu haben. Oft sind diese Prozesse damit verglichen worden, als wenn bei einem Handtaschenraub die Bestohlene bezichtigt würde, durch das Tragen der Tasche oder das Schlendern durch den Park die Tat pro-

---

*) In Bremen sind diese Verbesserungen z.B. die Einrichtung eines Sonderdezernats für Vergewaltigungsdelikte, neuerdings auch eines Sonderdezernats für Gewalt in der Ehe und Familie, geschulte, mit der Problematik vertraute KripobeamtInnen, Initiativen der Senatorin für Gesundheit zur Verbesserung der klinischen Versorgung der Frauen, Kooperation aller Beteiligten in einer Arbeitsgruppe "Institutioneller Umgang mit Vergewaltigungsopfern".

voziert zu haben oder man ihr unterstellen würde, daß ihr das Geld zurecht abgenommen wurde, da sie ohnehin nicht mit Geld umgehen könne. Nach Steffen (zitiert in Fehrmann 1986) beeinflussen drei Faktoren die polizeiliche Ermittlungstätigkeit: die "Sichtbarkeit" des Delikts von außen, die "Aufklärungswahrscheinlichkeit" (bei unbekanntem Täter) und der unterschiedliche Grad an Beweisschwierigkeiten. "Der weitaus größte Teil der Ausfilterung von Straftaten aus der weiteren Strafverfolgung beruht auf dem Wirksamwerden dieser Faktoren." (Fehrmann, S. 110) Vergewaltigung bedeutet für Kripo und Staatsanwaltschaft vor allem "Beweisschwierigkeiten" und eine diesen Schwierigkeiten entsprechende subjektive Beurteilung eines Falles angesichts sich widersprechender Aussagen. Mehr als bei anderen Straftaten kommen hier selektive Wahrnehmung und professionelle Befangenheit und Überforderung durch die mit dem Delikt verbundene Emotionalität zum Tragen, die die Ermittlungen und Befragungen beeinflussen. Ferner spielten die lange Dauer von Ermittlungsverfahren, eine von anderen Verfahren abweichende Einstellungspraxis (hohe Einstellungsquote trotz erfolgreicher Ermittlungstätigkeit) und ein gemäßigtes Anklageverhalten der Staatsanwaltschaft eine Rolle (vgl. z.B. Jakobs u.a. 1986).

Neben dem Bemühen um Spuren, Zeugen und Beweismittel geht es den BeamtInnen immer wieder um die Absicherung der Glaubwürdigkeit, auf die es auch vor Gericht einmal ankommen wird. Hat die Frau sich in der Einschätzung der Situation getäuscht, täuscht sie die Polizei, will sie nur Rache üben, hat sie - unbeabsichtigt - den Täter getäuscht, wieso ging sie mit ihm, und immer wieder die Frage, hat sie sich deutlich genug gewehrt? Neben den persönlichen Abwehrimpulsen der BeamtInnen wirkt hier das gesamte System: "Wenn eine Frau dem Verlangen des Mannes nach Geschlechtsverkehr lediglich mit Worten widerspricht, sei es auch eindeutig, so wird der Mann in der Regel annehmen dürfen, daß sie trotz des Widerspruchs mit seinem Verhalten letzten Endes einverstanden ist." (Urteil des Bundesgerichtshofs von 1956, das auch weiterhin noch Grundlage der Rechtsprechung ist; zit. nach DER SPIEGEL v. 29.6.1987, S. 23) Das Delikt selbst wird als etwas Vermeidbares betrachtet, wenn die Frau sich nur anders verhalten hätte. Ausgangspunkt ist die Sexualität, nicht der Gewalt- und Verletzungsaspekt. Nahezu alle Phantasien über "leidenschaftliche Verführungen" und ein Spiel mit Verlockungen, Flucht und Unterwerfung finden sich in der kriminologischen Literatur und auch in den Urteilen der Richter wieder.

Nach wie vor - und neuerdings wieder verstärkt - wird ein Gewaltdelikt dann vor Gericht bestraft, wenn die Betroffene nachweisen kann, daß sie an der Handlung völlig unbeteiligt war, durch die Handlung schwer geschädigt wurde (und

nicht schon vorher geschädigt war) und dies beides auch "beweisen" kann durch ihre Reaktion, Unbescholtenheit, Glaubwürdigkeit und Integrität. Sie muß deutlich machen können, daß sie sich körperlich gewehrt hat: ein verbales "Nein" reicht nicht aus. Sie muß gleichzeitig ihre Opferrolle nachweisen, indem sie überzeugend deutlich machen kann, daß sie durch die Tat traumatisiert wurde. Aktiv und traumatisiert, für den Täter nicht mißverständlich, dies begründet einen Widerspruch, der zu z.T. höchst absurden Befragungen Anlaß gibt. Sie muß plausibel machen, daß sie kein sexuelles Interesse an dem Täter hatte und ihn weder offen noch versehentlich zu sexuellen Handlungen provozierte. Sie muß erklären können, wie es möglich war, daß sie sich zu diesem Zeitpunkt an diesem Ort befand oder den Täter in ihre Wohnung ließ. Treffen ihre Antworten auf Verständnis und übereinstimmende Moral- und Wertmaßstäbe des Richters, was oft nicht der Fall ist, hat sie eine Chance, das Gericht nicht als Angeklagte zu verlassen. Hat sie gar in ihrem Vorleben psychische oder soziale Schwierigkeiten gehabt, war z.B. alkoholabhängig, hat bereits einen Psychiatrie-Aufenthalt hinter sich oder lebt von Prostitution, so mildert sich die Verantwortlichkeit des Täters. Die Beurteilung seiner Handlungen vor Gericht erfolgt nicht anhand seiner Problematik, sondern anhand der des Opfers. Dementsprechend baut die Verteidigung ihren Einsatz für ihren Mandanten auf der Opferbeschuldigung auf.
Die Opfer, die unter der langen Wartezeit psychisch und physisch leiden, fürchten das Zusammentreffen mit dem Täter und haben Angst, öffentlich über die Tat und die eigene Intimsphäre Auskunft geben zu müssen. Dem gegenüber steht die Urteilspraxis, die eine große Diskrepanz aufweist, zwischen der gesetzlichen Strafandrohung und den in den Urteilen gesprochenen Strafen. Jakobs schreibt dazu: "Die Höhe der Strafe spielt in der Bewertung der Straftat durch die Bevölkerung eine große Rolle. Klaffen zwischen der in der Praxis und der vom Gesetzgeber angedrohten Strafe erhebliche Spannungen, so ist zu fragen, ob der Gesetzesauftrag mit der Gesetzeswirklichkeit übereinstimmt. Zur Gesetzeswirklichkeit gehört auch die Straferwartung der Bevölkerung." (Jakobs 1986, S. 128) Die meisten Betroffenen würden danach eine Anzeige nicht noch einmal machen. Sie erleben sich als angeklagt, beschämt, sie meinen, daß die Rollen vertauscht wurden, und erleben den Aufwand in keiner Relation zu der erlebten Entlastung. Erwartet hatten die Frauen von der Verhandlung, daß ihnen geglaubt wird, daß ihnen Recht widerfährt, sie die Sache dann endlich begraben können. Oft hat der vorsitzende Richter für sie eine Art "Vaterstellung" (Junker 1986), von dem sie sich Schutz erwarten. Diese Erwartungen stehen in völligem Kontrast zu den Gefühlen, denen sich die Frauen im Nachhinein ausgesetzt fühlen: schuldig und erniedrigt zu sein. Eine besondere Rolle spielen

hier die Verteidiger, die zu jedem Mittel greifen. Über deren Methoden schreibt Junker, der 21 Hauptverhandlungen in Bremen beobachtet hat: “Die Taktik bestand darin, durch Zwischenfragen die Zeugin zu unterbrechen, durch rücksichtslose Mißachtung zu deprimieren, durch Bestehen auf zusammenhängender Darstellung die Zeugin zu verwirren, durch eine von der Zeugin als ‘unverschämt’ empfundene und ihre psychische Stabilität attackierende Wortführung sie nervös, unsicher, ängstlich und letztlich als Zeugin weniger glaubwürdig erscheinen zu lassen. Die vergewaltigten Frauen wurden in der Hauptverhandlung durch die Verteidiger in manchen Fällen erniedrigt und als Schuldige hingestellt.” (Junker, ebd., S. 147)
Die Chancen, vor Gericht Gehör oder gar Recht zu finden, erhöhen sich in dem Maße, in dem die Frau glücklich verheiratet, dem Täter völlig fremd, vor der Tat sozial integriert und psychisch gesund war, und die Tat überraschend und “draußen” stattfand und unmittelbar danach angezeigt wurde - ein Klischee, das wider besseres Wissen die Rechtsprechung bestimmt. Wenn die Frau bei Befragungen bestimmte psychische Reaktionen des Zusammenbruchs zeigt und gleichzeitig zwei Jahre nach der Tat in Details die gleichen Aussagen macht wie kurz nach der Tat, glaubt man ihr eher. Ist der Täter dann auch noch vorbestraft, am besten einschlägig, oder gar geständig, selbst lange arbeitslos und/ oder sozial desintegriert, ist der Prozeß im Sinne der Zeugin “erfolgreich”. Doch dann verstellt sich dem Betrachter oft der Sinn einer Strafe (vgl. dazu auch Weis 1982, Sebba und Cahan 1974, Schliermann u.a. 1989). Dementsprechend werden auch genau jene Delikte eher angezeigt: Fremdtäter, anonymer Tatort, soziales Gefälle zwischen Opfer und Täter. Die Justiz reproduziert sich so ihr Dilemma selbst: hohe Dunkelziffer, geringes Anzeigeverhalten. Vermittelt über Richter, Anwälte, Gutachter und Viktimologen tragen vor Gericht gesellschaftliche Bewertungen den Sieg davon, die sich an altüberlieferten Geschlechterstereotypien und Moralvorstellungen ausrichten und jeder Vernunft zäh widersetzen. Was sich in den Expertenköpfen abspielt, unterscheidet sich dabei kaum von dem, womit der “Mann auf der Straße” belastet ist: einem starren System von Vorurteilen und Abwehrgerüsten.
Im Bereich der Kriminologie finden sich zahlreiche Untersuchungen zu sexuellen Gewaltdelikten, die sich primär mit einzelnen Täter- oder Opfervariablen (Amir 1971, Hartmann und Rindfleisch 1976), mit den Folgen für das Opfer (Weis 1982, Schlötterer 1982), dem Dunkelfeld (Kirchhoff/ Kirchhoff 1979) oder der allgemeinen Einstellung zu Vergewaltigungsopfern und Vergewaltigungsdelikten (Weis 1982) beschäftigen. Aktenanalysen, Opferbefragungen, Auswertungen von Prozessen (Schliermann u.a.1989, Kroll 1992) führten zu einer Fülle z.T. widersprüchlichen Datenmaterials, das aber insgesamt eines

erkennen läßt: auf dem Feld der Vergewaltigung tummeln sich zahlreiche Mythen, misogyne Einstellungen, überkommene Sichtweisen hinsichtlich des Geschlechterverhältnisses und der Frauen- bzw. Männerbilder. Innerhalb der Kriminologie hat sich die Viktimologie der Perspektive des Verbrechensopfers angenommen. Die Gründe für die Entstehung dieses Wissenschaftszweigs sind vielfältig; ein Ausgangspunkt waren Opferbefragungen, die ein differenzierteres Bild über die Verbrechensopfer gegeben hatten. Thematische Schwerpunkte sind der Viktimisierungsprozeß, Opferentschädigungen und -behandlungen. Auch unter präventiven Aspekten wurde zunächst Wert gelegt auf die Erarbeitung von Opfertypologien, mit z.T. dramatischen Konsequenzen. Gewalt- und Sexualdelikte gelten in der Viktimologie als "prototypische Opferkonstellation" (Jung, in: Kaiser u.a. 1985). Nach Ben David (1982) ist der Ausbruch einer Vergewaltigung das Resultat einer Serie von Interaktionen zwischen den an der Situation Beteiligten, deren Form bestimmt, ob Gewalt ausbricht oder nicht. Die Viktimologie hat in erschreckendem Maße Opferforschung verbunden mit der Frage der "Mitschuld", der "Mitbeteiligung" und "Mitwirkung" des Opfers und zwar gerade bei Vergewaltigung, was den Frauen in Prozessen oft zum Verhängnis wird. Man sprach von "provozierter Notzucht" (Amir 1971), vom "Mythos des unschuldigen Opfers". Ausgangspunkt ist dabei immer die Sicht des Täters und dessen Einschätzung der Situation, auch dann, wenn er sich irrt.

### 4.2.2 Gesellschaftliche Frauenbilder und soziale Kontrolle

Frauenbilder und Männerbilder, die im Bereich der Justiz und Polizei den Umgang mit Vergewaltigungsdelikten bestimmen, machen deutlich, daß es neben der Tat selbst eine zweite Ebene gibt, auf der das Vergewaltigungsgeschehen verhandelt wird. Finkelhor schreibt: "Vergewaltigung ist eine soziale Institution" und meint damit, daß die "Vorstellung von Vergewaltigung viel dominanter ist, als das Faktum Vergewaltigung" (Finkelhor 1986, S. 28). Vergewaltigung in diesem Sinne ist ein Mittel der sozialen Kontrolle, das Frauen ein bestimmtes Verhalten nahelegt, sie in eine Rolle zwingt, sie auf "ihren Platz" verweist. Dies wird belegt durch die Ängste von Frauen, selbst Opfer physischer Verletzungen werden zu können (die signifikant höher sind als bei Männern), wie sie Weis u.a. (1982) im Rahmen von Bevölkerungsbefragungen vorfanden. Sie fanden - und dies bei Frauen sehr viel häufiger als bei Männern - Einstellungen, daß Frauen bestimmte Situationen eben vermeiden müßten, wenn sie sich an der Tat nicht mitschuldig machen wollten: sie sollen nicht sexuell provozieren, nicht per Anhalter fahren, sich in einer Bar nicht ansprechen lassen, sich nicht einladen lassen usw. Mehr als die Hälfte der Befragten meint, daß bei einer bloßen Unterhaltung schon mit einer Vergewaltigung gerechnet werden müsse. Weis (1982, S. 217) schreibt: "Auch hier zeigt sich sehr deutlich der Kontrollcharakter der Vergewaltigung, der es Frauen verbietet, mit Männern Zärtlichkeiten auszutauschen, oder sonstwie engeren Kontakt zu Männern zu pflegen." Angst vor Vergewaltigung dient dazu, Frauen den Umgang mit "anderen Männern" zu verbieten, sie auf den Geschlechtsverkehr mit dem eigenen Mann zu verpflichten. Die Abwehr weiblicher sexueller Wünsche ist so tief verknüpft mit der Androhung von Gewalt. Dies drückt sich aus in Meinungen, daß keine Frau vergewaltigt werden könne, die dies nicht wolle, daß Frauen ja insgeheim auch Überwältigungsphantasien hätten, was dann nur in die Tat umgesetzt würde, und daß Frauen mit "fragwürdiger Moral", die gewohnheitsmäßig viele Männerbeziehungen haben oder ein lebendiges Vorleben vor der Tat hatten, eigentlich gar nicht vergewaltigt werden könnten, dies gilt ganz extrem für Prostituierte. Weibliche Keuschheit und Asexualität sollen gesichert werden: Frauen sollen, in einem Zustand fortwährender Einschüchterung, gemahnt werden an die Bestrafung der nichterfüllten Rollenerwartung. Die Wirksamkeit dieser Einschüchterung ergibt sich durch die Kontinuität der Angst vor dem "bösen Mann" als Mittel weiblicher Sozialisation. Sexuelle Beziehungen sollen für Frauen gebunden sein an die emotionale Bedeutsamkeit eines Mannes; der Wert einer Frau wird gemessen an ihrer Wahl eines Sexualpartners, der ihr denselben erst verleiht. Ziel bleibt die lebenslange Ehe und Mutterschaft, die Rolle der Frau ist die, attraktiv und unerreichbar zu sein. Eine Tragik liegt darin, daß die Idealvorstellung der Frauen von sich selbst nicht selten die gleiche ist. Demgegenüber steht ein ebenso abgewertetes Männerbild: ein Mann, der aufgrund seiner Sexualtriebe fern jeglicher Selbstkontrolle aufheizbar ist, machtlos seinen Impulsen ausgesetzt ("Triebtäter" und "Bestie"). Ihm wird Sexualität zugeschrieben und damit die ganze Qual dieser "Bürde".

Leidensbereitschaft, Hingabe, Schmerz, Passivität, Asexualität einerseits und Lust, orgiastische Sexualität, Nehmen, Aktivität werden zwischen den Geschlechtern aufgespalten. Unterworfen wird somit nicht allein die Frau, sondern ebenso die Sexualität, die verachtet und denunziert wird: und zwar die Sexualität von Frauen und Männern. Die Warnung vor Sexualität mittels der Androhung von Gewalt schüchtert Frauen und Männer ein: sie ist nur vermeintlich den Männern als Gruppe dienlich. Sie ist Ausdruck der Entfremdung der Geschlechter und der Angst vor gegenseitiger Zerstörung. Im Zusammenhang mit sexuellen Gewaltdelikten sind die betroffenen Frauen diesen Bildern überall ausgesetzt: in der Berichterstattung der Medien, in den Praxen der Ärzte, im

Bereich der medizinischen Versorgung der Kliniken - denen in der Regel auch die Sicherstellung der Spuren obliegt. Die Frauen erleben sich sehr häufig schlecht behandelt und diese Behandlung erinnert an Diskriminierungen und Racheakte. Es drängt sich der Gedanke auf, daß man es mit einem dreifachen gesellschaftlichen Identifikationsprozeß zu tun hat:
- Eine versteckte Identifikation mit dem Täter und eine heimliche Befriedigung eigener sadistischer Impulse.
- Eine Identifikation mit dem Opfer und der narzißtischen Sorge und tiefen Angst um die eigene körperliche Integrität.
- Eine Identifikation mit dem kollektiven Über-Ich und dem Wunsch nach rigorosem Durchsetzen von Recht und Ordnung und/oder dem Eindämmen von sexuellen Impulsen.

Diese Identifikationen schaffen einen unlösbaren Konflikt. Es gilt danach, den Täter als Sündenbock stellvertretend zu opfern, das Opfer aus der Opferrolle herauszunehmen, d.h. (mit-) verantwortlich zu machen, und gleichzeitig dem gesellschaftlichen Sicherungs- und Strafbedürfnis und Behandlungsinteresse zu dienen und dabei, der eigenen Not gehorchend, Machtverhältnisse wieder herzustellen. Mit Hilfe von institutionell verankerten Handlungs- und Beziehungsmustern werden so gleichzeitig eigene regressive Teilbedürfnisse befriedigt und der institutionell geforderte Handlungsauftrag erfüllt. Es geht um Abwendung von Gefahr, Durchsetzen von gültigem, allgemeinverbindlichem Rollenverhalten, Trennung des "Guten" vom "Bösen", Abschreckung potentieller zukünftiger Täter, und immer auch der Angst vor eigenem Kontrollverlust über die eigenen Nähewünsche und aggressiven Impulse.

### 4.2.3 Macht und Ohnmacht in der Beziehung zu Helfenden

Im Bereich der Hilfen für Gewaltopfer findet sich ein breites Spektrum von professionellen, halb-professionellen und LaienhelferInnen aller Berufssparten. Bei meiner Supervisionstätigkeit mit KollegInnen aus unterschiedlichen Arbeitszusammenhängen (Heimen, Kliniken, Projekten, eigenen Praxen, pädagogischen oder sozialen Einrichtungen) wiederholen sich Themen, die offenbar für die Arbeit mit Gewaltopfern immer wieder wichtig werden. Zugespitzt finden sich diese Themen dort, wo die Arbeit in reinen Frauenteams geleistet wird. Im folgenden möchte ich drei Gruppen von Helfenden unterscheiden, die sich an unsere Beratungsstelle wenden.

*Kolleginnen, die primär aus politischem Engagement mit Opfern sexueller Gewalt arbeiten:* Die Kolleginnen verknüpfen mit der Arbeit ein primär gesellschaftspolitisch-feministisches Interesse, teilen die Auffassung, daß die Gemeinsamkeit des "Frauseins" zwischen Helferin und Betroffener und das gemeinsame Erkennen von Demütigungserfahrungen als Frauen sowohl die notwendige politische Veränderung als auch die individuelle Hilfe zur Folge haben. In ihrer Arbeit favorisieren sie den Selbsthilfegedanken, haben den Anspruch und das Bedürfnis, selbst öffentlich aktiv zu sein und wenden sich gegen "Individualisierung" der Gewaltproblematik.

*Kolleginnen aus dem Bereich der psychosozialen Versorgung:* Hier handelt es sich in den meisten Fällen um Sozialarbeiterinnen, Sozialpädagoginnen, Psychologinnen, Krankenschwestern, Ärztinnen aus Kliniken, Beratungsstellen, Behörden oder eigener Praxis. Meist erfolgt der Kontakt zu uns über eine Frau oder Familie mit sexueller Gewaltproblematik, die sie betreuen oder behandeln. Oft ist der Anlaß eine massive emotionale Belastung infolge der Dynamik, die sich in der Zusammenarbeit mit der Klientin entfaltet oder infolge massiver Konflikte im eigenen Arbeitsbereich (v.a. Teamkonflikte).

*Kolleginnen, die in einem nicht-psychosozialen Arbeitsbereich unerwartet mit der Gewaltthematik konfrontiert wurden:* Hier handelt es sich z.B. um Lehrerinnen, Kindergärtnerinnen, Juristinnen, Erwachsenenbildnerinnen , die mit den Betroffenen in einem anderen Arbeitszusammenhang konfrontiert sind und darüber erschrecken, es im eigenen Berufsfeld mit "sexueller Gewalt" zu tun zu bekommen. Sie möchten oft aktiv werden, aber nichts falsch machen. In mehreren Fällen kommen sie aber auch mit dem infolge von Medienberichten oder Fortbildungveranstaltungen entstandenen Wunsch, sexuelle Gewalt im eigenen Arbeitsbereich erkennen, aufzudecken und auffangen zu können. Die Kolleginnen, in der Regel durchaus qualifizierte Fachfrauen, nicht selten mit jahrelanger praktischer Erfahrung, leiden unter Gefühlen des Überfordertseins, der Wertlosigkeit, der Inkompetenz, der Sinnlosigkeit. Diese können abwechseln mit davon völlig losgelösten Auffassungen von hoher Verantwortlichkeit, Erfolg und Fortschritt in der eigenen Arbeit. Panisch berichten sie manchmal über ihre Arbeit, möchten "ganz viel tun", wirken erschüttert und ausgelaugt. Nicht selten kommt es zu Krankheiten oder psychischen Beeinträchtigungen. Andererseits erleben wir Kolleginnen, die wütend über Täuschungen oder Undankbarkeit von Klientinnen berichten, die sich von diesen bedroht fühlen, die Angst haben. Kolleginnen berichten von selbstschädigender Überaktivität oder von aggressiven Auseinandersetzungen in ihrer Einrichtung, die die Grenzen ihrer Arbeitsbereitschaft zu sprengen drohen. Es wird deutlich, daß die Arbeit mit Gewaltopfern an Verschiedenes rührt: es kann sich die Dynamik der Gewalttat in der Arbeitsbeziehung zur Klientin reproduzieren, sie kann sich im Gesamtrahmen von Institutionen reinszenieren und sie rührt bei den dort Arbeitenden an eigene, unbearbeitete und reaktivierte innerpsychische Konflikte: das Opfer-Täter-Thema scheint universal. Die berufliche Beschäftigung mit dem Vergewaltigungstrauma und den Folgen fordert zu ganz spezifischen Abwehrprozessen heraus, mit denen sich Helfende unbewußt schützen. Geweckt werden Ängste und Aggressionen, die aus der eigenen Biographie "bekannt" sind und mit denen auch HelferInnen gelernt haben, auf ihre lebensgeschichtlich spezifische Art umzugehen. Zunächst ist der Schutz vor Gefühlen, die mit dem Selbstbild unvereinbar sind, ein hilfreiches Mittel zur Aufrechterhaltung der eigenen Arbeitsfähigkeit. Gleichzeitig aber erlaubt die neurotische Ausgestaltung der eigenen Rolle auch die Befriedigung von narzißtischen Wünschen (Nähe-Distanz-Regulation, Abwehr von Ambivalenz) und aggressiven Teilbedürfnissen (Kontrolle, Sadismus). Wenn die Abwehr "zusammenbricht", d.h. das Gefühl entsteht, daß die Arbeit, die man eigentlich schaffen möchte, zu schwierig, sinnlos, zu belastend, nicht zu schaffen ist oder man selbst sich nicht ausreichend ausgebildet fühlt oder den Mut verliert, weiter mit diesen Frauen zu arbeiten, ist dies immer auch eine Chance, über das eigene Tun neu nachzudenken. Der Einsatz "für andere" ist immer auch ein Einsatz für sich selbst. Demgegenüber stehen Idealansprüche (unterschiedlichster) moralischer Natur, die verhindern, eigene Mängel und Schwächen konstruktiv zu erkennen und zu besprechen. Die zu einem Bestandteil der Persönlichkeitsstruktur gewordene Unfähigkeit, eigene Gefühle und Bedürfnisse zuzulassen, zu äußern, vor allem dann, wenn es sich um aggressiv-sadistische, ängstliche oder passive handelt, verbindet sich im Bereich der Hilfen für Gewaltopfer mit einer allmächtigen, starren und unangreifbaren Fassade der Potenz. HelferInnen bewegen sich so in ihrem Fühlen und Verhalten zwischen den Polen des Gewalttäters und des infantilisierten Opfers. Die Gründe liegen zum einen in der Thematik selbst, zum anderen in der durch die Thematik neubelebten subjektiven Not. Hohe Ideale und strenge Selbstbeurteilung führen zu einem Klaffen zwischen Anspruch und Realität und nicht selten zu Depressionen, süchtiger Arbeit oder psychosomatischen Symptomen. Schmidbauer (1983 und 1987) beschreibt das "Helfersyndrom" als narzißtische Bedürftigkeit mit den Kennzeichen des Verkehrens von Macht in Ohnmacht, des "grenzenlosen Aufgehens" in anderen und eigener Grandiosität: um einer drohenden Erschütterung des Selbstgefühls zu entgehen, erfolge eine Regression auf den Zustand des primären Narzißmus, nach dem Prinzip der Verwandlung von Passivität in Aktivität.

Diese Bedürftigkeit macht die Helferin besonders anfällig für selbstschädigende oder aggressive Impulse, die von den betroffenen Frauen an sie herangetragen werden. Wie oben aufgezeigt, sind die Beziehungsangebote der Gewaltopfer dazu angetan, Helfende in die Rolle der "nur Guten", "Einzigen", "alles Bewältigenden" oder die der "nur Bösen", Versagenden, Desinteressierten zu drängen. Werden diese Rollen nun auch real übernommen, so zeigt sich diese Aufteilung als sehr brüchig und wenig verläßlich. Helferinnen selbst gelangen sehr schnell von der einen in die andere Kategorie, was dann, weil es unerwartet erfolgt und aus eigener Bedürftigkeit problematisch erscheint, schwerwiegende Konsequenzen hat. Auf seiten der Helfenden wirkt die Bedürftigkeit für den Verarbeitungsprozeß der betroffenen Frauen verschlimmernd und fatal. Wenn Helfende zu den gleichen Abwehrformen greifen, wie auch die Betroffenen selbst, kann man davon ausgehen, daß Gesundung verhindert wird.Häufig vorzufindende Abwehrformen auf Helferinnenseite, die in der Arbeit mit vergewaltigten Frauen problematisch werden und zur Stagnation in der Arbeit oder zum Beziehungsabbruch führen können, sind:

*Spaltungen,* d.h. Versuche, selbst in Schuldige und Nicht-Schuldige zu trennen, das Unfaßbare der Tat durch Pseudo-Klarheit faßbar zu machen, die Welt wieder in eine handhabbare Ordnung zu bringen. Der Gewinn ist die Entlastung von eigenen aggressiven Gefühlen, die projektiv (im Täter, den Männern) bekämpft werden können. Oft vollzieht sich die Spaltung entlang der Linie "männlich/weiblich". Eine Festschreibung des weiblichen Opferstatus, meist mittels einer Pseudo-Stärke, ist die Folge.

*Verleugnet* werden tiefgreifende, ungestillte Bedürfnisse nach eigener passiver Verwöhnung und Verschmelzung ebenso wie die eigene Kränkbarkeit und Empfindlichkeit. Die versteckte eigene narzißtische Bedürftigkeit kann zum Hauptmotiv des Handelns werden, aggressive und sadistische Gefühle kommen nur indirekt oder ebenfalls abgespalten zum Ausdruck. Verleugnet werden Trennungsängste, Angst vor Differenz ( "Frauen helfen Frauen" oder "Wir sind alle gleichermaßen betroffen"). Geleugnet wird die Realität, auch die, daß einer Frau etwas geschehen ist, was mir erspart blieb: Intimität, Einfühlung und Verschmelzung werden zum Ideal erhoben. Verleugnet werden frustrierte Zärtlichkeitsbedürfnisse. Aggressive Impulse im Bereich von Nähe und Intimität sind tabu.

*Schuldgefühle* wegen verborgener Aggressionen und wegen der verleugneten Differenz werden massiv verstärkt durch den hohen Anspruch an das eigene Tun. Rigider Über-Ich-Druck und kollektive Über-Ich-Identifikationen verpflichten dazu, die "bessere" Helferin zu sein. Gearbeitet wird so zu viel, Arbeit wird Freizeitbeschäftigung. Ist diese Arbeit dann auch noch unbezahlt und wird sie als politische verstanden, so kann das Helfen zu einem Ersatzlebenszusammenhang werden, zum Sinn der eigenen Existenz.

Es kommt zu *Projektionen und projektiver Identifizierung*. Die Hilfe für das Opfer nimmt dementsprechend auch oft den Charakter an, daß die Frau nicht unterstützt wird in dem, was sie zu brauchen meint, sondern in dem, was den Helfenden helfen würde, ihnen geholfen hat oder ihnen an Hilfe verweigert worden ist in ihrem Leben. Eigene Ängste und Wünsche werden in der betroffenen Frau beschwichtigt oder erfüllt. Ebenso werden eigene aggressive Impulse projiziert und dann in der betroffenen Frau verfolgt. Das Empfinden von Zerstörung auf seiten der Betroffenen wirkt auch deshalb so bedrohlich, weil es eigene Angstphantasien bestätigt. Die neurotische Ausgestaltung der Helferinnenrolle äußert sich in allen Formen der Kontrolle: Festlegungen, wie die Betroffene zu sein oder zu werden hat, verfolgende Telefonanrufe, die als Hilfsangebot gemeint sind, bedrängende, helfend gemeinte Aktivitäten. Es kommt zu strafenden, versagenden Verhaltensweisen, bis hin zu sadistischen. Mittels der helfend-politischen Haltung wird versucht, die eigene Nähe-Distanz-Problematik zu regulieren und unerträgliche ambivalente Gefühle abzuwehren. Widersprüche, sei es im Bereich der Empfindungen oder des Denkens, scheinen unerträglich und werden "weggeholfen".

*Allmachtsphantasien und Größenwahn* können im helfenden Bereich aufrechterhalten und ausgelebt werden. Das eigene brüchige Selbstwertgefühl kann dadurch bekämpft werden, daß man sich für diejenige hält, die dazu in der Lage ist, das Opfer zu retten und das "Böse" auszumerzen. Rettungs- und Wiedergutmachungsphantasien dienen der Selbstkomplettierung. Der eigene Selbstwert kann schließlich abhängen von dem Geleisteten, Erreichten, von der "Geretteten" - was in der Regel dazu führt, daß am Ende Unwert- und Kleinheitsgefühle auf der Helferseite übrig bleiben. Auch die Entschiedenheit der Entwertung und Ablehnung anderer gehört hier her. Personen werden aufgeteilt in zugehörige und nicht-zugehörige, "drinnen" und "draußen". Die "drinnen" sind dabei idealisiert, die "draußen" stellen eine große Gefahr dar. Man fühlt sich leicht bedroht von Kritikerinnen, die die eigene, "reine" Lehre nicht anerkennen. Kritik bedeutet, als Person abgelehnt zu werden, was einer Zerstörung gleichzukommen scheint.

Sowohl in der Position des zurückgewiesenen Kindes als auch der einer (über-) mütterlichen Pflegeperson äußert sich bei Helferinnen die Unfähigkeit zu autonomem Handeln und von anderen unabhängigem Fühlen und Denken. Helferinnen haben es offenbar schwer, Ansprüche zu stellen an das Leben, und sind so gezwungen, sich mit Rollen zu identifizieren, in denen sie sich in der anderen begegnen. Vehementes Agieren zum Abbau innerer Spannungen und Gefühle der Leere wird nötig. Vermieden werden soll, daß gefühlt werden muß, wie hilflos, ängstlich und traurig man sich selbst vorkommt angesichts der Realität. Helfen erlaubt es offenbar, sich in (trügerischer) Sicherheit zu wähnen; es schürt die Illusion, sich selbst besser schützen zu können. Hilfe für die Opfer

kann so immer erst der zweite Schritt sein nach dem bewußten Umgang mit den eigenen Gefühlen, wenn es nicht versteckte "Selbst"-Hilfe sein und durch Hilfe erneut Gewalt ausgeübt werden soll: gegenüber den betroffenen Frauen oder gegenüber dem eigenen Selbst. Eine Frau mit Gewalterfahrung hat ein Recht darauf, sich in einer helfenden Beziehung geschützt zu fühlen, und dieser Schutz ist gebunden an die Fähigkeit der Beraterin, sich selbst zu schützen: damit meine ich nicht Schutz vor "Männergewalt" sondern Schutz vor Gewalt, die von innen angreift.
Fatalerweise kommen Institutionen, aber auch Projekte, in denen die Helfenden arbeiten, durch ihre Struktur und Dynamik diesen indivuellen Abwehrformen entgegen. So sind Rollenverteilungen nach den Prinzipien des "fachlich Wertvollen" und "fachlich weniger Wertvollen", Ausgrenzungen und Sündenbocksuche nichts Seltenes. Massiv durchgesetzte Entscheidungen mit entsprechend undurchsichtigen Hintergründen, Aspekte des Neides zwischen Teams oder Teammitgliedern (oft verdeckt hinter fachlichen Differenzen), bei großer Bereitschaft zu gegenseitiger Pathologisierung, finden sich nicht nur in Einrichtungen, die mit der Gewaltthematik zu tun haben. Gerade dort aber werden diese oft in direkten Zusammenhang mit der Gewaltthematik gebracht und nicht dort ausgetragen, wo sie entstanden sind.
Im Gegensatz dazu zeigt sich in Frauenprojekten, die auch unter dem Anspruch angetreten sind, neue, bessere Arbeitsbedingungen zu schaffen, daß dieses Ideal in Konflikten mündet, deren Ursache in dem liegt, was sie zu ändern angetreten sind: der klassischen weiblichen Bedürftigkeit. Massiv sind die Enttäuschungen und Kränkungen angesichts der hohen Erwartungen an die Kolleginnen. Es kommt zu Neuauflagen von Mutter- und Tochterrollen mit entsprechenden Emotionen, manchmal lediglich durch die Solidaritäts-Verschreibung im Zaume gehalten. Häufige Probleme sind: geringe Bezahlung, weil das Wenige oft noch verteilt werden muß, Existenzunsicherheit bei großem Versorgungsbedürfnis, Mangel an Arbeitsteilung und an Verteilung von Entscheidungskompetenzen aus Angst vor Hierarchie und Selbstentwertung, das freie Aushandeln von Gruppenstrukturen und eine entsprechend starre Rollenfixierung (Aktivistinnen, Sündenböcke, Mitläuferinnen), eine hohe Identifizierung mit dem Projekt und einem großen Bedürfnis nach Aufgehobensein und Fürsorge. M.Brückner und S.Holler (1990) haben diese Aspekte der Arbeit im Rahmen ihrer Untersuchung von Frankfurter Frauenprojekten vor allem zurückgeführt auf:
- *die hohen Erwartungen und entsprechenden Enttäuschungen* der Projektfrauen bezüglich der Ziele ihrer Arbeit (Selbstverantwortlichkeit, Autonomie) und der Realität (Existenzunsicherheit, Projekt als bemutternde Instanz). Der Konflikt zwischen dem eigenen Mangelgefühl, nie richtig versorgt worden zu sein,

sondern selbst versorgen zu müssen, bestimmt sowohl die überdimensionalen Erwartungen an die Kolleginnen als auch die Arbeit selbst.
- *die Schwierigkeit des Umgangs mit Grenzen,* d.h. mangelnde Trennungs- und Abgrenzungsfähigkeit führt zu Symbiosewünschen und erneuter Selbstaufgabe: ständiges Verständnis für die Hilfesuchenden, denen nichts zugemutet werden darf , die aber auch als "andere" nicht ernst genommen werden.
- *die mangelnde Trennung zwischen "privater Beziehungsarbeit" und "professioneller Hilfe"* ist konzeptionell in vielen Projekten verankert. Es scheint, als ob Professionalität unempathisch und kaltschnäuzig wäre im Vergleich zur "echten", eher familiär und freundschaftlich anmutenden Begegnung zwischen Helferin und Ratsuchender. Eine Abwertung der eigenen Arbeitstätigkeit wird hier deutlich, da sie scheinbar keine Fachkenntnis und Qualifikation voraussetzt.
Kolleginnen, die sich in solchen Arbeitszusammenhängen psychisch behaupten müssen, in denen die gesamte Struktur auf Regression abzielt, haben keinen Rückhalt im Team, wenn es zu problematischen Dynamiken im Umgang mit schwer traumatisierten Frauen kommt. Ein "schützendes" Team meint kein "warmes Nest", sondern ein wohlwollendes und fachlich-kollegiales Forum, das in der Lage ist, Distanzierungshilfen zu bieten.

# 5. Vergewaltigung im Spannungsfeld zwischen Realität und Phantasie

## 5.1 Vergewaltigungsphantasien

Frauen lieben es, als "friedfertig" eingeschätzt zu werden: die von außen angebotene Wahl zwischen Hure und Madonna wird zugunsten der Heiligen getroffen. Auch manch eine Feministin begeistert sich für Vorstellungen und Phantasien, in denen der männlichen Barbarei eine Idylle weiblichen Zusammenlebens entgegengesetzt wird, frei von Aggression, Egozentrismus, Neid und Gefahr. Aggression wird nur dort geduldet oder "ertragen", wo sie sich in mütter-töchterlicher Allianz gegen den Mann (Vater) oder gegen mit diesem "kollaborierende" (Mütter-) Frauen richtet.

Glücklicherweise durchbrechen immer mehr Frauen diesen Automatismus, indem sie über ihre Aggressionen, ihre sadistischen Impulse, ihre Täterschaft nachdenken. In diesem Zusammenhang ist inzwischen viel über weibliche Gewaltphantasien veröffentlicht und z.T. heftig diskutiert worden. ( z.B. Nancy Friday 1980, Morgan in: Emma 9/77, vgl. auch die Kontroverse zwischen L. Doormann und F. Haug 1981, die Kontroverse zwischen B. Sichtermann 1983 und U. Heider 1986, oder die Kritik von Becker und Stillke an M. Mitscherlich in: Brede u.a. 1987)

Bei dem Urteil, daß Frauen den geheimen Wunsch hegen, vergewaltigt und überwältigt zu werden, berufen sich die Propagandisten in der Regel auf Freud, der behauptet habe, daß Frauen Phantasien entwickelten, in denen sie es als lustvoll erleben, von einem Mann unterworfen und erniedrigt zu werden. Tatsächlich vertrat Freud die Auffassung, daß Frauen infolge der Erziehung, gesellschaftlichen Bewertung und des anatomischen Geschlechtsunterschiedes samt seiner psychischen Folgen zu einer masochistischen Natur, zu selbstquälerischen Tendenzen neigen und keine andere Wahl haben als die, Aggressionen gegen sich selbst zu richten. Im Gegensatz zum "moralischen" (Strafbedürfnisse infolge von Schuldgefühlen) und zum "erogenen" (perverse Bindung

der Lust an den Schmerz) sprach er vom "femininen" Masochismus als einer dienenden, passiven Haltung des sich Aufopferns. Neuere psychoanalytische Autoren haben darauf hingewiesen, daß masochistische Perversionen bei Männern eher häufiger anzutreffen sind als bei Frauen, bei Männern aber im allgemeinen mehr verkleidet und im manifesten Inhalt der Phantasie wesentlich weniger ich-synton sind (vgl. z.B. Blum in: Grunert 1981).
Phantasien können betrachtet werden als Kunst, zwischen den äußeren und inneren Reizen zu vermitteln. Eine hohe Phantasietätigkeit ist dabei eher Ausdruck einer persönlichen Unabhängigkeit und Souveränität gegenüber Außenreizen, als dies bei Personen mit wenig Phantasie und hoher Aggressivität der Fall ist. So unterscheiden sich z.B. Gewalttäter von anderen Tätern gerade durch ihre mangelnde Phantasietätigkeit: die inneren Spannungen werden alloplastisch verarbeitet, d.h. externalisiert und neu in Szene gesetzt.
M. Mitscherlich setzte sich 1987 mit sexuell stimulierenden Vergewaltigungs- und Erniedrigungsphantasien bei Frauen auseinander und verlangte: "Wie Psychoanalytiker zwischen Symptomneurosen und Charakterneurosen zu unterscheiden lernen, so müssen sie auch zwischen masochistischen Phantasien, masochistischen Symptomen und masochistischem Charakter unterscheiden. Bei dem masochistischen Charakter ist, wie bei allen Charakterneurosen, das Phantasieleben meist erheblich eingeschränkt; starre Aufopferungshaltungen bei Frauen sind in der Regel verbunden mit einer Hemmung ihrer Phantasie. Auch muß man wissen, daß Patientinnen mit Vergewaltigungsphantasien nur höchst selten Freude an der Realisierung ihrer Phantasien haben, wie das häufig fälschlich behauptet wird." (S. 141) Die Gleichsetzung von Vergewaltigungsphantasien und real erlebter Vergewaltigung ist eine Gleichsetzung zweier qualitativ gänzlich verschiedener Vorgänge. Mitscherlich schreibt dazu: "Wer phantasiert, ist kein Opfer, er ist Schöpfer und Beherrscher der Situation, die er phantasiert." Wenn Frauen von Vergewaltigungsphantasien berichten, "dann geschieht es häufig, daß sich in das Gefühl der Scham ein Element untergründigen Triumphes mischt, mit Hilfe der Phantasien Herrin ihrer selbst und ihrer Lust zu sein." (S. 142) C. Lawrenz und P. Orzegowski veröffentlichten 1988 eine Sammlung von Gesprächsprotokollen, in denen Frauen über Phantasien berichten, die sämtlich gekoppelt waren an weibliche Demütigung und Erniedrigung. Die Autorinnen schreiben: "Das Verblüffende und Verwirrende der Symptome ist, daß sie sowohl der Befriedigung sexueller Wünsche als auch deren Abwehr dienen können." (S. 157) Dazu bemerkte bereits Freud in den Vorlesungen (S. 298): "Wenn die Symptome sowohl der Sexualbefriedigung als auch ihrem Gegensatz dienen können, so hat diese Zweiseitigkeit oder Polarität eine ausgezeichnete Begründung in einem Stück ihres Mechanismus (...).

Sie sind nämlich, wie wir hören werden, Kompromißergebnisse, aus der Interferenz zweier gegensätzlichen Strebungen hervorgegangen, und vertreten sowohl das Verdrängte wie das Verdrängende, das bei ihrer Entstehung mitgewirkt hat. Die Vertretung kann dann mehr zugunsten der einen oder anderen Seite geraten, nur selten fällt ein Einfluß völlig aus."

### 5.1.1 Vergewaltigungsphantasien als Tribut an das Gewissen

Wenn masochistische Phantasien Kompromißergebnisse sind, ist in ihnen der sexuelle Wunsch ebenso enthalten wie jene Kräfte, die sich der Entfaltung dieser Bedürfnisse entgegenstellen. Gewaltphantasien können so angesehen werden als (entstellte) Form eines Konflikts zwischen dem Wunsch nach erlebter Lust und deren Abwehr, den verinnerlichten Verboten. Solche Konflikte können Schuldgefühle sein (zwischen forderndem Über-Ich und Ich kommt es zum Konflikt, bei dem das Ich nach Strafe verlangt) oder Schamgefühle (Konflikte zwischen Es und Ich, das bestimmte libidinöse Wünsche nicht zuläßt und mit einer entgegengesetzten Verhaltensweise reagiert). Nach W. Reich (1944) geht es bei passiven Vergewaltigungsphantasien vor allem um Entlastung von Schuldgefühlen. Blum (in Grunert 1981, S. 122) schreibt dazu: "Vergewaltigungsphantasien umgehen Schuldgefühle über Triebwünsche. Einige dieser bewußten Phantasien sind Abkömmlinge infantiler Schlagephantasien."
Lustgefühle sind für viele Frauen behaftet mit dem Geruch des Unsittlichen, Verdorbenen, Schamlosen. Die Kontrolle zu verlieren im Moment der sexuellen Hingabe scheint mit dem Verlust von sittlichem Anstand assoziiert. Zügellose Leidenschaft und Begierde gelten als abgründig, verwerflich - früh erlernt, bleibt diese Bewertung als ständige Drohung erhalten. Die phantasierte Unfreiwilligkeit kann hier entlasten und dadurch zur Vorbedingung werden, Lust überhaupt zulassen zu können: wer passiv bleibt, ist frei von Schuld. Gleichzeitig kommen die Frauen in diesen Phantasien ihrer Strafe für Verbotenes selbst nach. Die phantasierte Selbstbestrafung besänftigt das Gewissen gegenüber verankerten Tabus und Verknüpfungen von Sexualität mit Schuld und Scham.

### 5.1.2 Vergewaltigungsphantasien und Abgrenzung

Die Beziehung zwischen Wunsch und Phantasie ist komplex. Phantasien sind organisierte Szenen, in denen das Subjekt anwesend ist und zu denen es selbst als Beteiligter gehört. In diesen Szenen sind Rollentausch und Tausch der Funktion möglich (vgl. dazu auch Freud 1919b). Die Phantasie kann so auch zur Abwehr von Wünschen (durch Projektion, Verkehrung ins Gegenteil u.ä.) eingesetzt werden. Im Wunsch ist, wie gesagt, auch das Verbot inszeniert. Die Angst vor Unterwerfung, vor Gewalt ist für Frauen real. Eine Situation der Ohnmacht - wegen eigener körperlicher Unterlegenheit und niedrigem Selbstwertgefühl - ist Frauen vertraut, gehört zu ihrem Alltag. Ohnmacht, Ausgeliefertsein, Abhängigkeit in einer realen Vergewaltigungssituation produziert niemals Lust. Im Gegensatz dazu ist eine phantasierte Situation selbst produziert: die Frau ist die Autorin der Geschichte, sie wählt die Inhalte, sie kontrolliert die Situation und ihren Ausgang. In der Phantasie verwandelt sich die Ohnmacht in mächtige Kontrolle über die Szene. Die Phantasien zeigen die reale Angst - aber unter selbstkontrollierten Bedingungen.

Sexualität ist gebunden an ein Wagnis, an ein stabiles Selbst, das durch Hingabe und Orgasmus nicht bedroht wird. Die Angst, die Kontrolle zu verlieren, hat bei Frauen immer wieder zur sog. Friedfertigkeit und Bedürfnislosigkeit geführt. "Solche Phantasien dienen deshalb nicht selten dem Ziel, passiv erlittene Unterdrückung in vom eigenen Ich kontrollierbare Situationen zu verwandeln und damit aus Unlust Lust zu machen." (Mitscherlich 1990, S. 50) C. Rohde-Dachser versteht die masochistische Phantasietätigkeit von Frauen als kreativen Versuch des weiblichen Ich, den psychischen Mangel auszugleichen, als Kind zuwenig Spiegelung durch die Mutter erfahren zu haben. Da viele Frauen die Beachtung des Gegenübers nur auf dem Weg der eigenen Auslieferung erringen können, übertragen sie diese Formen der Suche nach Anerkennung auf die Suche nach Lust: d.h. die Phantasien sind eine Re-Inszenierung der kindlichen Leidensgeschichte. (1986, S. 44-58) Das Selbstbild, geformt aus einem Interaktionsprozeß mit einem Gegenüber, ist Ergebnis eines Kreislaufs von Introjektionen, Projektionen und projektiven Identifikationen (Mentzos 1982). Das Gefühl von persönlicher Identität ist dabei abhängig von einer Resonanz und einer intensiven Aufmerksamkeit des Primärobjekts. Der Wunsch des Kindes, gesehen und verstanden zu werden, wird aber nicht selten durch die mütterliche Bedürftigkeit frustriert. Rohde-Dachser schreibt (1986, S. 47): "Die ausgesandten Notsignale erreichen das Gegenüber nicht, sie verändern nichts an der Gleichgültigkeit des Objekts, bewirken allenfalls, daß es aggressiv reagiert oder sich entzieht." Masochistische Phantasien dienen nach Rohde-Dachser dazu, den Zustand innerer Leere zu überbrücken, den mangelnde mütterliche Empathie hinterläßt und der ein Leben lang aufgefüllt werden muß: in der masochistischen Phantasie wird das empathische Objekt kreiert. In Szene gesetzt wird eine Wirkung, eine Antwort des Gegenübers, eine Kindheitssituation, bei der aber diesmal ein Ignorieren ausbleibt. Masochistische Phantasien sind danach "Deckphantasien" für seelischen Schmerz, der abgewehrt wird und dennoch beantwortet werden soll. In den Phantasien drückt sich so immer zweierlei aus: das Leid, die psychischen Verformungen der Beteiligten ebenso wie der Wunsch, dieses Leid einzugrenzen, um Lust zu ermöglichen.

### 5.1.3 Vergewaltigungsphantasien und Aggressionen

In den Phantasien sind nicht allein die Opfer, sondern auch die Täter Produkte der Schöpfung der Frau: sie phantasiert sich nicht allein ein weibliches Opfer, sondern auch die komplementäre Rolle des mächtigen und herrschsüchtigen Angreifers. Frauen berichten, sich selbst in beide Rollen zu phantasieren, d.h. es findet eine wechselnde Identifikation statt, die einerseits der Angstabwehr dient und andererseits die regressive Teilbefriedigung von verbotenen aggressiven Bedürfnissen möglich macht. Aus der Sicht der Betroffenen kann sich dies so anhören (aus Lawrenz/Orzegowski 1988): "Ich habe Phantasien, in denen ich mich unterwerfen und ausnutzen lasse. Dann ist der Punkt, an dem die Erregung einsetzt oder einsetzen kann, der, an dem ich mich so mit dieser Gewalt, die auf mich angewendet wird, identifiziere, daß ich selbst so ein sadistisches Gefühl empfinde. Es ist fast so, als ob nicht etwas an mir ausgeübt wird, sondern als ob ich selber etwas an mir ausüben würde - ich identifiziere mich mit dieser Aggressivität". Eine andere: "... Die Erregung liegt darin, daß ich nachvollziehe, was der Gewalttäter tut. Daß ich die Gewalt nachvollziehe. Das traue ich mich vielleicht vor mir selber nicht einmal zu denken." Oder eine andere: "Bei mir ist das auch ganz fließend, so daß ich danach nicht mehr weiß: bin ich jetzt die Frau, die unterworfen wird oder der Typ? Oder stehe ich draußen und gucke mir das an? Es ist immer so ein Hin und Her."
Die Phantasien können so auch als Versuch betrachtet werden, unterdrückte Aggressivität freizusetzen, zu entfesseln, selbst- und fremdgesteckte Grenzen zu überwinden. Die Phantasien sind so auch ein Zeichen des Aufbegehrens, Rauswollens. Es drängt sich der Gedanke auf, daß die Identifikation mit dem "Männlichen" in einer Vergewaltigungsphantasie auch ein Zerstörungs- und Vernichtungsempfinden gegenüber dem (mütterlich) Weiblichen beinhaltet. Die Niederhaltung von Autonomiebedürfnissen und die Betonung des Leitbildes der aggressionslosen Frau münden bei den meisten Frauen bruchlos in eine Wendung der Aggression gegen sich selbst - was diese Aggressionen überhaupt nicht mildert, im Gegenteil. Wut wird verdrängt, verleugnet, abgespalten, projiziert, aus Angst, sie könne alles zerstören, käme sie einst zu Tage. Die gesellschaftlich positiv bewertete Verbindung zwischen Frausein und Selbstlo-

sigkeit/ Leidensbereitschaft gibt einen besonderen Nährboden für Phantasieprodukte, in denen es um Opfer- und Täterthematiken geht, bei der die Lust der Frau teilnimmt an der Macht des imaginierten anderen.
B. Sichtermann (1983) beschreibt Vergewaltigungsphantasien als "Metaphern für die in der 'normalen' Sexualität angelegten Bewegungen der Flucht und der Verfolgung, des Versteckens und der Entdeckung, des Verschwindens und des Erscheinens, der Empfindungen von Neugier und Angst, von Schmerz und Erlösung, von Täuschung und Überraschung". (S. 36) Und: "Der Kernpunkt von meiner These vom Schmerz in der Lust ist, daß der 'Schmerz' in der Lust selbst steckt, daß er nicht als Wunsch, zuzufügen oder zu empfangen, auf die Geschlechter verteilbar ist, sondern sozusagen jedem Individuum droht, das überhaupt Lust sucht oder findet." (S. 40) Alles Leidenschaftliche kommt nicht aus ohne ein gewisses Maß an aggressivem Reiz und einer entsprechenden Schmerzüberwindung. Domestizierte Sexualität, bei der nichts aufs Spiel gesetzt wird, nichts gewagt wird, bindet weibliche Sexualität in ein Korsett gesellschaftlicher Machtlosigkeit. Macht, verstanden als "seiner selbst mächtig sein", ist ein notwendiger Bestandteil von Lust. Phantasien als Ersatz für Verbotenes und Genuß, für Anerkennung und für die Not des Übersehen-Werdens, als "Entschädigung" für gesellschaftliche Ohnmacht, als Ersatz für Verschmelzung im sexuellen Akt, als Regulator für Nähe-Distanz-Problematiken, als Abwehr von Scham, Schuld und Angst, als Flucht aus einer unbefriedigenden Realität läßt den Charakter der Lust stark in den Hintergrund treten. In diesem Sinne sind Vergewaltigungsphantasien dennoch kreativ, ein Zeichen, daß nicht resigniert, sondern intrapsychisch weitergekämpft wird. Nach Heigl-Evers und Weidenhammer (1987) sind masochistische Phantasien typisch für Verarbeitungsversuche der gegenwärtigen kulturellen Situation, "möglicherweise als Antwort auf unberechenbare, katastrophale, anonyme Bedrohungen und Spannungen auf ökologischer, wirtschaftlicher und außenpolitischer Ebene" (S. 193) und insofern geschlechtsunabhängig.

# 6. Konzeptionelle und praktische Überlegungen zur Krisenintervention, Beratung und Therapie

## 6.1 Die Beratungsstelle des Notrufs für vergewaltigte Frauen und Mädchen in Bremen

Hervorgegangen aus dem Selbsthilfegedanken, gründete sich 1980 in Bremen eine Notrufgruppe als Projekt, dem es um feministisch-politische Zielsetzungen ging, um Aufklärung, um das Öffentlichmachen von sexueller Gewalt von Männern gegenüber Frauen und Mädchen. Politische Aktionen, Öffentlichkeitsarbeit und aufklärende Veranstaltungen waren die favorisierten Arbeitsweisen. Für die mitarbeitenden Frauen, die sich in der Regel auch in anderen Zusammenhängen der autonomen Frauenbewegung verankert fühlten, war die Arbeit primär politisches Engagement. Zwar gab es von Anfang an einen Telefondienst (2 Std. die Woche), doch machten zunächst nur wenige betroffene Frauen von dem Hilfsangebot Gebrauch. Der Kontakt zu den betroffenen Frauen und die Beschäftigung mit der Gewaltthematik, führten zu zwei wichtigen Entwicklungen: zum einen wurde betont, daß jede "Notruf-Frau" sich zuerst mit ihren eigenen Gewalterfahrungen auseinanderzusetzen habe, und zum anderen wurden die Schwierigkeiten im Kontakt mit vergewaltigten Frauen gesehen, was die Frage nach einer Professionalisierung der Arbeit aufkommen ließ. Das Mitarbeiterinnnenteam bestand zuletzt noch aus drei Kolleginnen, sicherlich auch infolge von Team-Konflikten und der Frage nach Bezahlung der Arbeit. Diese Entwicklung machte es nötig, über grundsätzlichere konzeptionelle und finanziell-personelle Perspektiven nachzudenken.
Mit Hilfe des Einsatzes politisch und fachlich interessierter Bremerinnen - vor allem aus dem Gesundheitsbereich - gelang es dem Verein, die Arbeit von einem Stamm qualifizierter Kolleginnen zunächst kurz- und später mittelfristig abzusichern. Der Verein errichtete Ende 1989 eine Beratungsstelle, in der die

Mitarbeiterinnen bis heute nach folgenden Kriterien beschäftigt werden: die Arbeit soll von bezahlten Fachkräften geleistet werden, wobei das Versorgungsangebot neben der prophylaktischen Arbeit im Vordergrund steht. Alle Mitarbeiterinnen sind verpflichtet, sich in ihrer Arbeit supervidieren zu lassen. Sie sollten sich möglichst selbst einer Psychotherapie oder Psychoanalyse unterzogen haben . Die Arbeit ist - gemäß der Kompetenzen - arbeitsteilig organisiert. Fragen der Gesamtkonzeption sowie der Gesamtfinanzierung sind Teamentscheidungen, wobei eine tägliche Teamsitzung den Kommunikationsfluß sichert. Wechselweise werden Leitungsfunktionen übernommen, deren Hauptmerkmale die Entscheidungsbefugnis zur Entlastung des Teams und die Sorge um Fragen der Arbeitsverteilung und -belastung ist.
In den letzten Jahren stieg die Zahl der Ratsuchenden enorm an. Dies ist auf den Ausbau der Kontakte zu und der Kooperationen mit den bestehenden Institutionen in der Gesundheitsversorgung und auf die verstärkte Öffentlichkeits- und Fortbildungstätigkeit zurückzuführen. Die meisten Frauen werden durch Arztpraxen, Kliniken, andere Beratungsstellen, Kripo und Staatsanwaltschaft an die Beratungsstelle verwiesen.
Das aus der Arbeit der letzten fünf Jahre entstandene Beratungs- und Therapieangebot möchte ich im folgenden vorstellen. Wir betrachten dieses Konzept nicht als endgültig, sondern modifizieren unsere Ansichten immer wieder, wenn die Arbeit selbst dies nahelegt. Ein (wichtiger) Schwerpunkt unserer Arbeit soll im folgenden ausgespart werden, jener, der nicht primär der psychosozialen Versorgung dient: die prophylaktische Arbeit (mit Jugendlichen, SchülerInnen), die Erwachsenenbildung (Familienseminare, Bildungsurlaubsseminare), die Fort- und Weiterbildung sowie Supervision für bestimmte Berufsgruppen (Kripo, Richter, SozialarbeiterInnen, ÄrztInnen usw.), die Öffentlichkeitsarbeit (z.B. Stadtteilgruppen), die Zusammenarbeit mit Institutionen und die Mitarbeit in Arbeitsgruppen und Gremien.
Das Angebot richtet sich an Frauen jeden Alters und Mädchen, die akut oder vor längerer Zeit vergewaltigt oder sexuell mißhandelt worden sind. Auf Wunsch der Ratsuchenden bieten wir auch für Angehörige und andere relevante Beziehungspersonen Hilfe an. Bei unserem Angebot unterscheiden wir zwischen Krisenintervention, Beratung und Therapie. Eine vollkommene Trennschärfe ist dabei nicht immer gegeben. Die Unterscheidung soll vielmehr den Mitarbeiterinnen wie auch den betroffenen Frauen dazu dienen, sich vorläufig über das Ziel der gemeinsamen Arbeit zu verständigen und eine gemeinsame Perspektive zu entwerfen. Sie ist begründet durch die bereits beschriebenen Phasen im Verarbeitungsprozeß. Das folgende Konzept von Krisenintervention und Therapie wird nicht in bezug auf jede Frau Anwendung finden können. Ich

möchte vielmehr, abgeleitet aus den bisherigen Erfahrungen, einige wesentliche Grundprinzipien und Probleme unserer Arbeit darstellen und sie von anderen gängigen Konzepten abgrenzen. Ein grundsätzliches Manko in der Arbeit mit Gewaltopfern, die einer sexuellen Traumatisierung ausgesetzt waren, sehen wir darin, daß es m.W. keine Untersuchungen über beratende und therapeutische Arbeit, deren Technik, Technik-Theorie und Wirksamkeit gibt. Im Bereich der therapeutischen Verfahren überwiegen zahlreiche eklektizistische oder deutlich an einzelnen Therapieschulen orientierte Ansätze, vor allem solche, die sich der Verhaltenstherapie, der Gesprächstherapie, der Gestalttherapie oder Teilen dieser Verfahren verpflichtet fühlen. Daneben existiert ein unüberschaubarer Markt an körperorientierten Verfahren unterschiedlichster Herkunft. Das, was als Menschenbild und gesellschaftspolitischer Ansatz hinter jeder Therapiemethode - explizit oder implizit - steckt und so auch ihr Vorgehen bestimmt, wird im Bereich der Vergewaltigungsopfer nicht selten zum therapeutischen Ansatz selbst erhoben: dies gilt vor allem für Ansätze, die dem Bereich der "Frauentherapie" oder "feministischen Therapie" zuzurechnen sind.

## 6.2 Krisenintervention nach einer Vergewaltigung

Der Begriff "Krisenintervention" suggeriert ein Verständnis vom Vergewaltigungstrauma als dem einer "Krise". Er entstammt der US-amerikanischen Krisentheorie, die sich dort vor allem im Rahmen der Sozialarbeit entwickelte und ausbreitete. Im Unterschied dazu verstehe ich darunter Krisensituationen, die sich im Erleben der betroffenen Frauen infolge des traumatischen Ereignisses einstellen, also nicht das Ereignis selbst. Ebensowenig meint "Krisenintervention" ein Sicheinmischen, einen Eingriff in einer Situation, die von außen als Krise definiert wird. Gemeint ist vielmehr ein spezifisches Vermittlungsangebot auf einen geäußerten Wunsch nach Hilfe oder Unterstützung.

### 6.2.1 Ziele und Aufgaben der Krisenintervention

Die Frauen, die sich kurz nach einer Vergewaltigung oder anläßlich eines retraumatisierenden Ereignisses (z.B. der Prozeß) an uns wenden, äußern so gut wie immer den Wunsch nach Hilfe bei einer konkreten, auf ihre aktuelle Situation bezogenen Fragestellung. Ein Therapiewunsch wird so gut wie nie geäußert und wenn, so ist damit fast immer eine ganz bestimmte Vorstellung von "Therapie" verknüpft: nämlich die Hoffnung, es könne jemand kurz und schnell (z.B. wird nach Hypnose gefragt) all die unerträgliche Emotionalität beseitigen, die ein geregeltes Leben im Moment so schwierig macht. Vorrangig wollen die Frauen die Vergewaltigung vergessen. Sie möchten nicht darüber sprechen und nicht daran denken. Wenn sie sich dennoch an uns wenden, dann in der Regel deshalb, weil sich ein klar umrissenes Problem für sie so zugespitzt hat, daß sie damit nicht mehr alleine umgehen können oder sich nicht zutrauen, alleine eine Entscheidung zu treffen. Die Frauen, die in akuten Situationen zu uns kommen, nennen folgende Probleme:

*Auf die Tat bezogene Fragestellungen:*

Soll sie anzeigen oder nicht? Wie lange ist eine Anzeige möglich? War es richtig, Anzeige zu erstatten? Kann/soll sie die Anzeige zurücknehmen? Was kommt bei einem Prozeß auf sie zu? Kann sie das durchstehen? Wird man ihr glauben? Welche Aussichten hat sie vor Gericht? Wie sieht es aus in einem Gerichtssaal, bei einer Verhandlung, wer ist dabei, muß sie dem Täter begegnen? Braucht sie eine Rechtsanwältin, wenn ja welche, was macht diese, was kostet diese? Oder die Frau sieht sich plötzlich neuen Belastungen angesichts polizeilicher oder staatsanwaltlicher Ermittlungen ausgesetzt. Sie zeigt große Verwirrung angesichts negativer Erfahrungen bei ärztlichen Untersuchungen, polizeilichen Befragungen. Oder sie sucht eine Ärztin oder Therapeutin.

*Auf den Alltag bezogene Fragen:*

Die Frauen leiden unter Arbeitsunfähigkeit, Unfähigkeit den Haushalt zu führen oder die Kinder zu versorgen. Sie haben Schlaf-, Eß- und Verdauungsprobleme oder leiden unter diffusen Ängsten. Sie fühlen sich unfähig, alleine zu sein oder nach draußen zu gehen. Sie fürchten, durch hohen Alkohol- oder Medikamentengebrauch abhängig zu werden. Oder es liegt eine akute Suizidalität vor; die Frauen leiden unter unerträglichen Schmerzen ohne Befund.

*Probleme mit Bezugspersonen:*

Schwierigkeiten im Kontakt mit dem Partner/der Partnerin (Streit, Auseinandersetzungen, nicht ertragen können seiner/ihrer körperlichen Anwesenheit, völlige Abhängigkeit von der Anwesenheit des Partners/der Partnerin u.a.m.); Probleme mit den Eltern (von Kontaktabbruch bis hin zur erneuten Rückkehr ins Elternhaus, Schwierigkeiten im Umgang mit den Reaktionen der Eltern auf die Vergewaltigung, auf die psychische Situation der Tochter); Probleme mit FreundInnen, Bekannten, KollegInnen, MitbewohnerInnen; Schwierigkeiten mit den Kindern. Oft sind akute Trennungserlebnisse oder -drohungen Anlaß für einen Beratungswunsch.

In der Zeit kurz nach der Vergewaltigung geht es den Frauen darum, das Gefühl wiederzuerlangen, daß sie ihr Leben, ihren Alltag autonom und selbstbestimmt bewältigen können. Sie möchten alleine zurechtkommen, das Erlebte beiseite schieben und von der Umgebung in diesen Wünschen akzeptiert werden. Diese notwendige Phase einer oberflächlichen Anpassung darf nicht "helfend" übersprungen werden. Sie dient einer ersten Abwehr des traumatischen Erlebens, die nötig wird, um einer ersten Selbst-Vergewisserung willen. Krisenintervention bedeutet dementsprechend zunächst, diesen Abwehrvorgang zu stützen. Sie ist in das Gegenteil von "Verarbeitung", gleichzeitig aber auch deren unverzichtbare Vorbedingung. Lorke und Ehlert (Manuskript b, S. 16) schreiben zu diesem Vorgang: "Wir übersehen dabei keineswegs, daß die Normalität, zu der das Vergewaltigungsopfer auf diese Weise schon bald zurückkehrt, trügerisch ist und nichts mit einer wirklichen Verarbeitung des Traumas zu tun hat. Der Wunsch, sich so bald wie möglich von fremder Hilfe unabhängig zu machen, das Streben nach Autonomie und Selbstbestimmung, die in der Ablehnung jeder Hilfe von außen zum Ausdruck kommen, stellt für die Opfer einen unverzichtbaren *Schutz gegen ein Überschwemmtwerden von den Erlebnissen* dar (Hervorhebung U.K.). Eine tiefere Auseinandersetzung mit dem Erlebten kann erst beginnen, wenn es (das Vergewaltigungsopfer, U.K.) sich äußerlich völlig stabilisiert hat."

Gerade in der Diskussion alternativer Konzepte ist immer wieder darauf hingewiesen worden, daß Beratungsstellen die vergewaltigten Frauen "nicht erreichen" oder nicht in der Lage sind, diese "zu halten". Immer wieder wird angedeutet, daß dieses "Halten" der Frauen ein wichtiges Ziel sei, das offenbar um so eher erreicht werden kann, je aktiv-führender die Haltung der Beraterin ist. So schreiben M. Granö und E. Hedlund (1986, S.142) über ihre Erfahrungen in Schweden: "Mangelnde Erfahrung im Umgang mit Vergewaltigungsopfern ließ die Beraterinnen am Anfang zu passiv reagieren. Auf diese Weise wurde ein Großteil der Verantwortung für den Beratungsprozeß auf die Frau selbst übertragen" und "nach Fehlern (Verlust von Klientinnen) (...) hat die Gruppe schließlich eine 'Arbeitsmethode' gefunden, die funktioniert". Ziel ist auch hier, die Frauen zum Bleiben zu bewegen und dies als "Erfolg" zu betrachten. Auch in unserer Beratungsstelle war die Kurzzeitigkeit der Beratungen (unter 5 Stunden) oder auch die von uns zunächst als "Abbruch" interpretierte Verhaltensweise der Frauen, nur ein oder zweimal zu Gesprächen zu kommen und dann wegzubleiben, ein Problem. Aktivere und pädagogischere Haltungen führten auch tatsächlich zu längeren Gesprächsphasen. Bis wir auf einen sehr wichtigen Punkt stießen, den wir zunächst völlig außer acht gelassen hatten: wir machten die Erfahrung, daß Frauen, die wir nicht zu halten suchten, sondern "gehen lassen konnten", nach Monaten, manchmal nach ein oder zwei Jahren wiederkamen. Die Reflexion dieser Erfahrungen und der durch andere angestellten Überlegungen zum Verarbeitungsprozeß (wiederum sind hier v.a. Lorke und Ehlert zu nennen) haben uns schließlich davon überzeugt, daß das Ziel nicht sein darf, die Frauen zur Wahrung unserer Helferinnenidentität zu halten und erneut fremdzubestimmen. Wir meinen, daß Ansätze, die sich dieses Ziel setzen, auf Übertragungs- und Gegenübertragungsgefühlen basieren, die letztendlich sowohl eine erste Stabilisierung als auch eine spätere Verarbeitung beeinträchtigen können. Das heißt nicht, daß die Beraterin die Verantwortung für ihren Anteil am Beratungsprozeß der betroffenen Frau überträgt, sondern nur, daß sie den Prozeß so gestaltet, daß vermieden wird, die Frau in eine wiederholte Abhängigkeit und Unterwerfung zu zwingen oder dazu zu verführen.

### 6.2.2 Grundsätze der Krisenintervention

Grundsätzlich bieten wir Frauen, die sich bei uns telefonisch melden, einen ersten Gesprächstermin an. Wir legen großen Wert darauf, daß die betreffende Frau diesen Gesprächstermin selbst vereinbart. Auch dann, wenn sich zunächst Angehörige, Betreuer u.a. bei uns melden, raten wir dazu, die Entscheidung für einen solchen Termin der Betreffenden zu überlassen und ihre Entscheidung zu respektieren. Nur in wenigen Ausnahmefällen weichen wir von dieser Praxis ab. Wir machen keine Hausbesuche, sondern versuchen, zusammen mit der Betroffenen, der es schwer fällt, zu uns zu kommen, jene Bedingungen zu klären, derer sie bedarf, um das Haus verlassen zu können (z.B. Begleitung durch Vertrauens- oder Schutzperson, Tageszeit, Taxi etc.). Dieses Vorgehen hat sich vor allem auch deshalb als sinnvoll erwiesen, weil hinter diesem Wunsch oft die Ängste Angehöriger stecken, die Frau "aus dem Haus gehen zu lassen". Häufig wollen es die Frauen bei einem oder einigen wenigen Gesprächen belassen. Wir weisen die Frauen darauf hin, daß sie jederzeit wiederkommen können, wir aber verstehen, wenn sie es im Moment alleine versuchen wollen. Wir machen deutlich, daß es von unserer Seite keinen Entscheidungsdruck gibt, d.h. die Frauen sich auch Zeit lassen können bei ihren Überlegungen, eventuell doch von längeren Gesprächsphasen Gebrauch machen zu wollen. Wenn eine Frau den Wunsch hat, uns nur alle zwei Wochen aufzusuchen, stimmen wir dem ebenso zu, wie einem zweimaligen Gespräch pro Woche in dringenden Fällen. Der Wunsch nach "Dosierung" oder nach verstärkter Hilfestellung wird dabei durchaus auch problematisiert. Die Gratwanderung besteht gerade in der Akutzeit in der Balance zwischen der Verantwortlichkeit zweier Personen für

sich selbst. Eine hilfreiche Krisenintervention steht und fällt u.E. mit dem Grad der Machtausübung und Unterwerfung auf seiten der Helferin. Mangel an Repression beinhaltet nicht bedingungslose Unterwerfung. Kommt es dennoch zu einer derartigen Beziehungsdynamik, gilt es, auch diese anzusprechen - auf eine Art und Weise, die nicht nach Schuldigen sucht.
Wir bieten keinen "Rund-um-die-Uhr-Dienst" an, wie dies an anderer Stelle (vgl. Modellprojekt in Freiburg) geschieht. Erfahrungsgemäß ist eine nächtliche Versorgung allenfalls im medizinischen Bereich notwendig und sinnvoll. Ist diese durch die örtlichen Klinken oder eine dafür spezialisierte Abteilung gewährleistet, so erscheint uns die Zusammenarbeit mit den ÄrztInnen der Betroffenen wichtiger als eine räumliche Anbindung. Unsere Erfahrung ist, daß Vergewaltigungsopfer es bevorzugen, sich an Gynäkologinnen und Gynäkologen ihres Vertrauens zu wenden.

*Die betroffene Frau entscheidet, was sie braucht*

Ein Hauptgrundsatz der Krisenintervention ist es, der betroffenen Frau die Kontrolle über sich und ihre Lebenssituation allmählich wieder zu ermöglichen. Vergewaltigte Frauen leiden immer wieder unter dem Gefühl, daß ihnen etwas widerfährt, etwas mit ihnen geschieht, das sie selbst nicht handhaben oder beeinflussen können. Sie fühlen sich sowohl "von innen" als auch "von außen" fremdbestimmt, überwältigt, genötigt, verführt zu Entscheidungen, die sie selbst unter anderen Umständen so nicht getroffen hätten. Vergleichbar der Vergewaltigungssituation erleben sie sich durch die akuten Probleme bis in die Grundfesten ihres Gefühls zu sich selbst und zur Umgebung beeinträchtigt. In ihrer Wahrnehmung sind nicht sie Gestalterinnen der Situation, sondern "Andere", "Fremde", "das Problem". Sie möchten ihr Leben, ihren Alltag, ihre Beziehungen wieder als etwas erleben, das sie aktiv beeinflussen. Sie möchten das Gefühl zurückgewinnen, daß es auf ihre Bedürfnisse und ihre Wünsche wieder ankommt und zwar gleichgültig, wie andere diese Wünsche bewerten. Auch das Aufsuchen einer Beratungsstelle in dieser Zeit entspricht dem Wunsch, es möglichst bald wieder alleine zu schaffen und wenn auch gegebenfalls mit Hilfe einer anderen Person. In den Beratungen gilt es diesen Konflikt zu thematisieren, sobald er sich zeigt. Dies wirkt in aller Regel erleichternd. Die Frauen sind in der Anfangszeit nach einer Gewalterfahrung sehr suggestibel und machen nur allzu leicht, was ihnen gesagt wird. In der Hoffnung auf Entlastung und Trost entwickeln sie eine z.T. ungewöhnliche Sensibilität für das, was der oder die andere wünscht. In fast allen Fällen ist das überfürsorgliche Verhalten der Umgebung und auch der BeraterInnen eine Folge von deren Not und dem

Wunsch, diese zu wenden. Die Gefahr besteht darin, daß die traumatisierten Frauen häufig damit reagieren, sich auch real selbst immer weniger zuzutrauen. Wichtig ist es deshalb für BeraterInnen, daß sie ein angemessenes Verhältnis finden zwischen dem Zutrauen in die Fähigkeiten der Frau, dem Stärken ihrer gesunden Anteile und ihrem Wunsch nach Hilfe, nach emotionaler Entlastung sowie der Möglichkeit, die Ohnmachts- und Abhängigkeitsgefühle aussprechen zu können. Wir versuchen dies, indem wir den Frauen dabei behilflich sind, die verschiedenen Möglichkeiten, die sie haben oder selbst sehen, in Ruhe zu betrachten, sorgfältig abzuwägen und jene Bedingungen abzuklären, die für sie im Moment wichtig sind. Gegebenenfalls spielen wir gemeinsam Probleme der Verwirklichung oder eventuelle Folgen mit ihnen durch.

*Die Beraterin stellt sich als Fachfrau zur Verfügung, nicht als Person*

Die Not der Zeit nach einer Vergewaltigung führt bei vielen Frauen zu dem Wunsch, getröstet zu werden. Es ist der Wunsch nach einer guten Freundin, nach einer schützenden Person. Dieser Erwartung kann eine Beraterin nicht gerecht werden, vor allem nicht auf Dauer, und es wäre fatal, so zu tun, als ob dies anders wäre. Ein (unbewußt) signalisiertes Versprechen auf Freundschaft kann eine betroffene Frau in schwerwiegende Probleme der Trennung und der Suche nach Nähe stürzen, wenn sie feststellt, daß die Beraterin diese Wünsche nicht erfüllt (z.B. alleine dann, wenn klar wird, daß die Beraterin auch andere Frauen berät, daß sie Geld für ihre Arbeit bekommt usw.). Beratung geht nicht auf in freundlicher Zugewandtheit, wenngleich die Empathie ein wichtiger Bestandteil der Arbeit unter anderen ist. Wird allein sie zum Maßstab der Arbeit, so werden Abhängigkeiten geschaffen, deren Last die betroffenen Frauen tragen. (Ich befinde mich hier im Widerspruch zu einem Bereich der feministischen Therapie und Beratung, in dem eine andere Auffassung vertreten wird, auf die ich noch zurückkomme.) Der berechtigte Wunsch nach Trost macht es nötig, dem sozialen Umfeld ein Schwergewicht in der Krisenintervention beizumessen und dieses entweder in die Beratungsarbeit einzubeziehen (wenn die Betroffene dies wünscht) oder ein gesondertes Beratungsangebot zu machen. Wenn die Selbstdefinition einer Beraterin primär das einer fachlich kompetenten Frau und nicht das eines "Freundinersatzes" ist, wird auch ein weiteres Problem vermieden werden können: der Grundsatz, daß die Betroffene ihre Entscheidungsbefugnis behält (faktisch und nicht nur per Deklaration), besagt auch, daß das gleiche für die Beraterin gilt. Ihre Rolle beinhaltet weder, daß sie sich der Ratsuchenden "unterwirft" (daß über sie verfügt wird), noch, daß sie das Recht hat, von der Not der Ratsuchenden persönlich zu profitieren (als

Superhelferin oder helfende Freundin). An dieser Stelle mag der Begriff der "Containerfunktion" weiterhelfen. Der Begriff "Container" (= Behältnis) bzw. "Contained" (= das Behaltene) stammt von Bion und kann zur Beschreibung dessen dienen, was sich zwischen Beraterin und Ratsuchender zutragen kann. Die Beraterin (Psyche des Containers, aufnehmendes Objekt) nimmt das von der Ratsuchenden Projizierte, Unverstandene in sich auf und muß diesen Vorgang erst in sich und für sich nachvollziehen (Bion: über das Hineinprojizierte "träumen"), Geduld aufbringen, bevor das "Contained" zurückgegeben werden kann. Eine Frau, die das Gefühl des "Gehaltenseins" nicht kennt, keinen inneren Halt ("Containment") zur Verfügung hat, sucht sich ein Gegenüber ("Container"), einen äußeren Halt - wobei dieser Vorgang immer auch von Enttäuschungswut gekennzeichnet ist. Eine Änderung ist nach Bion nur dann erreichbar, wenn die Beraterin diese Containerfunktion verträgt und in einem weiteren Schritt nutzt zur Durcharbeitung der "katastrophischen Ängste". Die Gefahr besteht darin, daß das Ausmaß des Unerträglichen, nicht Aushaltbare die Therapeutin überwältigt und hilflos macht (vgl. Lazar 1990). Eine andere Gefahr besteht m.E. darin, daß es bei der Containerfunktion bleibt, das Aufgenommene nicht sortiert und dann zurückgegeben werden kann, was eine Abhängigkeit gegenüber der Beraterin begründen würde.

### 6.2.3 Methoden der Krisenintervention

Unter Krisenintervention fassen wir Vorgehensweisen zusammen, die versuchen, den unterschiedlichsten Problemlagen der Frauen gerechtzuwerden: Dies können eher "sozialpädagogische" Aufgaben sein, wie die Begleitung von Frauen zu ÄrztInnen, Kripo, Gericht u.ä,Vorbereitung auf Prozesse (z.B. auch durch Aufsuchen des Gerichtssaales, Rollenspiele u.ä.), es können Informationen sein über die Folgen von Anzeige/Nichtanzeige oder über Erfahrungen und Schwierigkeiten anderer Frauen nach Vergewaltigungen, es kann um die Weitervermittlung an RechtsanwältInnen, ÄrztInnen, Suchtberatungsstellen, Selbsthilfegruppen, Kliniken oder Kuraufenthalte gehen, oder es kann um Überlegungen zu Sicherheitsmaßnahmen (Unterbringung bei Freunden, in Frauenhäusern, Umzug, Telefonänderungen) gehen.

Im Vordergrund aber stehen immer stützende Beratungsgespräche mit der Frau selbst oder ihren Angehörigen. Da es darum geht, die subjektiven Kontrollmöglichkeiten der Frau zu fördern, versuchen wir bei allen anderen Methoden, zurückhaltend zu sein und zuerst die Möglichkeiten der Frauen abzuklären, wesentliche Schritte alleine zu bewältigen. Wichtig ist es, den Realitätscharak-

ter der Vergewaltigung zu betonen, ohne daß die Beraterin Verbindungen zu früheren Ereignissen, die die Frauen selbst oft herstellen, tabuisiert. (Wenn die Frauen z.B. sagen: "Es ist typisch, daß mir das passiert ist".) Immer wieder kommt es bei den Beratungen zu einem scheinbar unüberwindlichen Dilemma: der brutalen Realität der Vergewaltigung und dem Versuch der Frau, eine lebensgeschichtliche Kontinuität herzustellen zwischen der Zeit "davor" und der Zeit "danach". Es gilt, dieses Dilemma, dessen Lösung zu diesem Zeitpunkt eine Überforderung wäre, dahingehend zu entzerren, daß immer auch auf die gesunden und funktionierenden Anteile der Frau zurückgegriffen wird, die es erlauben, durch kleine, schrittweise Erleichterungen im alltäglichen Leben wieder ein wenig Zutrauen zu sich selbst und der Umgebung zu fassen.
Ambivalente Gefühle beziehen sich in dieser Anfangsphase vor allem auf die Beziehung zum Täter und die Frage der eigenen Beteiligung, was auch heißt, die Frage der möglichen aber verpaßten Verhinderung. Diese Gefühle werden durchaus Thema in den Beratungen, von uns aber nicht tiefergehend hinterfragt. Vielmehr soll der Raum dasein für den Ausdruck des Schmerzes, der Not und der Zweifel - die Bearbeitung lebensgeschichtlicher Konflikte jedoch bedarf eines höheren Maßes an Stabilität und Arbeitsfähigkeit und beinhaltet die Gefahr, die Situation der Frau zu verschlimmern. Es ist wichtig, Schuldgefühle und Gefühle der Eigenbeteiligung nicht "wegzuberaten", da sie immer gleichzeitig auch die Möglichkeit einer eigenen Aktivität und somit auch einer Änderung der Probleme beinhalten. Bedeutsam aber ist auch, die Zufälligkeit der eigenen Beteiligung herauszuarbeiten und zu bestätigen. Sinnvoll ist es, der Betroffenen zu verdeutlichen, daß nicht sie, sondern die Vergewaltigungssituation "verrückt" ist. Hilfreich kann es sein, die Frau nach den früheren Tragödien in ihrem Leben zu befragen und dabei das Hauptaugenmerk darauf zu lenken, wie sie damals damit zurechtkam und sie überwand. Wir halten es für sinnvoll, die Frauen über den möglichen Verlauf des Verarbeitungsprozesses zu informieren und sie darauf hinzuweisen, daß sich die derzeitige Situation als vorübergehende erweisen kann. Eine solche Mitteilung wirkt durchaus tröstend und ist auch deshalb wichtig, weil sie die Frauen bereits jetzt auf spätere, nicht selten sehr überraschend und verunsichernd wirkende Vorgänge vorbereitet. Auch bei oberflächlich stabilisierten Frauen kann dies ein wichtiger Hinweis sein, damit sie von den später einsetzenden Folgen nicht allzu sehr überrascht und geängstigt werden. Dabei ist es wiederum wichtig, den Verarbeitungsprozeß nicht als feststehende, für alle Frauen in gleichem Maße gültige Zwangsläufigkeit anzusehen und zu beschreiben und so eine sich selbst erfüllende Prophezeiung einzuleiten.

In jedem Fall sollen diejenigen Aspekte, die die Frauen aus den Augen verlieren, benannt werden (bei einer sehr aktiv verleugnenden Frau z.B. die Frage nach Erholung und Ruhe), um ihnen die Chance zu geben, sich später auch für eine andere Alternative entscheiden zu können. Die Erfahrung zeigt, daß Frauen, die zu einer gemäßigt aktiven ersten Verarbeitungsform neigen und sich dabei Ruhe und Entspannungsphasen gönnen, am schnellsten zu einer gewissen Stabilität zurückfinden. Besonders große Schwierigkeiten haben Frauen, die mit völliger Passivität, Lähmung, gänzlichem Rückzug reagieren, oder aber mit explosiver, hektischer Hyperaktivität. In diesen Fällen gilt es, Ausschau zu halten nach der "anderen Seite", ob diese einbezogen werden kann oder ob sie gar zu bedrohlich erscheint und welche Dosierungen verkraftbar sind. Ferner läßt sich sagen, daß Frauen, die über die Tat sprechen können, es leichter haben als Frauen, denen das nicht möglich ist. Es gilt, das Sprechen nicht durch bohrende Nachfragen zu erzwingen. Wir ermutigen Frauen nur insofern zum Reden, als wir deutlich machen, daß es für uns von Interesse ist, was ihnen widerfahren ist. Es ist wichtig, daß dieses Interesse real vorhanden und nicht vorgetäuscht ist, daß es auch nicht einer persönlichen Neugier entspringt, sondern dem Wunsch, etwas über das Erleben der Frau zu erfahren. Diese möglichen Unterschiede werden von den Frauen sehr deutlich wahrgenommen. Die Frauen erleben das Sprechen über die Tat als schmerzhaft und immer auch erleichternd, zumal es nicht um den Nachweis von Fakten sondern um ihre Gefühlsqualitäten geht. Nach unserer Erfahrung wirkt sich das "Nicht-Sprechen" über die Traumatisierung immer so aus, daß die Frauen selbst oder ihre Umgebung agierend (sei es wiederholend oder vermeidend) mit dem Schweigen umgehen. Der Wunsch, nicht über das Erlebte zu sprechen, kann jedoch auch ein Ausdruck davon sein, daß noch nicht genug psychische Funktionen mobilisiert werden konnten, um das Andrängen der Gefühle ertragen zu können, und eine Überschwemmung der ganzen Persönlichkeit von diesen negativen Gefühlen befürchtet wird. Dies gilt es zu spüren und zu akzeptieren. Für die Beraterin ist es wichtig, daß sie signalisiert und real auch dazu in der Lage ist, sich das Geschehene anzuhören. Zusammenfassend gilt es bei Kriseninterventionen folgendes zu beachten:

*Der Klientin sollen Aktivitäten und Entscheidungen überlassen bleiben.* Es gilt, dem Gefühl, daß es überhaupt keinen Sinn mehr gibt, "irgendetwas" zu tun, entgegenzuwirken und Gefühle der Ohnmacht und Abhängigkeit nicht zu verstärken. Mit ihr gemeinsam ist herauszufinden, was sie im Moment braucht, was ihr ihre Situation erleichtern könnte und was sie selbst dazu beizutragen in der Lage ist. Es gilt, die Wünsche und Bedürfnisse der Frau zu akzeptieren und ihr deutlich zu machen, daß es darauf wieder ankommt.

*Die Beraterin stellt sich zur Verfügung und muß Zurückweisungen aushalten.* Die Frauen erwarten zunächst, daß man ihnen zuhört, daß sie sich über ihre Gefühle aussprechen können und dabei akzeptiert werden. Sie erwarten, daß Helfende ihnen ihre Vorgehensweisen und Gedanken transparent machen. Sie legen z.B. bei ärztlichen Untersuchungen Wert darauf, daß ihnen der Ablauf und Sinn von Untersuchungen erklärt wird. Sie wünschen, durch die gesamte Prozedur medizinischer und rechtlicher Notwendigkeiten, ebenso durch die Betreuung in einer Beratungsstelle, ein Gefühl der Sicherheit und des Geschütztseins zurückzubekommen. Oft aber möchten die Frauen es ohne weitere Hilfe versuchen. Wichtig ist es, dies zu akzeptieren und gleichzeitig deutlich zu machen, an wen die Frau sich wenden kann, wenn ihre Bedürfnisse sich ändern. Auf diese möglichen Veränderungen sollte sie vorbereitet werden.

*Die Beraterin muß ihre eigene Einstellung und ihre Gefühle registrieren.* Wie beschrieben, kommt es im Zusammenhang mit helfenden Berufen zu Abwehr- und Übertragungsprozessen, die sich negativ auf den Interaktionsprozeß auswirken können, sofern sie nicht reflektiert werden. Es hat sich als wichtig erwiesen, folgende Haltungen verstärkt außerhalb der Beratungssituation zu bearbeiten und in der Beratungssituation zu vermeiden:
- eine bewertende oder verurteilende Haltung gegenüber der Frau,
- gleichzeitig aber auch eine Verleugnung zwiespältiger Gefühle, die zu einer oberflächlichen Freundlichkeit oder zum Kontaktabbruch führen wird,
- die Selbstüberschätzung, sich als "einzige" Rettung für das Opfer anzusehen und dabei dessen Bedürfnisse aus den Augen zu verlieren,
- ein zu starkes emotionales Engagement, das zum Verlust der Distanz führt, die man dringend benötigt,
- jede falsche Beruhigung der Frau, im Sinne von Beschwichtigung, Herunterspielen von Ängsten,
- jede Stigmatisierung und Zuschreibung (vor allem bei ohnehin stigmatisierten Frauen),
- die Frau an die Beratung zu "binden" oder sie vorzeitig wegzuschicken,
- ihre Wünsche nach einer Gesprächspartnerin, gegebenfalls auch einem männlichen Gesprächspartner zu mißachten,
- Gefühle des Gekränktseins oder der Aggression auszuagieren.

*Der Ambivalenz von Gefühlen bei der Klientin Raum lassen.* Nach unserer Erfahrung äußern alle Frauen hochgradig ambivalente Gefühle hinsichtlich der Tat, dem Täter und sich selbst gegenüber. Einerseits werden Forderungen nach Bestrafung des Täters, Wut, Haß und Ärger gegenüber diesem Mann, den Männern, oder allen möglichen Personen des sozialen Umfeldes geäußert, andererseits gleichzeitig Gefühle des Verständnisses, der Selbstbeschuldigung, des eigenen Unwerts. Eine Parteinahme der Beraterin für eine der beiden Seiten bewirkt in der Regel die Verstärkung des Gegenteils. Es gilt, diese Ambivalenz auszuhalten, zu registrieren und anzusprechen. Es geht hier um intrapsychische Prozesse und nicht um die Frage der Wahrheitsfindung.

*Die Beraterin soll als Interaktionspartnerin aktiv in Erscheinung treten.* Eine passiv-abwartende Haltung, wie sie sich möglicherweise in anderen Beratungssituationen als sinnvoll erweist, kann bei traumatisierten Frauen als unempathische, sadistische Haltung ankommen. Ihnen geht es oft darum, beim Gegenüber eine Reaktion auszulösen, nicht ignoriert zu werden, eine Antwort zu bekommen. Gemeint ist gerade nicht die vielbeschworene "persönliche Betroffenheit" des Gegenübers. Auch geht es nicht um ein den Schmerz "zerstörendes" Verhalten, ein sich Aufdrängen. Es geht um Mitteilungen der Beraterin über deren Gefühle und Vorstellungen, die durch die Ratsuchende bei ihr ausgelöst werden, um eine unaufdringliche Reaktion, um den (Wieder)beginn eines Dialogs.

*Sinnvolle Aktivitäten sollen gefördert werden.*
- Das soziale Umfeld ist einzubeziehen und die Frau zu ermutigen, sich in den absehbaren Belastungssituationen der nächsten Zeit an vertraute Personen zu wenden. Dabei muß man sich dessen bewußt sein, daß auch diese Hilfe sehr oft nach einiger Zeit ein Ende findet. Dieser unvermeidliche Vorgang kann durch ein Beratungsangebot gemildert werden.
- Die Bemühungen um eine oberflächliche Wiederanpassung an die Alltagserfordernisse sollten gestützt werden, wobei gleichzeitig Überlegungen angestellt werden können, welche Möglichkeiten im Falle einer Überforderung bestehen.
- Wenn die Betroffene es wünscht, sind für die erste Zeit Krankschreibungen, Kuraufenthalte oder vorübergehende kurze Klinikaufenthalte durchaus entlastend, wobei die Tendenz einer Frau, mit allem alleine fertigwerden zu wollen, Vorrang hat. Ein geplanter Wohnungswechsel, Reisen u.ä. können durchaus eine erste sinnvolle Möglichkeit sein, zu vergessen und sich zu beruhigen.
- Das Fördern von kreativen und körperlichen Aktiviäten, einschließlich Entspannungstechniken, kann sinnvoll sein; es sollte jedoch immer mit der Frau zusammen herausgefunden werden, was sie ablenkt, beruhigt, entspannt.

### 6.2.4 Beratung von Angehörigen und befreundeten Personen

In unserer Beratungsstelle hat sich bestätigt, was in zahlreichen Untersuchungen (v.a. Burgess/Holmstrom 1979c, Katz/Mazur 1979, Nadelson/Notman 1979,

Silverman 1978, Moss u.a. 1990, anders z.T. Lohrke/Ehlert 1985) ein Hauptergebnis war: die erfolgreiche Bewältigung der ersten Zeit nach einem Vergewaltigungstrauma muß in Abhängigkeit vom Verhalten der sozialen Umgebung gesehen werden. Im einzelnen wurde festgestellt, daß sich bei Frauen, die zum Tatzeitpunkt in Beziehungen lebten (Ehe- oder Lebensgemeinschaften), der Verarbeitungsprozeß über eine eher längere Zeit erstreckt und die Folgeerscheinungen schwerwiegender zu sein scheinen als bei Alleinstehenden.
Die Probleme, wie sie für Ehemänner und PartnerInnen beschrieben werden, treten auch in bezug auf die Herkunftsfamilie auf, vor allem bei jüngeren Frauen oder Frauen, die noch eine starke innere Bindung an das Elternhaus haben. Die Sorgen, die sich die betroffenen Frauen um die mögliche oder tatsächliche Reaktion von Angehörigen machen, nehmen einen zentralen Raum in den Beratungsgesprächen ein. Wenn die Frauen sich noch nicht mitgeteilt haben, kreisen diese Sorgen um die Frage, wie die Angehörigen das Geschehene emotional aufnehmen werden, wie sie es "verkraften", ob sie ihnen glauben oder ihnen Vorwürfe machen werden. In den meisten Fällen teilen sich die Frauen mit und treffen dann auf zwei widersprüchliche, sich nicht ausschließende Reaktionen:
- Bestürzung, extreme Sorge, helfende und beschützende Haltungen, überfürsorgliches Verhalten, den Wunsch, die Betroffene abzulenken, sie zu rächen (die meisten Anzeigen werden auf Drängen oder Rat von Angehörigen gemacht), alles wiedergutzumachen.
- Stille oder offene Vorwurfshaltung, Zweifel, Kränkung, Verweigerung von Zuwendung, das Gefühl, sie sei nicht mehr die "Alte", Fragen, weshalb sie nicht vorsichtiger war bis hin zu Unterstellungen, sie habe die Tat provoziert oder genossen.

Manche Frauen neigen dazu, sich überhaupt nicht oder erst nach längerer Zeit mitzuteilen oder aber möglichst vielen Personen von der Vergewaltigung zu berichten, auch als eine Art "Reaktionstest" hinsichtlich der Liberalität anderer und deren Bereitschaft, sich mit einer vergewaltigten Frau "einzulassen". Beides nehmen Angehörige häufig sehr übel.
Die Reaktionen der Umgebung sind allerdings noch von weiteren Faktoren abhängig:
- Von der Qualität der Beziehung vor der Tat: so ist natürlich die Wahrscheinlichkeit eines unterstützenden Verhaltens größer, wenn die Beziehung vor der Tat als befriedigend erlebt wurde. Es gibt hier allerdings keine Zwangsläufigkeit.
- Von der verstrichenen Zeit: während Verständnis und Unterstützung in den ersten Wochen eher häufig sind, verlieren die Angehörigen nach 6 - 8 Wochen oft die Geduld: sie meinen, daß es nun nicht mehr "normal" sei, daß die Betrof-

fene immer noch so zerstört reagiere und sie werden nun fordernder, hilfloser und gekränkter angesichts der Zurückweisung ihrer Hilfsangebote und Ideen.
-Von der Fähigkeit der PartnerInnen zur Reflexion ihrer eigenen Gefühle: Personen, die es gewohnt sind, über ihre Emotionalität zu sprechen und diese auch auf sich selbst zurückführen, sind in der Regel eher in der Lage, ein stützendes Verhalten zu zeigen.
-Von der Rigidität der vorher bestehenden Vorurteilsstruktur hinsichtlich Vergewaltigung und dem dahinterstehenden Frauen- bzw. Männerbild. Angehörige mit stark klischeehaften Geschlechterstereotypien und rigiden Normen hinsichtlich Recht und Strafe neigen zu wenig supportivem Verhalten.
-Von der Brüchigkeit des eigenen Selbstwertgefühls und dem Zutrauen in die Ausgestaltung der eigene Rolle als Ehemann, Elternteil oder PartnerIn.

Betroffene Frauen und Angehörige werden in der Regel getrennt und von verschiedenen Beraterinnen beraten. Wenn eine Paarberatung sinnvoll erscheint und gewünscht wird, stehen zwei Beraterinnen zur Verfügung. In der Arbeit mit Angehörigen geht es immer wieder um Gefühle der Überforderung, des Ärgers und der eigenen narzißtischen Kränkung. Die Tat und ihre Folgen kann als Angriff auf die eigene Abwehrstruktur wirken: so werden Gefühle der eigenen sexuellen Minderwertigkeit mobilisiert (bei Partnern ebenso wie bei Partnerinnen), Gefühle des Verlustes, Schmerzes der eigenen Entwertung und Scham. Es kommt vor, daß Angehörige selbst physischen Ekel empfinden, die Empfindung haben, selbst angegriffen worden zu sein oder daß (unbewußte) Ängste vor Homosexualität mobilisiert werden. Die Gründe dafür sind vielfältige: patriarchale Einstellungen gegenüber der eigenen Frau/Tochter als Eigentum, das Gefühl, in der Ausübung seiner exklusiven Rechte hinsichtlich der Sexualität der Partnerin beschnitten worden zu sein, des väterlichen Besitztums beraubt zu sein, spielen nicht selten eine Rolle - auch dort, wo derartige Regungen verleugnet werden müssen und sich nur unterschwellig äußern. Dahinter kommen oft Ängste zutage, die sich auf die Integrität des eigenen Körpers, auf die Möglichkeit des Kontrollverlustes über den eigenen Körper beziehen. Durch projektive Identifikation wird der Angriff auf die Frau oder Tochter zum Angriff auf die eigene Person. Hinzu kommen Gefühle, die eher die Funktion haben, die eigene Hilflosigkeit und Wut nicht ertragen zu müssen und die meist in dem Wunsch nach Entlastung durch Aktivität münden. Es werden die abgespaltenen Wünsche der betroffenen Angehörigen ausagiert oder Gefühle der Schuld abgetragen, oder es gilt, die Tat und ihre Folgen zu leugnen, ungeschehen oder wieder gut zu machen.

Vier Aspekte der Beratungsarbeit mit Angehörigen sind uns wichtig:

- Die Herstellung einer Atmosphäre und Kommunikationsstruktur, die es den Angehörigen erlaubt, ihren Gefühlen infolge der Tat und deren Folgen Ausdruck zu verleihen, auch dann, wenn diese Emotionen als problematisch, schwierig und beschämend eingeschätzt werden. Wir sind der Auffassung, daß Gefühle erst dann handhabbar werden, wenn sie in einer Atmosphäre der Akzeptanz ausgesprochen werden können, sich aber dramatisch auswirken, wenn sie tabuisiert und schließlich doppelt wirksam werden.
- Die Aufklärung über die Bedeutung des Vergewaltigungstraumas (im Sinne eines kognitiven Verstehens) und seiner Folgen. Es ist wichtig, die Angehörigen aufzuklären über die Dynamik eines Vergewaltigungsaktes (Gewaltaspekt), die Schwierigkeiten des Verarbeitungsprozesses und somit auch über die auf sie zukommenden Belastungen. Dabei legen wir Wert auf Hinweise hinsichtlich der Problematik überprotektiven oder verleugnenden Verhaltens. Wir versuchen, die Familienmitglieder zu stützen bei ihrer Suche nach hilfreichen, nichtinfantilisierenden und die Mobilisierung der Kräfte des Opfers fördernden Verhaltensmöglichkeiten. Wichtig ist die Entmythologisierung von Einstellungen zu Vergewaltigungen, wobei die jeweilige Funktion des Festhaltens an Vorurteilen beachtet werden muß.
- Es kann, in wiederholten Beratungen, eine Begleitung sinnvoll sein bei der Frage nach dem "richtigen" Verhalten. Gemeinsam zu überlegen, was eine "akzeptierende Haltung" bedeuten kann, was es heißt, emotional ansprechbar zu sein, ohne Druck auszuüben, und was es den einzelnen schwer macht, eine solche Haltung einzunehmen. Dabei ist es wichtig, daß die Beratung selbst zu einer Art Modell werden kann, d.h. wenn Angehörige sich dort nicht selbst auch "gut genug" verstanden fühlen, zurechtgewiesen und bevormundet, wird diese Arbeit sinnlos.
- Personen, die schwerwiegende Reaktionen zeigen und bei denen es nicht gelingt, stabilisierend zu arbeiten, verweisen wir in Einzelfällen weiter an andere TherapeutInnen oder beratende Einrichtungen.

### 6.2.5 Abgrenzung zu anderen Konzepten der Krisenintervention

Historisch lassen sich grob zwei Entwicklungslinien der Arbeit mit Vergewaltigungsopfern zurückverfolgen, die sich inzwischen allerdings nicht mehr stringent trennen lassen, was ihre fachliche Seite anbelangt: Zum einen sind dies praktische Initiativen im Bereich der Gesundheitsversorgung, und zum anderen aus der Frauenbewegung hervorgegangene Zentren für vergewaltigte Frauen. Das Gemeinsame der beiden Konzeptionen liegt in einer mehr oder weniger expliziten Orientierung an Ansätzen, wie sie im Bereich der Krisentheorie favorisiert werden. In den USA entstanden in den 70er Jahren an Kliniken besondere Programme oder Institutionen für Vergewaltigungsopfer, getragen von dem Engagement, diesen Frauen über die medizinische Versorgung hinaus auch psychische und soziale Unterstützung zu gewähren (vgl. Burgess und Holmstrom 1974, Hicks und Platt 1976, Price 1975, McCombie u.a. 1976). Diese Arbeit ist ausführlich dokumentiert, im Gegensatz zu den etwa gleichzeitig entstandenen "rape-crisis-centers", die von autonomen Frauengruppen mit feministischer Orientierung ins Leben gerufen wurden (Amir /Amir 1979). Diese autonomen Bemühungen orientieren sich - abgesehen von der Zielsetzung - jedoch in der konkreten praktischen Arbeit relativ stark an den in den Kliniken entwickelten Konzepten und scheinen erst in jüngerer Zeit die Diskussion nach qualitativen und theoretischen Implikationen der eigenen Arbeit zu führen.

*Abgrenzung: Vergewaltigung als "Krise" oder "Streßphänomen"*

Entwickelt aus der Sozialarbeit, wurde die Krisentheorie seit Mitte der 70er Jahre Grundlage der US-amerikanischen Arbeit mit Vergewaltigungsopfern. Die Kennzeichen sind im wesentlichen die folgenden:
- Die Vergewaltigung wird als eine Krise beschrieben, die es zu überwinden gilt.
- Die Krise ist Folge eines massiven Stresses, einer massiven momentanen Erregung.
- Die Krise wird überwunden durch a) Verstreichen von Zeit und b) Verhindern von Fehlanpassungen.
- Ziel der Krisenintervention ist die Wiederherstellung des ursprünglichen Zustands vor der Krise.
- Eine Fehlanpassung kann vermieden werden durch den Einsatz z.B. lerntheoretisch orientierter Methoden.
- Lebensgeschichtliche Aspekte der betroffenen Frauen sind irrelevant, die Beratung konzentriert sich einzig auf die Vergewaltigung selbst.
- Berater brauchen keine ausgebildeten Therapeuten zu sein, sondern können freiwillige Helfer sein, die sich freundlich einfühlen.
- Initiativen und Kontakte zu betroffenen Frauen gehen von den Beratern aus.
- Je unmittelbarer nach der Tat eine Krisenintervention erfolgt, für umso günstiger wird dies für den Verarbeitungsprozeß gehalten. Deshalb werden Konzeptionen favorisiert, bei denen das Krisenzentrum an die Notaufnahme oder Ambulanz der Klinik angegliedert ist.
- Ein aktives Vorgehen seitens der Helfenden ist wichtig ("aufsuchende Sozialarbeit"); dazu gehört das "follow-up", d.h., die Beraterin erkundigt sich telefo-

nisch (zunächst wöchentlich, später monatlich für die Dauer eines Jahres) nach dem Befinden des Opfers. Der erste telefonische Kontakt soll innerhalb von 48 Stunden erfolgen.

Den Hintergrund dieser Sofortmaßnahmen bildet die Annahme, daß es gelte, den "Zustand der verminderten Abwehr für die erfolgreiche Verarbeitung zu nutzen" (Gnann 1981, S. 195, Zit. nach Lorke/Ehlert 1985), das "Vergessen" oder "Verdrängen" zu verhindern. Die vorrangige Technik wird dementsprechend als aktives, direktives und unterstützendes Vorgehen beschrieben (Holmes 1981). Trotz des direktiven Vorgehens wird paradoxerweise die klientzentrierte Gesprächstherapie als sinnvolle Methode genannt, von der jedoch einzig die "positive Wertschätzung und emotionale Wärme" übrigzubleiben scheint. Unterschiedliche Auffassungen finden sich in der Frage der Wiederherstellung vorheriger Verhaltensmuster und der des kathartischen Abreagierens von aufgestauten Emotionen. Beides wird jedoch als wichtig erachtet um Rückzugstendenzen entgegenzuwirken.

In Kenntnis der Folgen der Traumatisierung, der Art der Schädigungen und der Schwierigkeiten des Verarbeitungsprozesses, muß ein derart aktives, "verfolgendes" und direktives Verhalten von BeraterInnen als eine Neuauflage der traumatischen Erfahrung der Fremdbestimmung betrachtet werden. Lorke und Ehlert (1985, S. 349) schreiben dazu: "Mit der Betonung eines unmittelbaren und aktiven Eingreifens ist unzweifelhaft eine untergründige aggressive Tendenz verbunden. Die Intervention bekommt damit einen (in das Opfer) eindringenden Charakter, der sich - z.T. bewußt - die aktuelle Schwäche und Unterlegenheit des Opfers zunutze macht, um dem Opfer, das aufgrund seiner Abwehr einen entsprechenden Wunsch zu äußern nicht in der Lage ist, zu helfen; die Parallele zum Vorgang der Vergewaltigung dürfte kaum zu übersehen sein. Unter psychoanalytischen Gesichtspunkten stellt sich hier die Frage, ob diese Form der Krisenintervention nicht weitgehend beherrscht ist von dem, was man 'Gegenagieren' nennt." Lorke und Ehlert haben darauf hingewiesen, daß der Vergleich eines Traumas mit einer Krisen- oder Streßsituation unzulässig ist. Verleugnet wird das Ausmaß des psychischen Einbruchs und verkannt wird, daß eine "Wiederherstellung der Lebenssituation vor der Vergewaltigung" nicht möglich ist.

Eine gerade in der ersten Zeit notwendige Stärkung des Selbstvertrauens durch Unterstützung der Rückzugs- und Unabhängigkeitsbestrebungen wird von den AnhängerInnen der Krisentheorie oft nicht gesehen. Wenn Burgess und Holmstrom (die sich noch mit am sensibelsten und intensivsten mit der Problematik beschäftigt haben) betonen, daß es in der Beratung darum gehe, die ursprünglichen Gefühle und Gedanken der Opfer während der Tat wiederzubeleben, so

mutet dieses Vorgehen geradezu aggressiv an. Natürlich ist eine "Verarbeitung" ohne diese Gefühle nicht möglich, aber eine Verarbeitung ist eben in den ersten Phasen gerade nicht möglich, schon gar nicht, wenn sie von außen zugemutet wird. Die Krisentheorie ist bereits an anderen Stellen kritisiert worden (Forman 1980, Nadelson/Notman 1982). Es konnte nachgewiesen werden, daß eine Überwindung der Krise langfristig gar nicht stattfand. Was dennoch dazu führte, daß die Krisentheorie oder Teile von ihr auch bei uns Einzug im Bereich der Arbeit mit Vergewaltigungsopfern fand, mag in ihrer Praktikabilität liegen. Die Krisentheorie besteht darauf, die Frauen als "Kundinnen" einer Dienstleistung zu verstehen und spricht sich - ebenso wie die feministisch orientierten Konzepte - gegen eine sog. "Pathologisierung" der Frauen aus, gegen eine "Psychologisierung" gesellschaftlicher Unterdrückungsverhältnisse zwischen Männern und Frauen. Teubner u.a. (1983) beispielsweise schreiben dazu: "Unserer Meinung nach wird die Reaktionsweise und die Verarbeitungsmöglichkeit wesentlich durch die gesellschaftlichen Reaktionen mitbestimmt. Keinesfalls ist die Reaktionsweise von Frauen Ausdruck innerpsychischer Vorgänge." (S. 22)
Vorstellungen über Gesundheit und Krankheit müssen als kollektive Kompromißbildungen verstanden werden. Die Fiktion von der Unzerstörbarkeit der eigenen Gesundheit kann eine Form der Abwehr eigener latenter Ängste sein, die letztlich Veränderung vermeidet und ausschließt. Durch die Etikettierung mit den Begriffen "gesund" und "krank" wird die bisherige gemeinsame Abwehrstruktur aufrechterhalten. Diese Abwehrstruktur findet schließlich ihren Ausdruck auch in den Möglichkeiten, die sie den einzelnen zur Verfügung stellt, ihr Leiden zu äußern: das Leid darf nur so und nicht anders zum Ausdruck kommen. F. Wölpert (1983) hat eindrücklich geschildert, daß Symptome bekämpft werden müssen, "damit sich die Beziehungen nicht zu verändern brauchen".
Die Ansätze der Krisentheorie laufen darauf hinaus, daß Abweichungen von der Norm "gesunde" Frau korrigiert werden, indem das Symptom zum Verschwinden gebracht wird. Es geht um Anpassungsleistungen, um eine erneute "Norm". Störungen sind immer Störungen auf der Verhaltensebene, nicht auf der Beziehungsebene. Durch Training von "Selbstsicherheit" wird ein Fassadenverhalten übergestülpt, das Gefühle zudeckt und Ambivalenz eliminiert. Es wird eine Beraterin-Ratsuchende-Beziehung reproduziert, in der die eine für die andere die Verantwortung übernimmt (oder dies suggeriert) und dadurch die betroffenen Frauen für unmündig und inkompetent erklärt. Die psychische Realität der betroffenen Frau wird nicht ernst genommen. Die Beziehung zwischen Helfer und Ratsuchender wird zu einer Eltern-Kind-Beziehung, nicht infolge von Übertragungsprozessen, sondern aufgrund der Abwehrnotwendigkeit der "Elternfigur".

Nicht-repressive Arbeitsformen in der Krisenintervention erfordern aber eine nicht-repressive Grundhaltung und einen entsprechenden theoretischen Rahmen. Auch die Weiterentwicklung der modernen Streßkonzepte schaffen diesen Rahmen nicht. Auch hier werden bei Vergewaltigungsopfern die psychosozialen "Stressoren", psychischen Streßwirkungen und Copingprozesse betont, wobei die Vorstellung, daß belastende Ereignisse kognitiv vermittelt werden und die Belastungsgröße von der kognitiven Bewertung des Bedrohungsaspektes abhängt, das Vorgehen bestimmt. "Bewältigung" heißt in diesem Sinne "kognitives Umstrukturieren", d.h. das erschütterte Überzeugungssystem soll so modifiziert oder angepaßt werden, daß eine "realistische Weltsicht wieder möglich ist". (vgl. dazu Feldmann/Westenhöfer 1992)

*Abgrenzung: Politik mit Vergewaltigungsopfern*

Die Versorgung von Vergewaltigungsopfern war anfangs nicht Intention feministischer Frauengruppen: im Vordergrund stand die politische Aktion. Erst allmählich bildete sich auch die Notwendigkeit eines Versorgungsangebotes heraus, das aber bis heute in vielen Frauenprojekten dem politisch-kämpferischen Ziel immer noch untergeordnet ist. Dies führte zu z.T. problematischen Entwicklungen, indem nämlich Vergewaltigungsopfer benutzt wurden für politische Strategien und Aktionen, ungeachtet der Tatsache, daß die betroffenen Frauen dadurch nicht unerhebliche psychische Schädigungen davontrugen. Opfer werden öffentlich vorgeführt - als Anschauungs- und Beweismaterial von Männergewalt. Auch wenn das Ziel ein aufklärerisch-emanzipatorisches ist, rechtfertigt es nicht jedes Mittel. Die Auffassung, daß Hilfe für Frauen, die Opfer sexueller Gewalt wurden, letztendlich "den politischen Aspekt der Vergewaltigungen neutralisieren" (Amir/Amir 1979, S. 444) würde, ist auch heute noch in Teilen der Frauenbewegung verbreitet. Die meisten Frauen- und Notrufgruppen haben inzwischen einen "Zwischenweg" eingeschlagen: Krisenintervention in Kombination mit aktivem politischem Engagement, Forderung nach Finanzierung der eigenen Arbeit, aber unter Betonung der eigenen Autonomie. Das Dilemma zwischen Politik und Versorgung spitzt sich dabei in jüngster Zeit eher zu. Es zeigt sich in der Auffassung, daß Beratung/Therapie immer reine Anpassung bedeute, die dem politischen Anspruch diametral entgegenstehe - es sei denn, eine neue, feministische Beratung oder Therapie werde wirksam. Eine solche könne dann zum gesellschaftlichen Sprengstoff werden, wenn Frauen in einer Beratung die gesellschaftliche Bedingtheit ihres individuellen Problems begreifen, sie sich also als Teil der kollektiven sexistischen Ausbeutung der Frauen erleben.

Die Prinzipien der feministisch orientierten Krisenintervention sind leider nirgendwo beschrieben oder begründet, tauchen aber plakativ immer wieder auf: "Parteilichkeit", "Betroffenheit", "Ganzheitlichkeit".
Das *Prinzip der Parteilichkeit* für Vergewaltigungsopfer bedeutet im wesentlichen, daß das Vergewaltigungserlebnis nicht als individuelles Schicksal, sondern als Ausdruck patriarchaler Gewalt gegen Frauen verstanden wird und sich die Beratungsarbeit primär an dem Offenlegen dieser herrschenden Machtstrukturen zu orientieren habe. Parteilichkeit für die Frau meint darüber hinaus auch die aktive Parteinahme für diese Person in einer Beratung. Gleichzeitig bedeutet das Prinzip auch eine Abgrenzung gegen männlich orientierte Wertmaßstäbe, wie sie bei anderen beratenden Einrichtungen angenommen werden. Nach innen wird eine Verhaltensmaßregel gesetzt mit auf Gleichheit beruhenden Wertvorstellungen, "richtigem" Verhalten und Denken. Nun nehmen aber auch die fortschrittlichen BeraterInnen und TherapeutInnen im Rahmen aller klassischen Therapieformen für sich in Anspruch, parteilich für ihre KlientInnen zu sein, insofern nämlich, als alle psychischen Schwierigkeiten gesellschaftlich bedingt sind und eine Parteinahme für eine Klientin immer notwendig ist, um einen Kontakt zu begründen. Es stellt sich deshalb die Frage, ob die plakative Benennung der Parteilichkeit nicht anderen Zwecken dient: es sich vielleicht um das handelt, was man die Festschreibung eines Opferstatus der Ratsuchenden nennen könnte. Einer psychisch schwer belasteten Frau deutlich zu machen, daß sie als Frau eben Verfolgte ist, dient doch offenbar eher der gemeinsam geteilten Abwehr von Beraterin und Ratsuchender hinsichtlich der Bereitschaft, Verantwortung und Macht zu übernehmen, bzw. von Frauen übernehmen zu lassen. Beides wird an die Männer delegiert. Indem sich Helferin und Betroffene gegenseitig in ihrer Abhängigkeit und Ausbeutung bestärken, negieren sie den Unterschied, der zwischen ihnen nun einmal besteht: daß ihre Angstphantasie für die betroffene Frau real wurde, sie tatsächlich zum Opfer geworden ist und akut auch darunter zu leiden hat. "Parteilichkeit" als plakative Forderung scheint die eigenen Schuldgefühle, nämlich selbst nicht akut Opfer geworden zu sein, zu beschwichtigen und eine Gemeinsamkeit, "Gleichheit" vorzutäuschen, um nicht selbst wütend angegriffen zu werden.
Das *Prinzip der Betroffenheit* richtet sich nicht selten gegen den Begriff der Professionalität. Während "Betroffenheit" die gemeinsame Erfahrung ("Gewalt") oder Angst (vor Gewalt) in den Mittelpunkt stellt, leistet die Fachfrau aus dieser Sicht "Fremdhilfe". Die zunehmende Notwendigkeit der Professionalisierung in den Projekten schafft hier ein neues Dilemma, das nunmehr durch nachträgliche Identifikation oder durch eine Art "Vorbild"-Charakter der Projektfrauen eine Lösung findet. So werden immer noch die Gespräche "auf Ge-

genseitigkeit" betont, eine völlige Gleichberechtigung zwischen Ratsuchender und Beratender. Manche Projekte halten an der noch rigideren Forderung fest, daß nur selbst Betroffene, d.h. vergewaltigte Beraterinnen auch Opfer beraten dürfen, um jeglicher Differenz vorzubauen. Die Leugnung von Differenz zeigt sich ebenso in der Angst vor hierarchischen Beziehungen: die Angst vor Macht und Verantwortung, die abgewehrt wird durch Verleugnung. Die "Betroffenheit" der Beraterin von der gemeinsamen "Frauensituation" und die Forderung, daß diese sich persönlich einbringen solle, erscheint angesichts dessen, was die Ratsuchende erlebt hat, als Zynismus. Unbewußtes Ziel scheint die gegenseitige symbiotische Verschmelzung: die Produktion von Abhängigkeit. Emanzipatorische Zielsetzung und konkrete Praxis wirken nahezu unvereinbar. Gewaltopfer drohen zum Mittel des politischen Veränderungsprozesses zu werden (vgl. dazu Bode 1978, S. 225). Im Gegensatz dazu geht es bei jeder Beratung um einen Prozeß, der sich zwischen den beteiligten Frauen abspielt, und der durch ihre subjektiven Erfahrungen, ihr Erleben von Einschränkung, Festlegungen, sowie auch ihrem Bedürfnis nach Veränderung bestimmt ist. Was wirkt, sind nicht die Strukturen per se, sondern deren Bedeutung für die einzelne Frau. Emanzipation erfordert eine emanzipatorische Haltung auf seiten der Beraterin und ist keine Technik der Beratung. Die Qualität der Beziehung zwischen Beraterin und Ratsuchender spielt in den feministisch orientierten Konzepten aber nur selten eine Rolle und wenn, dann dort, wo tiefenpsychologische Ansätze favorisiert werden.
Das *Prinzip der Ganzheitlichkeit* ist ein Modewort der Sozialarbeit, dem therapeutischen Bereich entlehnt, das sowohl in den Frauenprojekten als auch sonstigen Beratungsansätzen Anwendung findet. Ganzheitliche Beratung und Hilfe meint in der Regel die psychisch-soziale Gesamtsituation von Hilfesuchenden, die Aufhebung getrennter Lebensbereiche, Verbindung von bisher Unverbundenem. Nicht selten mündet der Anspruch in Konzepte der Rundum-Versorgung, der Aufhebung von Differenz, von Gegensätzlichkeiten und Ambivalenzen- sei es intrapsychisch oder interpersonell. Als wichtigste "Technik" findet sich in allen feministischen Krisenkonzepten die "freundliche Zugewandtheit". Empathie (in der Gesprächstherapie immer in Verbindung mit der Verbalisierung emotionaler Erlebnisinhalte) ist eine Grundvoraussetzung für einen beratenden Kontakt. Aber diese Fähigkeit, sich auf das Gegenüber einzulassen, hängt immer auch ab von der momentanen Angst und Abwehrnotwendigkeit der Beraterin und ihrer Möglichkeit, die partielle Identifikation auch wieder aufzugeben. Die Notwendigkeit, die eigenen Gefühle wahrzunehmen, die Trennung zwischen sich und der anderen zu setzen, ist Voraussetzung einer Beziehung, an der auch die Beraterin verantwortlich teil hat. Nach Schmidbauer ist

"Helfen" nur machbar, wenn die Helfende als Person auswechselbar ist, nicht als Person unverzichtbar bleibt. Der Gefahr, sich selbst in das Zentrum der Beratung zu rücken, muß vorgebaut werden durch die Bereitschaft, sich selbst und die eigene Abwehr in Frage zu stellen. Wenn betroffene Frauen durch Beratung nicht in eine neue Abhängigkeitsbeziehung, diesmal zu Frauen, gerückt werden, nicht manipulativen Beziehungsangeboten ausgesetzt sein sollen, müssen sich Beraterinnen ihrer Verantwortung bewußter werden. Sie haben dafür Sorge zu tragen, daß die Ratsuchende die Verantwortung für sich zurückgewinnen kann und sie dazu ausreichend Spielraum für Empfindungen und Gedanken zur Verfügung hat. Für sie kann "Ganzheitlichkeit" etwas grundsätzlich anderes bedeuten, als es dies für die Beraterin tut. Auf keinen Fall aber darf es um "Identitätsangleichung" gehen. M.Brückner und S. Holler haben zu Recht auf die Gefahr hingewiesen, daß das "Ganzheitliche zum heilversprechenden weiblichen 'Anderen' gerät" (1990, S. 26), wenn eine Verständigung darüber ausbleibt, unter Leugung der Differenz und gegebenfalls auch eines Unverständnisses unter Frauen.
Neben den drei genannten Prinzipien greift der feministische Ansatz auf eine weitere häufig genannte "Technik" zurück, nämlich die Wirkung der Beraterin als positive und alternative Identifikationsfigur ("gute Mutter"), wie es vor allem im Bereich der Mädchenarbeit betont wird: die Frauen und Mädchen sollen ihre Stärke entdecken, selbstbewußt und selbstbestimmt (d.h. immer nicht von Männern fremdbestimmt) werden, und die Beraterin wirkt als "Modell". Abgesehen von der Größenphantasie, die hier deutlich wird, daß man nämlich selbst (als Person, nicht in der Kompetenz) das gute Modell ist, fehlt es hier m.E. an Kenntnissen der Entwicklungspsychologie und der sexuellen Traumatisierung. Bei der Arbeit mit den Vergewaltigungsopfern hilft das Wissen um die gesellschaftlichen Mechanismen und die Folgen der patriarchalen Strukturen alleine nicht sehr weit. Die Diskussion über "Therapie als politische Praxis" (Anti-Psychiatrie, Meta-Psychiatrie, Sozialistisches Patientenkollektiv) ist alt und soll hier nicht reproduziert werden (vgl. dazu Sigusch 1980, S. 387-413). Auch die Verdienste der Frauenbewegung, die auf Mißstände in der Versorgungslage von Frauen im Bereich der Medizin und Psychologie hingewiesen hat, sollen hier gewürdigt werden. Ich halte es für wichtig, den gesellschaftlichen Kontext zu kennen, zu reflektieren und seine Einflüsse auf die Arten von Behandlungen, die herrschenden Ideologien des Gesundheitswesens und auch die Repressionen gegenüber Frauen allgemein zum Gegenstand jeglicher Arbeit zu machen.
BeraterInnen sind parteilich, auch jene, die Neutralität vorgeben. Auch bin ich durchaus der Auffassung, daß nicht-ausgebildete oder wenig- ausgebildete Per-

sonen über ausreichende allgemein-menschliche Fähigkeiten verfügen können, um sich in eine psychisch belastete Person einzufühlen. Gleichzeitig aber kann nicht darauf verzichtet werden, das eigene Tun zu hinterfragen, zu verstehen, zu analysieren und zu modifizieren. Es muß die Hoffnung aufgegeben werden, daß die Schwächsten zu Trägerinnen einer gesellschaftlichen Bewegung werden sollen. Es gilt, den Opfern, die sich in einer schweren Not befinden, für die es keine etablierte Zuständigkeit gibt, die nicht selten eine Odyssee durch Kliniken und Therapiepraxen hinter sich haben, eine sachkundige Behandlung zu bieten. Es gilt, das Beratungsziel im Einzelfall zu definieren, das nicht aufgeht im theoretischen und/oder politischen Konzept. Therapie/Beratung und politische Praxis sind zwei verschiedene Dinge, die nicht automatisch zusammenfallen oder ineinander aufgehen: weder ist das Patriarchat eine Krankheit, die durch Behandlung verschwindet, noch sind feministische Beraterinnen frei von den Folgen patriarchaler Sozialisation. Psychisches Leid von Vergewaltigungsopfern bedeutet doppelte Unfreiheit im Denken und Erleben: als Opfer und als Frau.

*Abgrenzung: Täter-Opfer-Ausgleich als Opferhilfe*

Im Bereich der Justiz kam es infolge der Strafvollzugsreform der 70er und 80er Jahre und der Änderung des Strafvollzugsgesetzes 1977 zu einer stärkeren Betonung des Resozialisierungsgedankens und zu dem (bescheidenen) Aufbau ambulanter Alternativen. Aus dem justiziellen Bereich selbst stammte die Kritik, daß die Bestimmungen des Strafrechts und Strafprozeßrechts den Straftäter, nicht aber das Verbrechensopfer in den Mittelpunkt des Interesses stellt. Beklagt wird, daß die Beziehung zwischen Täter und Opfer "nur am Rande von Bedeutung" sei, "so namentlich bei den Bestimmungen über die Kompensation bei wechselseitig begangenen Körperverletzungen oder Beleidigungen"; in bezug auf die Opfer von Gewaltdelikten bestehe ein Bedarf an praktischer und psychologischer Unterstützung (Opferhilfe). "Dabei kann der Täter-Opfer-Ausgleich als eine Methode zur Aussöhnung von Tätern und Opfern eine tragende Rolle übernehmen" (Kröning, in Senator für Justiz 1990, S. 10f.). Beim Täter-Opfer-Ausgleich, genannt TOA, wird davon ausgegangen,
- daß sich Opfer und Täter nach dem Prinzip der Freiwilligkeit treffen,
- daß sich beide Seiten aktiv am Ausgleichsverfahren beteiligen,
- daß es zu einer Konfliktregulierung kommt,
- daß es für das Opfer zu einer Schadenswiedergutmachung kommt,
- dabei ist für das Ausgleichsgespräch eine Viererkonstellation vorgesehen (zwei Helfer, die parteilich sind).

Angestrebt wird eine Konfrontation des Täters mit dem Opfer, mit “dem Bemühen um Beseitigung der Tatfolgen” im Sinne einer “Spezialprävention”. Als Voraussetzung wird genannt, daß beim Opfer ein “noch regulierungsbedürftiger Schaden” vorliegt. (Ostendorf 1991, S. 153) Noch nicht geklärt ist der Zusammenhang des Täter-Opfer-Ausgleichs mit der Diversion, d.h. die Staatsanwaltschaft kann ein Strafverfahren einstellen bzw. der Täter wird milder bestraft, wenn ein TOA stattfand. Dies würde bedeuten, daß die justiziellen Belange der Strafe dem Opfer übertragen werden. In jedem Fall ist der TOA, der zwar von freien Trägern durchgeführt werden soll, eng an die Justiz geknüpft: es geht um die “Auswahl der geeigneten Fälle aus den Akten der Staatsanwaltschaft”. (Schädler, in Senator für Justiz 1990, S. 18)
Alle vorab beschriebene Kritik an der amerikanischen Krisentheorie trifft auch auf die praktizierte Form der “Opferhilfe” zu, die sich der Methoden des “outreaching” (nicht passiv auf den Hilferuf warten, sondern aktiv und konkret an das Opfer herantreten) bedient. Abgeleitet aus der Krisentheorie wird der Traumabegriff für alle Opfer von Straftaten unterschiedslos übernommen - so auch als Beschreibung der psychischen Folgen eines erlebten Handtaschendiebstahls (vgl. Penders 1990). Inzwischen gibt es aber auch warnende Stimmen aus den eigenen Reihen. Pfeiffer schreibt: “Einschränkungen für den Täter-Opfer-Ausgleich ergäben sich aus der Zumutbarkeit eines Täter-Opfer-Ausgleichs für die Betroffenen sowie der Kompetenz des Vermittlers. Mehrere Jugendgerichtshelfer äußerten (im Rahmen einer Untersuchung, U.K.), daß sie bei bestimmten Delikten bzw. Täter-Opfer-Konstellationen an fachliche Grenzen stoßen. Dies sei jedoch kein Grund, diese Fälle prinzipiell von einem Täter-Opfer-Ausgleich auszuschließen, sondern sie erforderten einen Spezialisten für Konfliktschlichtung; besondere Schwierigkeiten werden von allen Befragten bei der Vermittlung im Bereich der Sexualdelikte gesehen.” (Pfeiffer 1990, S. 53) “Täter-Opfer-Ausgleich ist nicht angebracht bei Bagatellen, aber auch nicht bei Schädigungen, die für das Opfer den Stellenwert einer ‘Lebenskatastrophe’ (vgl. Hanak/Steher/ Steinert 1989) haben.” (Pfeiffer 1990, S. 61)
Das Bremer Modell des TOA macht seine Arbeit nicht vom Delikt abhängig, d.h. es wird also durchaus auch bei Vergewaltigung ein TOA für möglich gehalten, sofern die Bereitschaft und die Fähigkeit “der Beteiligten, insbesondere des Opfers, ein gemeinsames Gespräch bzw. eine Schadensregulierung durchzuführen” (Herrmanns 1990, S. 66), vorliegen. Drei Varianten enthält das Bremer Modell: 1. gemeinsame Gespräche und gemeinsame Schadensregulierung, 2. die vermittelte Schadensregulierung durch die Bremer Hilfe ohne persönlichen Kontakt der Betroffenen und 3. eine Wiedergutmachungsleistung des Täters, der symbolisch einen Betrag in einen Fonds bezahlt, der dem Opfer

(z.B. für eine Therapie) zugute kommt, ohne daß ein persönlicher Kontakt nötig ist. Dieses Verfahren wird vor allem bei Vergewaltigungen empfohlen. Der TOA wird verstanden als Mittel zur “Schadensregulierung” und “Erlebnisbewältigung” für das Opfer.
Vor allem Hans Keilson (1988) hat auf die Doppeldeutigkeit des Begriffes der “symbolischen Wiedergutmachung” im Zusammenhang mit Entschädigungszahlungen für Verbrechensopfer (Verfolgte des Naziregimes) hingewiesen, auf die Ersatzfunktion in doppeltem Sinne: eine Wiedergutmachung des “Gebers” an sich selbst und eine entsprechende symbolische Bindung des Opfers an den/die Täter. “Der ‘Geber’ will gutmachen, was von ihm und anderen ‘schlecht’ gemacht wurde (..). Der Empfänger wird aber beim Empfangen der ‘Wiedergutmachung’ mehr an denjenigen erinnert, der das ‘Schlechte’ angestiftet und durchgeführt hat (..). Es gehört nun mal zum Wesen (..) (der) durch Menschen an Menschen verursachten Katastrophen, daß das ihnen innewohnende traumatisierende Agens haften bleibt.” (S. 127/128) Keilson fordert, die “Folgen der Wiedergutmachung” zu diskutieren.
Die Kritik am TOA kommt fast ausschließlich aus den Reihen kritischer Juristen und Rechtswissenschaftler. “Der Täter-Opfer-Ausgleich ist eine mutlose, unkritische und theorielose Art, das immer gefährliche Strafrecht in seiner jetzigen Weite zu erhalten, ohne die mühsam gewachsenen strafrechtlichen Garantien einhalten zu müssen.” (Naucke, S. 98 in Senator für Justiz 1990) Naucke kritisiert im wesentlichen drei Dinge: 1. “Der Täter-Opfer-Ausgleich entlastet die Strafjuristen vom Entscheidungsdruck, erhält aber alle Strafmöglichkeiten, befreit die beteiligten Offiziellen von kunstvollen juristischen Formen und kontrolliert, ohne klar verantwortlich zu sein.” 2. “Der Staat kontrolliert, gibt aber dem Bürger das Gefühl, er kontrolliere sich selbst.” 3. “Künftig wird nicht die Tat, sondern die Verweigerung des Täter-Opfer-Ausgleichs durch den Täter, die Verweigerung der freiwilligen Unterwerfung des Täters, bestraft.” (Naucke, ebd.)
Wie selten der TOA im Bereich von Gewaltdelikten Anwendung findet und wie wenig er geignet ist, macht eine Untersuchung von Baurmann/Schädler (1992) deutlich, in der Personen, die Opfer von Gewaltdelikten (nicht nur Vergewaltigung) wurden, eine besonders geringe Bereitschaft zu Wiedergutmachungsvereinbarungen zeigten. Als häufigste Ablehnungsgründe wurden Rache (ein Drittel), zu schwere Schädigung (Hälfte) und Mißtrauen (ein Zehntel) herausgefunden. “Die Ablehnungsbegründungen (..) zeigen allerdings, daß von diesen Opfern wahrscheinlich nur wenige gegen ihren Willen zu Wiedergutmachungsgesprächen gezwungen werden könnten; aber selbst untaugliche Versuche eines solchen Zwangs sollten natürlich möglichst ausgeschlossen wer-

den." (Baurmann/Schädler 1992, S.129). Die Sprache offenbart das eigentliche Ziel.

Zur Anwendung des TOA bei Vergewaltigungsdelikten haben sich PsychologInnen bisher nicht zu Wort gemeldet. Wichtig ist m.E., daß die sogenannte Freiwilligkeit aufgeht im "guten Willen" des Opfers, dem Täter die Chance auf eine Bewährungsstrafe nicht zu verbauen. Der TOA geht aus von einem Konflikt zwischen zwei Personen, den es zu regulieren gilt. Vergewaltigung ist aber weder aus Tätersicht noch aus der Sicht der Frau ein interpersoneller Konflikt. Beim Täter handelt es sich um einen intrapsychischen Defekt, ohne personifizierbares Gegenüber. Für die Frau ist es ein katastrophisches Ereignis, das weder unter Unterwerfungsgesten des Täters noch durch dessen finanzielle Ersatzleistungen reguliert, geschweige denn bewältigt werden kann. Weder ist die Beschämung des Täters für diesen ein Mittel der Einsicht, noch kann die freiwillig wiederholte Begegnung mit dem Verfolger für die Frau etwas anderem dienen als einer zusätzlichen Selbstbestrafung und dem oben beschriebenen Wiederholungszwang. Vergewaltigungsopfer äußern grundsätzlich Angst vor erneuten Kontakten zum Täter. Lassen sie sich dennoch darauf ein, wirken diese als zusätzlich schädigend. Auch für den Vergewaltiger ist eine Konfrontation eher eine Wiederholung seiner ursprünglichen Situation: Beschämung, Angst, scheinbare Reue wirken als erneute narzißtische Kränkung und könnten so gewaltfördernd wirken. (Vgl. dazu auch das Hamelner Modell, das ebenfalls versuchte, mit Hilfe von moralischer Belehrung und "Konfrontation" Frauenbilder von Vergewaltigungstätern zu modifizieren.)

Es ist schwer vorstellbar, wie eine "Schadensregulierung" und eine "Erlebnisbewältigung" aussehen soll, die sich über Geld vollzieht, das angezeigte Sexualstraftäter in der Regel nicht haben. Die meisten vergewaltigten Frauen, die wir hinweisen auf ihr Recht auf Opferentschädigung (Opferentschädigungsgesetz), empfinden eine solche finanzielle Wiedergutmachung eines Vergewaltigungserlebnisses als zynisch. (Die gängige Praxis einiger Versorgungsämter ist es allemal.) Wenn nun gar das Geld selbst, das z.B. zur Finanzierung einer Therapie benutzt werden soll, vom Täter oder den Tätern stammt - direkt oder indirekt - so bedeutet dies, daß die Frauen ihren Verarbeitungsprozeß als vom Täter kontrolliert erleben können. Die Frauen wollen sich vom Täter lösen und nicht weiter an ihn gebunden bleiben. Die Justiz zieht sich zurück, entlastet und frei von Verantwortung: sie hat ihre begrenzte Tauglichkeit dadurch bewältigt, daß sie die Konfliktlösung dorthin zurückgibt, wo ein scheinbarer Konflikt seinen Ausgang genommen hat. Sie projiziert ihre eigene Hilflosigkeit und Ohnmacht.

## 6.3 Therapie mit Vergewaltigungsopfern

### 6.3.1 Zur Abgrenzung zwischen Therapie und Krisenintervention

Wie bereits dargestellt, ist eine Trennung der Funktionen der Krisenintervention und der Therapie bei Vergewaltigungsopfern erforderlich: Während es bei der Krisenintervention um die stützende Begleitung, d.h. auch um das Stützen von Abwehrvorgängen geht, zu denen die Frauen aus Gründen der psychischen Stabilisierung greifen, dient die therapeutische Arbeit einem gegenteiligen Zweck.
Es ist eine notwendige Grundvoraussetzung therapeutischer Arbeit, daß eine gewisse Stabilisierung und Stärkung der gesunden Persönlichkeitsanteile stattgefunden hat. Die betroffenen Frauen haben dafür ein durchaus gesundes Gefühl: sie wenden sich, meist nach mehreren Jahren, mit dem Wunsch an unsere Beratungsstelle, sich noch einmal mit der Vergewaltigung auseinanderzusetzen. Sie spüren, daß das Erlebte ihr Leben noch immer mitbestimmt und fragen sich, ob ihre aktuellen Gefühle von Eingeschränktsein, Einsamkeit usw. nicht mit der Vergewaltigung im Zusammenhang stehen. Dabei gibt es immer auch einen aktuellen Anlaß, der die Frauen nun zu diesem und keinem früheren Zeitpunkt veranlaßt, sich der Thematik neu stellen zu wollen. Es ist wichtig, diesen Anlaß zu erfragen, da er in aller Regel mit der traumatischen Erfahrung in einem subjektiv sinnvollen Zusammenhang steht. Im Rahmen einer therapeutischen Arbeit mit Vergewaltigungsopfern geht es primär um die lebensgeschichtliche Bedeutung des traumatischen Ereignisses. Diese beinhaltet nicht allein das traumatische Erleben selbst, sondern den intrapsychischen Prozeß, den traumatischen Effekt für die betroffene Frau und die schmerzlichen Folgen, d.h. jene Faktoren und Erfahrungen, auf die das Ereignis traf. Im einzelnen wird der durch eine therapeutische Arbeit zu unterstützende Verarbeitungsprozeß bestimmt durch:
- psychische Faktoren der prätraumatischen Persönlichkeitsstruktur,
- positive Aspekte des Lebens und der Lebensbewältigung in der Zeit "davor",
- vergangene traumatische Erfahrungen und bestehende innere Konflikte bzw. Defekte und der Umgang damit,
- den psychischen Zustand zum Zeitpunkt des Vergewaltigungstraumas und die Bedeutung des Traumas zu diesem Zeitpunkt,
- die traumatische Situation selbst, die Überwältigung durch das Ereignis und die Konfrontation mit einer Situation, die nicht Wirklichkeit hätte werden dürfen,
- die unmittelbaren und längerfristigen intrapsychischen und sozialen Folgen des Traumas,

- die bestehenden Symptome, Phantasien, Einstellungen und Vermeidungen,
- das Ausmaß bzw. die Eingrenzbarkeit der akuten Notlage und des Leidensdrucks.

Im Gegensatz zur Krisenintervention gilt es bei der Therapie, eine eher technische Neutralität zu wahren, d.h. es geht in der therapeutischen Arbeit nicht darum, mit Ratschlägen oder pädagogischen Interventionen einzugreifen.

### 6.3.2 Das Therapie-Angebot der Beratungsstelle des Notrufs

Wenn Frauen einen Therapiewunsch äußern, gilt es zunächst, mit ihnen gemeinsam abzuklären, was sie sich von einer Therapie erhoffen, worunter sie aktuell leiden und welchen Bedeutungszusammenhang sie der Vergewaltigung in ihrem Leben beimessen. Diagnostische Vorgespräche dienen sowohl einer Eingrenzung der Fragestellung, als auch einer Klärung der Möglichkeiten und Erwartungen der Klientinnen, sowie der Überprüfung aufseiten der Therapeutin, ob sie meint, diesen Erwartungen entsprechen zu können. In unserer Beratungsstelle bieten wir eine tiefenpsychologisch orientierte Therapieform an, an die mehrere Bedingungen geknüpft sind:

- Es bedarf eines für die Klientin und die Therapeutin genügend *klar erkennbaren aktuellen Konfkliktbereichs*. Dieser ergibt sich aus der aktuellen Problemsituation der Klientin, aus ihrer psychischen Frühgenese und aus der Art und Weise der Beziehungsaufnahme zur Therapeutin. Einen solchen Fokus zu bestimmen, ist notwendig für die Therapiemotivation, für die Richtung der gemeinsamen Arbeit, sowie die spätere Rückschau auf das Erreichte. Der Fokus ist nicht das Vergewaltigungstrauma selbst, sondern ein durch das Trauma remobilisierter Konflikt, der letztlich zum Leidensdruck (oder Symptom) führt und der therapeutischen Arbeit eine Richtung gibt.
- Es hat große Bedeutung für den therapeutischen Prozeß, auf welche Formen der Konfliktbewältigung, auf welche *stabilen Aspekte der Lebenssituation* und auf welche tragenden Beziehungen zurückgegriffen werden kann. Dazu gehört, sich bewußt zu machen, wie die Klientin bislang mit dem Vergewaltigungserleben zurechtkam, was sich bei ihr geändert hat und weshalb sie glaubt, nunmehr auf Hilfe angewiesen zu sein.
- Die unbewußte Psychodynamik aktuell wirksamer Konflikte wird unter Beachtung von *Übertragungs- und Gegenübertragungsprozessen* und Widerständen in der aktuellen Situation deutlich, wobei sich das Vergewaltigungsgeschehen in seiner subjektiven Sicht ebenfalls reinszeniert.
- Die Ebene des unmittelbaren Erlebens und Verhaltens, die Arbeit an der therapeutischen *Beziehung* und den *Gefühlen* ist Hauptgegenstand der Therapie.

- Es gilt, das Ziel der therapeutischen Arbeit einzugrenzen auf den andauernden und aktuell wirksamen Konflikt, d.h. auf ein nicht durch eigene Aktivität oder die Zeit zu lösendes Verharren in einer problematischen Lebenssituation. Ziel ist es, diese aufzulösen bzw. die Klientin zu unterstützen, mit Hilfe eines *Zuwachses an Bewältigungsmöglichkeiten und Autonomie* ihre aktuellen Schwierigkeiten handhaben zu können.
Unsere Interventionen können als gesprächstherapeutisches Vorgehen auf der Basis eines dynamischen Verständnisses der Symptomatik, der Persönlichkeit der Klientin und der therapeutischen Beziehung beschrieben werden. Dabei verstehen wir unseren Ansatz als an der konkreten therapeutischen Beziehung orientiert. Das Vorgehen ist vor allem durch das Ausmaß der Störung der Klientin und ihres aktuellen Leidensdrucks bzw. ihrer Motivation zu einer therapeutischen Bearbeitung variabel zu halten. Nicht die "gemeinsame" Eigenschaft, vergewaltigt worden zu sein, ist bei den Klientinnen ausschlaggebend, als vielmehr der Grad der (aktuellen) Störungsintensität und Beeinträchtigung. Bei allen Frauen geht es um die emotionalen Bewertungszusammenhänge des Vergewaltigungserlebens, wobei die Bearbeitung übergreifender Strukturen und genetischer Zusammenhänge nur in Ansätzen zu leisten ist.

### 6.3.3 Worum es in der Psychotherapie mit Vergewaltigungsopfern geht

Wie in Kapitel 2 beschrieben, führt der von außen ausgeübte Regressionsdruck zu einer verallgemeinerbaren Psychodynamik der traumatischen Reaktion, die jedoch in Abhängigkeit von der lebensgeschichtlichen Entwicklung der betreffenden Frau variiert. Remobilisiert werden alte, "überwundene" Konflikte, die nun Jahre nach der Tat die Lebensqualität und Gesundheit beeinträchtigen. Es sollen noch einmal kurz die verallgemeinerbaren Störungen, die durch einen solchen Regressionsdruck ausgelöst werden können, benannt werden.
Das Trauma mobilisierte primitive psychische Mechanismen und Antworten, die zum Schutz der Psyche vor Überschwemmung eingesetzt wurden. Die gänzliche Überschwemmung des Ichs wurde zu vermeiden versucht durch Dissoziation und Regression, die später als andauernde Persönlichkeitsstörungen beeindrucken kann und auf die Gefühle der Frauen zurückgeht, daß ihr altes Selbst verloren ging. Im Bereich der Ich-Funktionen handelt es sich später vor allem um Auffälligkeiten in der Beziehung zur Realität. So werden Ängste so massiv und mächtig erlebt, daß eine realitätsgerechte Kontrolle über die Wahrnehmung nicht mehr funktioniert. Teile der äußeren Realität und der inneren Gefühlswelt werden ausgeblendet, es können unkontrollierbare Angstphantasien ent-

stehen und infolge dessen ein z.T. panikartiges Verhalten. Dies alles ist den Frauen bewußt, aber unverständlich. Es bleibt die Neigung erhalten, innere Spannungen zu externalisieren, zu re-inszenieren und - vor allem aggressive - Gefühle zu projizieren. Die Angst vor Gefühlen absoluter Ohnmacht und Demütigung bleibt erhalten und führt zu einer Art "kontraphobischer" Reaktion: um diese Gefühlswelt zu bannen, kann es noch nach Jahren zu Wiederholungen von gefährlichen Situationen kommen oder zu einer Art Verkehrung ins Gegenteil oder zu selbstbestrafenden Symptomen, die gegen die Weiblichkeit gerichtet sind. Wesentliche Ich-Hemmungen können im Rückzug durch Abwendung von der Umgebung und durch Wendung der Aggression gegen die eigene Person gesehen werden, es kommt aber auch zur Verschiebung der Aggression auf Ersatzobjekte (häufig sind dies Kinder, Partner). Auf den Rückgriff auf und das eskalierende Festhalten an primitiven Abwehrformen wurde bereits hingewiesen. Diese Abwehrformen richten sich auch gegen das Über-Ich bzw. Anteile dieser Instanz. Die Frauen machen sich unerträgliche Vorwürfe und zeigen massive Selbstentwertungen. Diese beziehen sich nun keineswegs mehr eingegrenzt auf das Tatgeschehen, sondern auf ihre gesamte Lebensgestaltung. Fast ohne Bezug zueinander stehen neben diesen Selbstanklagen auch Klagen und Entwertungen anderer. Die Projektion von Über-Ich-Anteilen auf andere - Mächtigere - und die Re-Introjektion bzw. Identifikation mit dem Über-Ich-Träger dient ebenfalls dem Aufrechterhalten der Spaltung. Lorke und Ehlert weisen auf die besondere Problematik zwischen Über-Ich und Ich-Ideal bei Vergewaltigungsopfern hin: "Das Über-Ich verbietet genau das, was das Ich-Ideal fordert." Das Über-Ich, das dasselbe verfolgt wie der Täter (nämlich das Bild der schmutzigen, wertlosen Frau), wird so nach Lorke und Ehlert quasi zu dessen Komplizen, indem es weiterhin das, was es schon immer verboten hat, verbietet. Dieses Bild aber wurde vom Täter selbst entworfen, d.h. das "Bestrafte" ist auch das "Verlangte". "Die sexuellen Übergriffe stellen dann die Bestätigung der 'Verdorbenheit' und deren 'Bestrafung' gleichzeitig dar." (Lorke/Ehlert 1988, S. 523) Das traumatische Introjekt, das im Ich-Ideal angesiedelt bleibt und mit allen anderen Strukturelementen unvereinbar ist, wirkt dort wie ein Fremdkörper, wie eine Art innerer Verfolger und muß quasi "eingefroren" werden (Abspaltung), um sich nicht auszubreiten und gesunde Anteile des Selbst zu infizieren. Dies wiederum führt zu sekundären Schwächungen des Ich. Scham, Verachtung und Haß ebenso wie das Strafbedürfnis sind so bei Vergewaltigungsopfern nur sehr oberflächlich gegen den Verfolger, in Wirklichkeit aber gegen das eigene Selbst gerichtet. Die Selbst-Destruktivität, die der Wiederholungszwang enthält, erklären Lorke und Ehlert damit, daß das strafende Über-Ich das traumatische Introjekt gleich einem verpönten

Triebwunsch behandelt und der vom Über-Ich ausgehende Schmerz das Opfer letztlich vor "der totalen Einsamkeit des endgültigen Objektverlustes bewahrt" (Lorke/Ehlert 1988, S. 529). Die Neigung zur Selbstzerstörung garantiert so die Identität, das psychische Funktionieren.

Als Störungen im narzißtischen Bereich wurden bereits die Störung des Gefühls der persönlichen Identität und der Identität als Frau genannt, des Selbstwertgefühls und des Gefühls der Realität der eigenen Person. Das Trauma wirkt so wie ein nachträglicher Riß, wie eine "narzißtische Wunde". Massive Insuffizienzgefühle bestimmen die Beziehungen zu anderen. Abhängigkeits- und Versorgungswünsche gegenüber Beziehungspersonen wechseln dabei immer mit einem großen Teil Feindseligkeit. Die Frauen erleben sich einer intensiven und schmerzhaften Einsamkeit ausgeliefert und leben in der ständigen Angst davor, wichtige Personen des Umfeldes in deren "Anderssein" wahrnehmen oder aushalten zu müssen. Eigenständigkeit und Profilierung anderer werden sehr schnell zu einer Trennungsdrohung. Therapieanlaß ist dementsprechend häufig eine vergangene oder sich ankündigende Trennungssituation.

Die besonderen Schwierigkeiten der therapeutischen Arbeit liegen darin, daß sie oft in einen Balanceakt mündet: einerseits bestehen unrealistische, symbiotische Erwartungen an die Behandlung, andererseits ein massiver Pessimismus und starke Gefühle der Sinn- und Hilflosigkeit. Eine weitere, damit zusammenhängende Schwierigkeit ist die der großen Ambivalenz, die die Vergewaltigungsopfer ihrer eigenen Autonomie gegenüber erleben: während sie einerseits den Wunsch nach Unabhängigkeit äußern, können erste Schritte in diese Richtung schnell zu depressiven Verstimmungen führen und zu einer Art von "Beweisen", es alleine nicht zu schaffen. Die Erfüllung von Wünschen, die gleichzeitig verboten sind, die Furcht vor Behandlungserfolgen kann einerseits auf die Unfähigkeit von TherapeutInnen zurückzuführen sein (z.B. wenn aggressive Gefühle nicht genug beachtet werden), hat aber auch mit der Dynamik des Traumas selbst zu tun: zunehmende Autonomie und Gesundung bewirken Schuldgefühle. Es können Ängste vor einem Zusammenbruch nach der Behandlung ausgelöst werden. Nicht selten finden sich auch in den Vorgeschichten vergleichbare Reaktionen auf Erfolgs- und Leistungserlebnisse.

Das Ziel der therapeutischen Arbeit, den Wiederholungszwang aufzulösen, selbstdestruktive Tendenzen aufzugeben, beinhaltet die Remobilisierung eines noch größeren Schmerzes: das Trauma selbst und die Drohung des gänzlichen Objektverlustes. Werden diese Gefühle zu früh mobilisiert, d.h. noch bevor ein ausreichendes Vertrauen in der therapeutischen Beziehung entwikkelt werden konnte, kommt es begründet zum vorzeitigen Abbruch. Eine weitere Schwierigkeit besteht in der Tatsache, daß die Umwelt den vorhandenen

narzißtischen Kränkungen auch real Nahrung verschafft, meist infolge von pathologischen Beziehungsmustern und wechselseitigen Projektionen, so daß Phantasie und Realität sich permanent anzunähern drohen.
Als Aufgabe der therapeutischen Arbeit mit vergewaltigten Frauen gilt die Integration des abgespaltenen Erlebnisbereiches. Es ist unabdingbar, daß ein Bedürfnis der Frauen selbst (und nicht der Wunsch z.B. der Umgebung), sich nochmals mit der Vergewaltigung auseinanderzusetzen, spürbar wird. Integration des Erlebten bedeutet einen schmerzhaften Prozeß, der die Frauen erneut konfrontiert mit der Sinnlosigkeit des ihnen angetanen Leids, mit der Trauer, daß niemand sie hat schützen können, mit der Wut, daß die Welt ein solches Unrecht zugelassen hat. Es ist mehrfach beschrieben worden, daß im Zentrum der Verarbeitung des Vergewaltigungstraumas ein Trauerprozeß steht (Libow und Doty 1979, Forman 1980, Whiston 1981, Lorke/Ehlert 1985), der die Trauer um die zahlreichen Verluste (Verlust des schützenden Objekts, Verlust von Teilen des Ideal-Selbst u.a.) zum Gegenstand hat. Die Zumutung eines solchen Schmerzes, der mit therapeutischer Hilfe empfunden und überwunden werden soll, bedarf einer tragfähigen und vertrauensvollen Beziehung. Ein solcher Prozeß beinhaltet, daß bisherige gegen den Schmerz gerichtete Abwehrprozesse aufgegeben werden und eine Auseinandersetzung der Klientin nicht nur damit stattfindet, was ihr angetan wurde, sondern auch damit, was sie selbst getan hat: sich unterworfen, die eigene Erniedrigung intrapsychisch besiegelt. Eine therapeutische Arbeit ist nicht in der Lage, die Vergewaltigung ungeschehen zu machen, die Frau wieder zu der werden zu lassen, die sie vorher einmal war. Sie kann lediglich ermöglichen, die alles überschattende Wichtigkeit des Erlebten, der Person des Täters, zu mildern und wieder Kräfte freizusetzen, die durch die Blockierung der Gefühle ein zufriedeneres Leben bislang verhindert haben. Die Trauer darüber, nicht geschützt worden zu sein, ist immer auch die Trauer darüber, sich selbst nicht geschützt zu haben.
Ob ein Trauma letztlich als "verarbeitet" angesehen werden kann, ist nicht Folge eines "einzigen Schrittes". Nicht zuletzt steht es in Zusammenhang mit vorab bestehenden Formen der Konfliktbewältigung und mit wesentlichen Aspekten der sozialen Lebenssituation. Beidem gilt es, in der therapeutischen Arbeit großes Gewicht beizumessen.

### 6.3.4 Häufig vorkommende Merkmale der therapeutischen Beziehung

*Das Beziehungsangebot der Klientinnen*

Von zentralem Interesse bei der therapeutischen Arbeit mit Vergewaltigungsopfern ist die Beziehung, die die Klientin zur Therapeutin herstellt, wie sie diese aufrecht erhält und gestaltet. Ich möchte im folgenden einige häufig anzutreffende Schwierigkeiten in der Beziehungsgestaltung beschreiben, deren Überwindung den weiteren therapeutischen Verlauf maßgeblich bestimmt.

*Mißtrauen:* Häufig treffen wir bei den Klientinnen auf ein großes, z.T. auch verhehltes Mißtrauen. Die Entscheidung, sich an eine Beratungsstelle zu wenden, kann im Moment des ersten Kontaktes bereits für sie fragwürdig werden. Es kann sich das Gefühl einstellen, daß sich die negativen Erfahrungen der Vergangenheit wiederholen könnten, ihnen nicht geglaubt wird, sie auf Unverständnis bezüglich ihrer ambivalenten Gefühle treffen usw. Die Frauen fürchten antizipatorisch die Nähe einer Zweier-Konstellation, weil sie nicht wissen, ob sie schließlich wieder enttäuscht übrig bleiben. Oft drückt sich dies aus in wiederholten Vergewisserungen bezüglich gemeinsam getroffener Vereinbarungen. Dieses Mißtrauen, bis hin zur Feindseligkeit, kann auch später in der Therapie wieder auftauchen, wenn die Therapeutin als "Angreifer" erlebt wird und die Klientin ihre projizierte Aggression in ihr zu kontrollieren sucht.

*Geringe Frustrationstoleranz:* Sie zeigt sich dann, wenn eine Klientin dazu neigt, geringfügige Belastungen mit unverhältnismäßigen Reaktionen zu beantworten. Es kann zum abrupten Abbrechen der Beziehung kommen, oder zur Bereitschaft, die inneren Spannungen impulsiv in Handlung umzusetzen, um dem unlustvollen Affekt zu entgehen. Das eigene Verhalten wird dabei nur als Reaktion auf das Verhalten der anderen gesehen und basiert auf dem Gefühl, selbst "keine andere Wahl zu haben": die Frauen erleben sich ihren inneren Empfindungen willenlos ausgeliefert. Notwendige Frustrationen durch die Therapeutin werden oft als Kränkungen erlebt und mit Entwertung beantwortet.

*Magische Heilserwartungen:* Es kommt vor, daß mit dem Therapiewunsch die Hoffnung verknüpft wird, in der Therapeutin die Person zu finden, die nun alles wiedergutmacht. Oft ist dies verknüpft mit grenzenlosen Erwartungen an eine therapeutische Arbeit, die von dem Wunsch geprägt sind, "alles aufzuarbeiten" oder der Hoffnung, die Therapeutin verfüge über (magische) Methoden der schmerzlosen Heilung. Häufig sind die Frauen nicht in der Lage, ihr Anliegen mitzuteilen; sie appellieren an ein "Verständnis" in der Therapeutin ("Na ja, sie wissen schon...“), das die Trennung zu dieser aufzuheben scheint. Die Überzeugung, wortlos verstanden zu werden, deutet hin auf die Schwierigkeit, zwischen Innen und Außen zu differenzieren. Oft findet sich die Überzeugung, daß die “allmächtige” Therapeutin diese Wünsche erfüllen könnte, wenn sie nur wollte. Es kommt in diesem Zusammenhang auch zu Versuchen, die Therapeutin “zu zwingen”. Die Beziehung zur Therapeutin ist so mit riesigen Erwartungen beladen und kann in einer großen Enttäuschung enden.

*Scham, Schuld und Unterwerfung:* Viele Klientinnen meinen, daß die Tatsache, daß sie nach so langer Zeit noch an den Folgen der Vergewaltigung leiden, ein persönliches Versagen beinhalte. Die Vergewaltigung und daß es dazu kam, samt dem mißlungenen Verarbeitungsprozeß, wird dabei nur als ein Versagen unter vielen anderen berichtet: sie wurde rückblickend eingeordnet in eine Linie der “lebenslangen” Unfähigkeit, liebenswert zu sein und gleichzeitig selbstbestimmt zu leben. Die Vergewaltigung ist zu etwas “Typischem” im eigenen Leben geworden. Sie wird als Ausdruck der Problematik des eigenen Lebens überhaupt gesehen (z.B. “Ich habe noch nie für mich eintreten können, mich durchsetzen können” - was auch heißt: “Ich werde es auch hier nicht können”). Dies äußert sich nicht selten in einer latenten Bereitschaft, sich den - vermeintlichen - Wünschen der Therapeutin zu unterwerfen: allem vehement zuzustimmen, was diese äußert, und - wenn sie nichts äußert - dennoch zu erraten, was diese möchte. Oft drückt sich darin auch aus, daß die Frauen meinen, selbst gar keine Wünsche und Bedürfnisse zu haben, für die sich der Einsatz lohnt. Rückblickend berichten die Frauen, anfangs große Angst davor gehabt zu haben, die Therapeutin zu überfahren, zu verletzen,”zu verlieren”. Es tauchen Phantasien auf, kein Recht zu haben, die Zeit der Therapeutin in Anspruch zu nehmen, oder sie schonen zu müssen, z.B. auch dadurch, daß ihr Einzelheiten der Vergewaltigung “erspart” werden sollen. Hier zeigt sich die Angst vor der Unzuverlässigkeit des Objekts, vor der Abwendung der Therapeutin, wenn diese erst die “Wahrheit” erführe.

*Die Therapeutin als Bündnispartnerin:* Nicht selten sind aktuelle Beziehungsschwierigkeiten mit Partnern, Kindern, Eltern und - in deren Folge - massive aggressive Einstellungen der Anlaß für einen Therapiewunsch. In nicht wenigen Fällen wird die Therapeutin zunächst als mögliche Bündnispartnerin gegenüber den jeweils als problematisch empfundenen Bezugspersonen betrachtet. Es ist ein gesteigertes Bemühen der Frauen festzustellen, sich vor dem Auftauchen bedrohlicher negativer Übertragungsreaktionen zu schützen und zwar nicht selten gerade durch solche Abwehrmechanismen, die zu einer zusätzlichen Ich-Schwächung beitragen. Wichtig ist dabei vor allem der Mechanismus der projektiven Identifizierung, wobei die Projektion hauptsächlich zur Externalisierung aggressiver Selbst- und Objektimagines eingesetzt wird und auf Personen der Umgebung, “Männer” oder auch auf den Täter gerichtet ist. Dabei ist wichtig, daß gleichzeitig eine “empathische” Verbindung mit der entsprechenden Person bestehen bleibt, die - nun infolge der Projektion und nicht allein der Realität - wegen ihrer Bedrohlichkeit unter Kontrolle gehalten werden muß. Entspricht die Therapeutin nun den Erwartungen einer Bündnispartnerin im Kampf gegen die gefährliche Außenwelt nicht, erfolgt oft sehr schnell eine Umkehrung in Form einer Entwertung. Die Aggression wird dann auf die Therapeutin projiziert, was zu einem Teufelskreis führen kann: den Kreislauf von Projektion und Introjektion sadistisch-aggressiver Repräsentanzen in der Übertragung zu durchbrechen, ist ein Hauptproblem der therapeutischen Arbeit mit vergewaltigten Frauen.

*Die Therapeutin als Verfolgerin:* Die Identifikation der Therapeutin mit einer elterlichen Imago bzw. mit dem abgespaltenen und projizierten Selbstanteil ist abhängig von dem vorhandenen Grad der Realitätsprüfung und der Fähigkeit, zwischen sich (bzw. dem subjektiven Erleben) und anderen (bzw. der intersubjektiven Wahrnehmung) zu unterscheiden. Wird die Therapeutin nur als versagend, “böse” erlebt, kann dies rasch zum Abbruch führen bzw. dazu, daß eine therapeutische Arbeit gar nicht erst begonnen werden kann. Die Therapeutin ist dann mit der versagenden und nicht schützenden Elternfigur bzw. dem Bild der wertlosen und schlechten, schmutzigen Frau völlig oder partiell identisch und wird als bedrohlich, wenig hilfreich und schützend erlebt. In diesen Fällen treffen wir oft auf vielfältige vorausgegangene Versuche, eine therapeutische Hilfe zu bekommen, die sich dann immer wieder als “nicht möglich” erwies. Die Entwertung sämtlicher Hilfsangebote kann dazu führen, daß die therapeutische Arbeit erneut abgebrochen werden muß, weil die Unmöglichkeit, sich vertrauensvoll auf einen anderen Menschen einzulassen, stärker wird als der Wunsch nach Hilfe. Diese Wut gilt nicht selten auch den Grenzen des therapeutischen Settings, die die Therapeutin notwendigerweise zieht und es kann zu Versuchen kommen, diese zu durchbrechen.

### *Die Bedeutung der Gegenübertragung*

Gegenübertragungsgefühle können als Hindernis aber auch als Hilfe für das Verständnis des verborgenen Sinns von Mitteilungen der Klientinnen wirken. Es werden darunter die spezifischen Gefühlsreaktionen der Therapeutin auf die Übertragungsgefühle, die unbewußten Konflikte, die Abwehr und die Kommunikationsangebote der Klientin verstanden. Sie können ausgelöst werden durch narzißtische oder Triebbedürfnisse der Therapeutin, wobei starke emotionale Regungen oder aber das gänzliche Fehlen jeglicher emotionalen Beteiligung darauf hinweisen, daß sich eine interpersonelle Dynamik vollzieht, die durch das Unbewußte der Klientin in Gang gesetzt wurde. Zum Hindernis in der therapeutischen Arbeit werden Gegenübertragungsgefühle dann, wenn sie nicht bewußt oder nicht handhabbar werden.

Wenn Frauen mit vergewaltigten Frauen arbeiten, besteht immer die Gefahr, daß nicht gelebte Anteile aus der eigenen Mutter-Tochter-Beziehung reaktualisiert werden. Die symbiotisch gefärbten Beziehungsangebote der Klientinnen können auf seiten der Therapeutin auf starke Ablehnung treffen (verbotene Symbiosewünsche aus alten Verlustängsten) oder aber zu einem Wunsch nach Einssein mit der Klientin führen. Eine sich herstellende Nähe zu den Klientinnen kann so verknüpft sein mit Phantasien des Selbstverlustes oder aber der Angst vor Verlassenwerden bzw. davor, das "narzißtisch besetzte Objekt" könne sich selbständig machen und gehen. Das Anklammern an Klientinnen, an die der eigene Wert als Therapeutin geknüpft zu sein scheint, kann abwechseln mit Gefühlen des Bedrohtseins, wenn die Therapeutin es versäumt hat, ausreichende Grenzen zu ziehen. Es kann zu Wutgefühlen gegenüber der Klientin infolge einer symbiotische Beziehung kommen, aus der es kein Entrinnen zu geben scheint. Es kann der Wunsch entstehen, die Klientin loszuwerden, sie an andere Therapeutinnen abgeben zu wollen. Vergewaltigungsopfer fordern ihr Gegenüber oft zu einer Identifizierung mit ihnen heraus, genauer: zu einer Verschmelzung mit den dazugehörigen Idealisierungen oder aber zu schroffer Ablehnung. Die Gründe liegen in der bereits beschriebenen Externalisierung bzw. in Spaltungen eigener Gefühlsanteile und in der Reinszenierung des inneren Konflikts, die auf die innere Zerrissenheit der Klientin verweisen. Zum Begriff der Identifizierung möchte ich an dieser Stelle auf die Unterscheidung zwischen der "introjektiven" und der "projektiven Identifizierung" hinweisen (vgl. Ogden, nach Lazar 1990, S. 392). Erstere beschreibt einen psychischen Vorgang, in dessen Verlauf Eigenschaften, Haltungen, Bedeutungen der Klientin übernommen werden, in einer Weise, die "eine tiefe Gemeinsamkeit mit dem, was das Objekt vermittelt" (S. 392) ermöglicht. Die zweite dagegen beruht gerade nicht auf gemeinsamer Empfindung, sondern auf nur vermeintlicher Gemeinsamkeit: die "Hülle" des Gegenübers wird mit unerwünschten Inhalten aus der eigenen Psyche gefüllt, projektive Identifizierung ist also als Bemächtigung des Gegenübers zu verstehen.

Vor allem in Therapieformen, die auf einem Solidarisierungsgebot beruhen, wo sich also Therapeutin und Klientin als Gleiche und Verbündete begegnen sollen, kann es zu dramatischen Identifikationsverschreibungen auf der Ebene der Op-

ferrolle kommen und zu gemeinsamen Projektionen der negativen Beziehungsaspekte auf die (Männer-)Welt draußen. Die Solidarisierungsbestrebungen sind dabei in der Regel eindimensional: die Therapeutin darf partizipieren am Leid und am Elend der Klientin und vergewissert sich so der Richtigkeit ihrer Identität. Der narzißtische Gewinn besteht in der Mutterfunktion, in einer Art Umkehrung des ursprünglich selbst Erlebten und in der Grandiosität der eigenen Position als Retterin von Opfern vor Verfolgern. Lassen die Opfer sich nicht retten, wird die Therapeutin oft selbst zur Verfolgenden: sie konkurriert dann nicht selten mit "den Männern" um Stärke und Macht.
Die hilfesuchenden Frauen tragen eine bedrohliche Wirklichkeit in die therapeutische Situation, die die bewußte oder unbewußte Angst vor Männern als Trägern der Gewalt erneuert und verstärkt. Geht man davon aus, daß im wesentlichen der nicht vorhandene Schutz durch die eigene Mutterfigur, d.h. die Unfähigkeit der Ablösung und der Verwirklichung von Autonomiebestrebungen bei Frauen dazu führen kann, sich den Männern zuzuwenden, um dort entweder Hilfe zu erwarten oder auf diese die der Mutter geltenden feindseligen Impulse zu projizieren, so teilen Therapeutin und Klientin ein gemeinsames Thema: sich von dem Primärobjekt nicht geschützt, sondern verfolgt zu fühlen. Die gemeinsame Beschäftigung mit dem real und auch in der Phantasie bedrohlichen Mann hält das gemeinsame Leid aufrecht und kann für beide der Vermeidung sehr schmerzlicher Gefühle des Getrenntseins und Alleineseins dienen. Die Gefahr der Verstrickung in eine Identifizierung mit der Klientin, bei der eigene frühe Objektbeziehungen wirksam sind, kann sich im Gebrauch der gleichen Abwehrformen niederschlagen, zu denen auch die Klientinnen neigen. Es kommt zu projektiven Identifikationen, Spaltungen u.ä., um den aus dem Inneren der Therapeutin auftauchenden Ängsten und aggressiven Impulsen vorzubauen. Ich-Grenzen können sich partiell aufzulösen drohen und es können Beziehungsmuster entstehen, in denen die Therapeutin die Klientin dominiert oder sich ihr unterwirft. Die Arbeit wird ebenfalls in Frage gestellt, wenn die Therapeutin sich aus eigener Not von der Klientin distanziert und zurückzieht. Im Extremfall können paranoide Phantasien gegenüber der Klientin wach werden. Alle oben beschriebenen Reaktionsformen, wie sie im sozialen Umfeld und bei Helfenden anzutreffen sind, können auch Bestandteil der therapeutischen Situation sein.

### *Phasen des therapeutischen Prozesses*

Verallgemeinernd können drei, in der Beziehungsstruktur qualitativ unterscheidbare Phasen der therapeutischen Prozesses beschrieben werden, die jeweils unterschiedliche therapeutische Interventionen erfordern, aber nicht unbedingt linear aufeinanderfolgen.

In der *ersten Phase des therapeutischen Prozesses* gilt es, das anfängliche Mißtrauen, die Angst, aber auch übermäßige Erwartungen, Schamgefühle in bezug auf die therapeutische Beziehung zu reduzieren. Es gilt, ein "Arbeitsbündnis" (Greenson, 1975) aufzubauen, einen "beobachtenden Ich-Anteil" und somit die Selbstreflexion der Klientin zu ermöglichen. Es bedarf einer Bereitschaft der Klientin, mit der Therapeutin auf einer realitätsbezogenen Ebene zu kooperieren und der Fähigkeit, sich selbst als andere zu beobachten: Das Arbeitsbündnis stellt somit den übertragungsfreien Bereich von Interaktionen dar, der notwendig ist, um auch in schwierigen Phasen des therapeutischen Prozesses die Weiterarbeit zu gewährleisten. Anfängliche klare Absprachen hinsichtlich des Settings und der Richtung der gemeinsamen Arbeit werden im späteren Verlauf der Therapien wichtige Bezugspunkte.

In dieser ersten Phase ist ein unterstützendes Begleiten und Bestätigen der Erinnerungen und Wahrnehmungen der Gewalterfahrung von Bedeutung. Es ist die Aufgabe der Therapeutin, zunächst gewährend und nicht interpretativ oder konfrontierend zu arbeiten. Dies bedeutet nicht, daß die therapeutische Neutralität aufgegeben werden muß, denn sie ist ein wichtiger Schutz auch für die Klientin und dient gerade dem Bemühen, mit ihr im Kontakt zu bleiben. Oft wird Neutralität verwechselt mit der Abwesenheit von Anteilnahme, Mitgefühl, "Betroffenheit" oder gar mit mechanischer Rigidität des Verhaltens, Inaktivität oder Unterdrückung spontaner Regungen. Eine neutrale Haltung meint vielmehr die gemeinsame Suche nach Einsicht, die Zuverlässigkeit der Therapeutin und die Wichtigkeit, die diese den Stunden beimißt sowie ihre Fähigkeit, Hindernisse in der Arbeit zu erkennen und zu handhaben. Die Therapeutin bedarf der Fähigkeit, zwischen Nähe, Empathie und Aufmerksamkeit einerseits, und Introspektion, Distanz und Reflexion von Zusammenhängen andererseits hin und her zu pendeln. Wichtig ist die neutrale Haltung gegenüber den Klientinnen vor allem wegen deren hochgradig ambivalenten Einstellungen, die nur schwer von ihnen geäußert werden können. Neutralität gründet sich durchaus auch auf "Sorge", "concern" im Sinne Kernbergs. "Sorge" umfaßt in diesem Zusammenhang ein klares Wissen um den Ernst der destruktiven und selbst-destruktiven Impulse des Patienten, um die Möglichkeit des Auftretens solcher Impulse auch beim Analytiker und die notwendige Begrenztheit aller seiner therapeutischen Bemühungen. 'Sorge' impliziert auch den echten Wunsch und das Bedürfnis, dem Patienten trotz seiner vorübergehenden 'Schlechtigkeit' zu helfen. Etwas abstrakter kann man es so formulieren: 'Sorge' bedeutet das Ernstnehmen der Destruktivität und Selbstdestruktivität des Menschen allgemein und die Hoffnung - nicht Gewißheit -, daß der Kampf gegen solche Neigungen in einzelnen Fällen erfolgreich ausgehen kann." (Kernberg, 1983, S. 84)

In diesem Zusammenhang wird vielfach der Begriff der "Empathie" benutzt. Nach Fliess (1942, nach Kernberg 1983, S. 75f.) beruht die empathische Haltung auf einer "Probeidentifizierung" auf Zeit, im Gegensatz zu einer übermäßig starken und dauerhaften Identifizierung ("Gegenidentifizierung"), die die Arbeit behindert. Frauen mit traumatisierenden Gewalterfahrungen wollen, daß ihr Leid gesehen und nachempfunden wird und sie suchen, in ständiger Wiederholung, es zu beenden. Dabei erleben sie die Tat, den Täter, die Umgebung und die elterlichen Objekte als gleichgültig, desinteressiert und abgewandt: eine Objektwelt, die sich letztlich als unzulänglich, schwach, abwesend und resigniert erweist. Rhode-Dachser (1986) hat, im Falle von masochistischen Inszenierungen, von dem "Ringen um Empathie" bei Patientinnen gesprochen, das es nötig mache, daß sich die Therapeutin als "unaufdringliche Zeugin seelischen Schmerzes" (Khan 1983), als ein "antwortendes Objekt" (Heigl-Evers 1980) verstehen müsse. Unaufdringlich deshalb, weil es nicht darum gehe, das Leid vorzeitig zu stillen, sondern um eine Einstellung der Therapeutin, die weiß, "daß ein solcher Schmerz nicht tötet" und als Teil des Selbstgefühls akzeptiert werden kann. Die Zurückhaltung der Therapeutin respektiert "gleichzeitig die Abwehr des Patienten und gerät nicht so leicht in die Rolle des eindringenden Verfolgers, gegen den diese Abwehr ursprünglich einmal errichtet wurde. Eine aktivere Haltung empfiehlt sich dagegen immer dort, wo das ursprüngliche Objekt sich nicht so sehr aufdrängte, sondern eher entzog" (Rhode-Dachser 1986, S. 56). Heigl-Evers (1980) spricht in diesem Zusammenhang von dem "Prinzip Antwort" und meint damit die Mitteilung von TherapeutInnen über Gefühle und Vorstellungen, die Patientinnen beim Gegenüber auslösen und die diese wiederum zu einer Antwort befähigen: also ein Vorgehen, bei dem die Klientin eine Reaktion oder Antwort auf ihr Leid nicht erzwingen muß. Ein therapeutischer Prozeß hat ja u.a. auch das Ziel, daß die Klientin sich selbst versteht und nicht mehr zwingend auf das Verständnis des oder der anderen angewiesen ist.

Die *zweite Phase der therapeutischen Arbeit* ist durch negative Übertragungsreaktionen gekennzeichnet. Oft werden infolge des Übergangs von einer eher stützenden zu einer eher konfrontierenden therapeutischen Haltung, in der es nun überwiegend um die Anteile der Klientin und ihre Verantwortung für ihr Leben geht, Unmutsgefühle wach. Diese können nur dann geäußert werden, wenn die Klientin der Stabilität der Beziehung traut. Sie empfindet die Therapeutin nun eher als versagende, vernachlässigende Elternfigur, die zu wenig gibt, die enttäuscht, die sich als unzureichend erweist. Die therapeutische Arbeit erscheint der Klientin als Zumutung, als sinnlos. Es kommt zu Wutausbrüchen gegenüber der Therapeutin (z.B. weil diese Urlaub macht). Diese Wut und der Ärger gelten dabei immer auch sich selbst: es kommt zu verzweifelten Selbstanklagen und -abwertungen, dann wieder zu anklagendem Verhalten gegenüber Dritten. Die Frau empfindet ihr eigenes Tun und Verhalten als demütigend, erniedrigend und versucht nicht selten, gewaltsam dieser Position zu entrinnen. Auch in bezug auf die Vergewaltigung gilt die Wut und der Haß dem Täter, für das, was er ihr angetan hat; gleichzeitig richtet sich diese Wut aber immer auch gegen die eigene Person: sie haßt sich selbst dafür, daß sie sich dies hat antun lassen, daß sie sich seiner Gewalt gebeugt hat. Die Unterordnung und Unterwerfung wird zum zentralen Gegenstand der Therapiestunden, es geht um Macht, Verantwortung und Grenzziehung.

Es ist wichtig, die Verzweiflung über das eigene Erleben und Tun nicht "wegzutrösten" durch Rationalisierungen, etwa ein bestimmtes Verhalten als das einzig richtige und lebensrettende zu erklären. Die Äußerung von Verzweiflung muß möglich sein und ernstgenommen werden; sie richtet sich zentral und grundsätzlich auf die gesamte eigene Lebensgeschichte. Die regressive Wut gilt dabei nun vorrangig jenen, von denen die Frau sich im Stich gelassen fühlt: den Elternfiguren, die sie nicht ausreichend geschützt, verlassen und verstoßen haben. Die besondere Schwierigkeit der therapeutischen Arbeit in dieser zweiten Phase besteht darin, trotz dieser - notwendigen - Wut auf die Therapeutin die Bereitschaft zur Weiterarbeit aufrecht zu erhalten. Wird die Therapeutin als Aggressor, als zu zerbrechlich oder als vernachlässigend erlebt, kann es zum Abbruch der Therapie kommen. Die Wut beinhaltet immer auch die Androhung eines Verlustes: die Drohung, sich trennen zu müssen. Idealisierung, Entwertung, Spaltung und Projektion werden als Abwehrformen eingesetzt, um durch Unterwerfung "überleben" zu können. Die Infragestellung oder partielle Auflösung dieser Abwehrformen beinhaltet eine Trennungsdrohung: ein Abbruch der Therapie ist oft erträglicher als diese Zumutung, sich von einem Teil des eigenen Selbst zu trennen. Für die Therapeutin ist es in dieser Zeit notwendig, in den Aggressionen, die sich gegen sie richten, die Adressaten zu erkennen. Sie muß deutlich machen, daß sie diese Wut überlebt, auch in der Abgrenzung. Therapieverläufe, in denen es zu keinerlei negativer Übertragung kommt, können sich als "endlos" und sinnlos erwiesen. Die Vermeidung der Wiederbelebung negativer Gefühle resultiert aus der Angst, diese könnten alles zerstören. Die Frauen müssen dann weiterhin das Schreckliche des Tatgeschehens leugnen oder so tun, als ob überhaupt nichts Schreckliches geschehen sei. Sie verbleiben in einer Art Hoffnung, die Vergewaltigung dadurch ungeschehen ma-

chen zu können und gleichzeitig in einer unüberwindbaren Bindung an den Täter bzw. die Elternfigur. Frauen, die alles daran setzen, ihre emotionale Selbstgenügsamkeit und Unabhängigkeit von gefühlsbeladenen Beziehungen zu betonen, haben besondere Schwierigkeiten, negative Affekte in der Beziehung zur Therapeutin zuzulassen und auszudrücken. In ihrer Kindheit haben sie meist die Erfahrung gemacht, daß auf ihre Wünsche nach Fürsorge, Schutz und Zuwendung mit Reizbarkeit, Kälte, mit Unzulänglichkeit oder Verlust der elterlichen Zuneigung, mit Teilnahmslosigkeit, Kritik oder mißbrauchendem Übergriff reagiert wurde. Den Eltern gegenüber werden massive ambivalente Gefühle deutlich, die abgewehrt werden durch Rückzug, Anspruchslosigkeit und Fürsorglichkeit für andere. Die eigene Not wird quasi im anderen zu heilen versucht. Die Unterscheidung zwischen Selbst und Objekt zu fördern, indem die Spaltungsprozesse thematisiert werden, ist deshalb hier ein therapeutisches Thema.
Eine Verarbeitung des Traumas macht es erforderlich, daß die Frau mit der Tatsache zurechtkommt, daß das Leben ihr ein so sinnloses Erlebnis zumutete, daß es ihr geschehen ist und nicht einer anderen, und daß die Vergewaltigung eine unabänderliche Tatsache in ihrem Leben bleiben wird. Die Frau muß sich von jenem Teil ihres Selbstbildes verabschieden, das sich in gänzlicher Sicherheit und Geborgenheit glaubte und davon ausging, sich in einer Situation absoluter Gewalt immer noch behaupten und retten zu können. Dieser Vorgang wurde als "Trauerarbeit" bezeichnet und kann als das eigentliche Ziel der dritten Phase der therapeutischen Bearbeitung einer Vergewaltigungserfahrung betrachtet werden. Unter Trauerarbeit versteht man einen intrapsychischen Vorgang, der auf den Verlust eines Beziehungsobjektes folgt und der dazu dient, sich von diesem progressiv zu lösen (Laplanche/ Pontalis 1972). Anna Freud schreibt: "Trauerarbeit im analytischen Sinn bedeutet für uns den Versuch, eine äußere Tatsache (Verlust des besetzten Objekts) zu akzeptieren und entsprechende innere Veränderungen (Abziehen der Libido vom verlorenen Objekt, Identifizierung mit ihm) herbeizuführen." (Anna Freud 1960, S. 1782) Trauer bedeutet das Gegenteil von Abwehr, die gegen den Schmerz und die Realitätseinsicht gerichtet ist. Nach A. und M. Mitscherlich (1983) ist die "Unfähigkeit zu trauern" das Ergebnis intensiver Abwehr von Schuld, Scham und Angst. Es gilt, wie bereits beschrieben, die normale Trauer von der pathologischen Trauer (der depressiven, manischen und melancholischen) zu unterscheiden. Kernberg beschreibt diese Fähigkeit zu trauern so: "Um solche schweren Defekte und Mängel bewältigen zu können und damit leben zu lernen, bedarf es der Fähigkeit zu trauern und diese Trauer innerlich zu verarbeiten und zu überwinden, das damit verbundene Alleinsein auszuhalten und realistisch zu akzeptieren, daß andere Menschen manches haben, was man selbst nie gehabt hat und

womöglich auch nie mehr in vollem Umfang ausgleichen kann. Man hofft natürlich, daß solch eine Fähigkeit sich im Verlaufe der Behandlung entwickeln wird, aber in welchem Umfange das geschieht, ist immer schwer vorauszusagen." (Kernberg 1983, S. 205) Im Verlauf der Therapie mit Vergewaltigungsopfern geht es bei der Trauer häufig um ein mehrfaches: die Trauer über die Realität der Vergewaltigung, die Trauer über den Verlust von Teilen des Ideal-Selbst und die Trauer über die Tatsache, daß in einer Situation kindlicher Not die Elternimagines versagten, die Schutzphantasien sich als unrealistisch erwiesen. Die Anerkennung der Vergewaltigung als eines schwerwiegenden Einbruchs in das Leben und die damit verbundenen Gefühle mutet den Frauen den Schmerz zu, den zu spüren sie bis dahin erfolgreich vermieden haben. Diese Arbeit kann von der Therapeutin nicht allein "durch Anwesenheit" begleitet werden. Vielmehr gilt es, in dieser Phase der Therapie den erlittenen Verlust auch einzugrenzen. Ein Weg dabei ist die ausführliche und einfühlsame Beschäftigung mit der Lebensgeschichte. In diesem Zusammenhang können Abgrenzungen zwischen der Person der Klientin, ihren Gefühlen, Gedanken, Handlungen und jenen der verlorenen Objekte deutlich werden. Es gilt, die näheren Umstände, die zu der Vergewaltigung führten, noch einmal neu zu betrachten. Häufig sind bis dahin wichtige Einzelheiten ausgeblendet worden. Oft haben die Frauen versucht, ihre Verlustgefühle mit Hilfe von Ersatzobjekten zu überbrücken. In dem Maße, in dem sie sich von ihrer Hoffnung auf Wiedergutmachung (Ungeschehenmachen) verabschieden können, verlieren diese Beziehungen ihren Ersatzcharakter. Der Trauerprozeß löst keineswegs alle Schwierigkeiten. Er versetzt im besten Fall die Frauen in die Lage, ihr Leben so zu führen, wie sie es sich nunmehr vorstellen.

Immer wieder kommt es im Verlauf der Arbeit zu einer scheinbaren Rückkehr zum Anfang. Aggressionen, Sinnlosigkeitsgefühle und Traurigkeit wechseln sich ab, wobei die stabilen Phasen sich mit zunehmender Zeit verlängern. Das Ende des therapeutischen Prozesses wird im positiven Fall meist dadurch eingeleitet, daß anfängliche Beschwerden und Schwierigkeiten kaum noch eine Rolle spielen und die Klientinnen mehr und mehr beginnen, die eigene Opferhaltung zu hinterfragen und aufzugeben, ohne sich dabei "schlecht" zu fühlen. Sie suchen - zwar noch in Begleitung, aber dennoch von sich aus - nach Wegen und Mitteln, mit den eigenen Anteilen anders als bisher umzugehen. Dies kann den Wunsch einleiten, ganz auf die Mithilfe der Therapeutin zu verzichten, um es alleine zu versuchen.

TherapeutInnen müssen sich damit abfinden, daß idealtypische Therapieverläufe die Ausnahme sind. Gemessen am anfangs gesetzten Fokus gilt es immer wieder neu zu überprüfen, ob die eigenen Erwartungen an das therapeutische

Tun zu immens sind. Da die Arbeit mit Gewaltopfern die Identität der Therapeutin angreifen kann, bedarf es m.E. dringend eines ausreichenden Schutzes und einer Kontrolle von außen. Neben einer permanenten Fall-Supervision, die sich speziell auch mit Übertragungs- und Gegenübertragungsgefühlen befaßt, ist eine Team-Supervision zur Entlastung und zum Schutz von TherapeutInnen-Teams erforderlich. Für die therapeutische Arbeit selbst ist es von zentraler Wichtigkeit, die Gegenübertragungsgefühle zu thematisieren, um die aktuelle Übertragungssituation zu klären. Ohne ein Verständnis und eine Handhabung der Gegenübertragung ist die therapeutische Arbeit mit Gewaltopfern zum Scheitern verurteilt. Rose (1986) schreibt über die Therapie mit Vergewaltigungsopfern: "For therapists, successful psychotherapy means necessarily, that the therapists too will have to experience the trauma of the threat to their survival, bodily integrity and psychic functioning. They may, at best, be left with the thought: 'There but for the grace of God, go I'."

*Ausblick*

Die Beschäftigung mit der Thematik der sexuellen Gewalt löst Ängste aus - Ängste vor dem nicht-kalkulierbaren, nicht handhabbaren Anteil menschlichen Tuns. Diese - Frauen und Männern vertraute - Angst ist immer auch gemischt mit der Ahnung von der eigenen Destruktivität, eigenen Zerstörungswünschen und, in ihren milderen und anzustrebenderen Formen - der Abgrenzung und Individuation. Der Wunsch, sich zu unterscheiden, eine eigene, von der Elterngeneration und dem anderen Geschlecht verschiedene weibliche oder männliche Identität (und Sicherheit dieser Identität) zu entwickeln, erfordert gerade die Möglichkeit der Balance zwischen Lust und Aggression, die bei der Vergewaltigungsproblematik ad absurdum geführt wird. Dementsprechend ist das hier verhandelte Thema gut geeignet für Mißverständnisse und Abwehrreaktionen. Sehr schnell kommt es immer wieder zu einer Vermischung zwischen Realität und Phantasie, zu einer (abwehrfördernden und damit Gewaltverhältnisse stabilisierenden) Bewertung, Verurteilung, in der Hoffnung, dadurch Gewalttätigkeit aus dem Weg zu schaffen.
Dem "Dunkelfeld" im polizeilich-juristischen Sinne (nichtangezeigte Delikte) und im Bereich der psychosozialen Hilfe (die fehlt oder nicht greift) entspricht ein weiteres: ein Feld von real existierender Gewaltbereitschaft, gewaltfördernden und -duldenden Handlungen, aber auch von gewaltbeladenen Wünschen und Phantasien und deren Abwehr. Dunkel bleibt auch die Frage nach dem Gewalthinnehmen, dem Gewaltleugnen, Gewaltübersehen auf seiten der Frauen, was Thürmer-Rohr (1991) mit dem Begriff der "Mittäterschaft" zu fassen

suchte. Die Frage, inwiefern die verleugnete Wut der Frauen sich bei Männern wiederfindet, wird hier interessant. Thürmer-Rohr hat in diesem Zusammenhang zu Recht darauf hingewiesen, daß sich das Vergewaltigungsparadigma nicht dazu eignet, auf die Lebens- und Überlebenschancen von Frauen "allgemein" übertragen zu werden: bei Vergewaltigung gibt es keine Mittäterschaft. Aber auch dort gibt es den dunklen Bereich von Ängsten, Phantasien und Schuldgefühlen, die sich der rationalen Bewertung entziehen. Baurmann (1991) hat versucht, die "dunklen Felder" der Gewalt auf Männerseite zu beleuchten. Er weist darauf hin, daß die Verheimlichung und Verdrängung sexueller Gewalt bei Männern strukturell begründet ist. Er läßt aus, daß diese aber wiederum Strukturen begründet. In einem gänzlich anderen Zusammenhang spricht auch S. Freud von der Dunkelheit: dem "dark continent", als einer Kennzeichnung seiner Erkenntnisse über die weibliche Sexualität. Bis heute ist es innerhalb der Psychoanalyse - trotz wichtiger Ansätze (Chasseguet-Smirgel 1974, Rhode-Dachser 1989 und 1990, Reinke-Köberer 1978, u.a.m.) - nicht gelungen, die Frage zu klären, was das "Schicksal" der weiblichen Sexualität bestimmt.
Individualpsychologische Aspekte und reale gesellschaftliche Machtverhältnisse scheinen sich unvereinbar gegenüberzustehen. Betrachtet man die verborgene Aggressivität der Frauen, so heißt dies nicht, daß damit ihre gesellschaftliche Ohnmacht sich erklärt. "Pathologisierung" ist in diesem Zusammenhang ein häufig gebrauchtes Schlagwort, das individual-psychologischen Betrachtungsweisen Grenzen zu setzen sucht. Es beinhaltet, daß alle anderen Individuen, auch man selbst, "normal", d.h. frei seien von dem, was an der/dem einzelnen aufgezeigt wird. Nivelliert wird die Pathologie des Normalen. Versuche, die Psyche zu verstehen, bewegen sich - gewollt oder ungewollt - immer auf politischem Terrain - so, wie es sich in den Individuen reproduziert. Das Verstehen einer individuellen Geschichte erlaubt es, die in dieser vermittelt enthaltenen gesellschaftlichen Bedingungen aus der subjektiven Sicht der Frau zu betrachten. Dies bedeutet aber immer auch eine Begrenzung dessen, was vorgefunden wird. Ich lege deshalb Wert darauf, meine Überlegungen in diesem Buch nicht als Dogma verstanden zu wissen. In dem Wissen, daß Widersprüche nicht gelöst sondern auch ertragen werden müssen, hat mich doch beim Schreiben gerade dieser Punkt am meisten belastet.
Das Thema "Vergewaltigung" rührt an die Differenz der Geschlechter und damit an das Unbewußte. In dem vorliegenden Buch ging es um die Gewalt, so wie sie sich zwischen den Geschlechtern zeigen kann, weniger um die Sexualität. Diese Gewichtung mag bedauerlich erscheinen, war aber nicht zu vermeiden. Vergewaltigte Frauen können sich - wie Frauen generell - nicht mit der Beendigung des Opfer-Status zufrieden geben. Es gilt vielmehr, auch ein freud-

und lustvolles Leben zu ermöglichen, das den Frauen vorenthalten wird oder von ihnen nicht gelebt werden kann. Ich halte es mit Barbara Sichtermann, wenn sie schreibt: "Solange es noch ein Vergewaltigungsopfer gibt, braucht niemand von einer Frau zu verlangen, daß sie anders als anklagend von Sexualität spricht." (1987, S. 44) Über Vergewaltigung nachzudenken, heißt auch, über die Sexualität nachzudenken, die damit unterworfen wird. Vergewaltigung als Aggression richtet sich immer auch gegen "das Dunkel" der weiblichen Sexualität. Der Wunsch, Licht in das Geschlechterverhältnis zu bringen- sei es im Bereich der Gewalt oder der Sexualität- ist bei dem vorliegenden Thema immer präsent und hat auch mich am Ende ratlos aber nicht hoffnungslos zurückgelassen. Oder, wie es in einem Buchtitel des Psychoanalytischen Seminars Zürich zum Ausdruck kommt: "Bei Lichte betrachtet, wird es finster."

# 7. Literatur


Abraham, K. (1907): Das Erleiden sexueller Traumen als Form infantiler Sexualbetätigung. In: Psychoanalytische Studien II, S. 167-181, Frankfurt a.M. 1971

Ahlheim, R. (1985): "Bis ins dritte und vierte Glied". Das Verfolgungstrauma in der Enkelgeneration. In: PSYCHE 4/39, S. 330-354

Alexander, F./ Staub, H. (1929): Der Verbrecher und sein Richter. In: Moser (Hrsg.), Psychoanalyse und Justiz, Frankfurt a.M. 1971

Amati, S. (1977 ): Reflexionen über die Folter. In: PSYCHE 3/31, S. 228-245

Amendt, G. (1992): Nimmt die sexuelle Befreiung ein böses Ende? Frankurter Rundschau, 4.11.1992

Amir, M. (1971): Patterns in Forciple Rape, Chicago

Amir, M./ Amir, D. (1979): Krisenzentrum für Vergewaltigte - eine Arena für ideologische Konflikte. In: Kirchhoff/Sessar (Hrsg.)

Anlaufstelle für vergewaltigte Frauen, Freiburg (1992): 2. Zwischenbericht vom Nov.91-Nov.92

Arbeitsgruppe "Institutioneller Umgang mit Vergewaltigungsopfern" (Hrsg.) (1985): Gewalt gegen Frauen. Maßnahmen zur Sicherung der weiblichen Menschenwürde, Bremen

Arbeitsgruppe "Institutioneller Umgang mit Vergewaltigungsopfern" (Hrsg.) (1991): Gewalt gegen Frauen - eine Dokumentation, Bremen

Arbeitskreis "Sexuelle Gewalt" beim Komitee für Grundrechte und Demokratie (Hrsg.) (1987): Gewaltverhältnisse. Eine Streitschrift für die Kampagne gegen sexuelle Gewalt, Sensbachtal

Argument Studienhefte 46 (1981): "Frauen - Opfer oder Täter?", Berlin

Backe, L./ Leick, N./ Merrick, J./ Michelsen, N. (1986): Sexueller Mißbrauch von Kindern in Familien, Köln

Balint, M. (1970): Trauma und Objektbeziehungen. In: PSYCHE 5/24, S. 343-358

Bastiaans, J. (1978): Die wirklichen Leiden beginnen nach der Befreiung. In: PSYCHOLOGIE HEUTE 1/5, S. 66-72

Battegay, R. (1981): Grenzsituationen, Bern/ Stuttgart/ Wien

Baurmann, M. (1983): Sexualität, Gewalt und die psychischen Folgen. Eine Längsschnittuntersuchung bei Opfern sexueller Gewalt und sexueller Normverletzung anhand von angezeigten Sexualkontakten. BKA-Forschungsreihe, Bd.13, Wiesbaden

Baurmann, M. (1991): Die offene, heimliche und verheimlichte Gewalt von Männern gegen Frauen. In: Janshen (Hrsg.)

Baurmann, M./ Fehérváry, J. (1979): Das Problem der Kindesmißhandlung und wie die Justiz damit (nicht) fertig wird. In: Kirchhoff/ Sessar (Hrsg.)

Baurmann, M./ Schädler, M. (1992): Das Opfer nach der Straftat. BKA-Forschungsreihe, Bd. 22, Wiesbaden

Baurmann, M./ Störzer, H.U. (1981): SOS Gewalt - Ein Modell zur Zusammenarbeit verschiedener Institutionen im Bereich sexueller Gewaltdelikte. In: Degler (Hrsg.)

Becker, J./ Skinner, L./ Abel, G./ Howell, J. / K. Bruce,(1982): The Effects of Sexual Assault on Rape and Attempted Rape Victims. In: Victimology 7, S. 106-113

Belcastro, P.A. (1982): A Comparison of Latent Sexual Behaviour Patterns Between Raped and Never Raped Females. In: Victimology 7, S. 224-230

Belz, M. u.a. (1978): "Das Schlimmste ist, nichts tun zu können". In: PSYCHOLOGIE HEUTE 1/5, S. 56-63

Ben David, S. (1982): Die Interaktion zwischen Opfer und Täter während der Vergewaltigung. In: Schneider (Hrsg.), Das Verbrechensopfer in der Strafrechtspflege, Berlin/ New York

Benard, C./ Schlaffer, E. (1978): Die ganz gewöhnliche Gewalt in der Ehe, Reinbek

Benard,C./ Schlaffer, E. (1992): "Kleiner als ein Stück Dreck"- über Vergewaltigungen im jugoslawischen Bürgerkrieg. In: Der Spiegel, 50/1992, S. 148-190

Berna-Glantz, R./ Dreyfus, P. (1982): Trauma, Konflikt, Deckerinnerung; Arbeitstagung der Mitteleuropäischen Psychoanal. Vereinigungen vom 4.-8. April 1982 in Murten. Jahrbuch der Psychoanalyse, Beiheft 8, Stuttgart- Bad Cannstatt 1984

Bettelheim, B. (1979): Erziehung zum Überleben. Zur Psychologie der Extremsituation, München 1982

Bode, J. (1978): Fighting Back - How to Cope with the Medical, Emotional and Legal Consequences of Rape, New York

Bowlby, J. (1980): Verlust, Trauer und Depression, Frankfurt a.M.

Brechmann, T. (1981): Jede dritte Frau. Protokoll einer Vergewaltigung, Reinbek

Brede, K. u.a. (Hrsg.) (1987): Befreiung zum Widerstand, Frankfurt a.M.

Brown, G.R./ Anderson,B. (1991): Psychiatric Morbidity in Adult Inpatients with Childhood Histories of Sexual and Physical Abuse. In: Am. J. Psychiatry 148, S.55-61

Brownmiller, S. (1978): Gegen unseren Willen. Vergewaltigung und Männerherrschaft, Frankfurt a.M.

Bruder, K.-J. (1991): Wenn das Schweigen gebrochen wird. In: PSYCHOLOGIE HEUTE 4/18, S. 59-63

Brückner, M. (1983): Die Liebe der Frauen. Über Weiblichkeit und Mißhandlung, Frankfurt a.M.

Brückner, M./ Holler, S. (1990): Frauenprojekte und soziale Arbeit, Fachhochschule Frankfurt

Bundesministerium für Arbeit und Sozialordnung (Hrsg.) (1987): Der Staat hilft den Opfern von Gewalttaten. Opferentschädigungsgesetz, Bonn

Bundesministerium für Jugend, Familie und Gesundheit (Hrsg.) (1984): Dokumentation der Fachtagung "Gewalt gegen Frauen", Bonn, 12./13.1.1984

Bundesministerium der Justiz (Hrsg.) (1991): Täter-Opfer-Ausgleich. Zwischenbilanz und Perspektiven (Symposion vom 19.-21. Juni 1989)

Burgess, A.W./ Holmstrom, L.L. (1973): "The Rape Victim in the Emergency Ward". In: American Journal of Nursing 10, S.1740-1745

Burgess, A.W./ Holmstrom, L.L. (1974): Rape Trauma Syndrome. In: Am. J. Psychiatry 131, S. 981-986

Burgess, A.W./ Holmstrom, L.L. (1979a): Rape: Sexual Disruption and Recovery. In: Am. J. Orthopsychiatry 49/4, S. 648-657

Burgess, A.W./ Holmstrom, L.L. (1979b): Adaptive Strategies and Recovery from Rape In: Am. J. Psychiatry 136 / 10, S. 1278-1282

Burgess, A.W./ Holmstrom, L.L. (1979 c): Rape: Crisis and Recovery, Bowie

Calogeras, R.C./ Berti, L. (1986): Der traumatisierte Therapeut. Gegenübertragung bei einem "schwierigen Patienten". In: PSYCHE 11/40, S. 971-990

Charlier, T. (1987): Über pathologische Trauer. In: PSYCHE 10/41, S. 865-882

Chasseguet-Smirgel, J. (Hrsg.) (1974): Psychoanalyse der weiblichen Sexualität, Frankfurt a.M.

Chasseguet-Smirgel, J. (1986): Kreativität und Perversion, Frankfurt a.M.

Chelmis, S. (1985): Gewalt gegen Frauen - Hilfen statt Behinderung, ZGF Bremen (Hrsg.)

Clark, L./ Lewis, D. (1977): Rape: The Price of Coercive Sexuality, Toronto

Connell, N./ Wilson, C. (Hrsg.) (1974): Rape: The First Sourcebook for Women, New York/ Scarborough/ Ontario

Dahmer, H. (1990): Derealisierung und Wiederholung. In: PSYCHE 2/44, S. 133-143

Davidson, S. (1979): Massiv Psychic Traumatization and Social Support. In: J. Psychosom. Research 6/23, S. 395-402

Degler, H.-D. (Hrsg.) (1981a): Vergewaltigt. Frauen berichten, Reinbek

Degler, H.-D. (1981b): 'Das fast perfekte Delikt'. Die Lage vergewaltigter Frauen und die öffentliche Meinung über das Sexualverbrechen. In: Degler (Hrsg.)

Dorfman, A. (1992): Der Tod und das Mädchen. Stück in drei Akten, Frankfurt a.M.

Dreyfuss, D. (1941): Zur Theorie der traumatischen Neurose. In: Int. Zeitschr. Psychoanal. 26, S. 122-141

Eckstaedt, A. (1981): Eine klinische Studie zum Begriff der Traumareaktion. In: PSYCHE 7/35, S. 600-610

Egan, B./ O'Donell, A. (1986): Dublin Rape Crisis Center. In: Heinrichs (Hrsg.)

Eissler, K.R. (1963): Die Ermordung von wievielen seiner Kinder muß ein Mensch symptomfrei ertragen können, um eine normale Konstitution zu haben?. In: PSYCHE 5/17, S. 241-291

Eissler, K.R. (1968): Weitere Bemerkungen zum Problem der KZ-Psychologie. In: PSYCHE 6/22, S. 452-463

Eissler, K.R. (1979): Freud und Wagner-Jauregg vor der Kommission zur Erhebung militärischer Pflichtverletzungen, Wien

Eitinger, L. (1990): KZ-Haft und psychische Traumatisierung. In: PSYCHE 2/44, S. 118-132

Ellenberger, H. F. (1985): Die Entdeckung des Unbewußten - Geschichte und Entwicklung der dynamischen Psychiatrie von den Anfängen bis zu Janet, Freud, Adler und Jung, Zürich

Erdheim, M. (1984a): Die gesellschaftliche Produktion von Unbewußtheit, Frankfurt a.M.

Erdheim, M. (1984b): Thesen zum Mythos und zur Unbewußtheit im Verhältnis zwischen den Geschlechtern. In: Schaeffer-Hegel, B./ Wartmann, B. (Hrsg.), Mythos Frau. Projektionen und Inszenierungen im Patriarchat, Berlin

Erdreich, M. (1986): Psychotraumatology and Psychosomatics. In: Dynamische Psychiatrie. Internat. Zeitschr. f. Psychiatrie und Psychoanalyse 19, S. 1-23

Evans, H. I. (1978): Psychotherapy for the Rape Victim - Some Treatment Models. In: Hospital and Community Psychiatry 5/29, S. 309-312

Fehrmann, H. (1986): Die vergewaltigte Frau im Kontakt mit der Schutz- und der Kriminalpolizei. In: Fehrmann u.a., 1986

Fehrmann, H./ Jakobs, K./ Junker, R./ Warnke, C. (1986): Das Mißtrauen gegen vergewaltigte Frauen. Erfahrungen von Vergewaltigungsopfern mit Polizei und Justiz. Eine Untersuchung von Polizeibeamten an der Hochschule für öffentliche Verwaltung in Bremen. BKA Wiesbaden

Feldmann, H./ Westenhöfer, J. (1992): Vergewaltigung und ihre psychischen Folgen, Stuttgart

Fenichel, O. (1931): Perversionen, Psychosen, Charakterstörungen, Wien 1980

Fenichel, O. (1937): Der Begriff "Trauma" in der heutigen psychoanalytischen Neurosenlehre. In: Laermann, K. (Hrsg.), Fenichel, Aufsätze Bd. II, Frankfurt a.M./ Berlin/ Wien 1985

Fenichel, O. (1945): Psychoanalytische Neurosenlehre Bd. I. Hrsg.: Laermann, K. (Hrsg.), Frankfurt a.M./ Berlin/ Wien 1983

Fenyvesi, C. (1978): "Mit den Erinnerungen muß man leben". In: PSYCHOLOGIE HEUTE 1/5, S. 63 ff.

Ferenczi, S. (1916): Über zwei Typen der Kriegshysterie In: Ferenczi, Bausteine zur Psychoanalyse Bd. III, Frankfurta.M./ Berlin/ Wien 1984

Ferenczi, S. (1918): Die Psychoanalyse der Kriegsneurosen In: Ferenczi, Bausteine zur Psychoanalyse Bd. III, Frankfurt a.M./ Berlin/ Wien 1984

Ferenczi, S. (1932): Sprachverwirrung zwischen dem Erwachsenen und dem Kind. In: Ferenczi, Bausteine zur Psychoanalyse Bd. III, Frankfurt a.M./ Berlin/ Wien 1984

Ferenczi, S. (1934): Gedanken über das Trauma. In: Int. Zeitschr. Psychoanal. 20, S. 5-12

Finkelhor, D. (1986): Soziale Reaktion auf Vergewaltigung. In: Heinrichs (Hrsg.)

Finkelhor, D./ Yllo, K. (1986): Vergewaltigung in der Ehe: Eine soziologische Perspektive. In: Heinrichs (Hrsg.)

Fischer-Homberger, E. (1975): Die traumatische Neurose - vom somatischen zum sozialen Leiden, Bern/ Stuttgart/ Wien

Flothmann, K./ Dilling, J. (1987): Vergewaltigung: Erfahrungen danach, Frankfurt a.M.

Forman, B. (1980): Psychotherapy with Rape Victims. In: Psychotherapy: Theory, Research and Practice, 17, S. 304-311

Frank, E. u.a. (1980): Initial Response to Rape: The Impact of Factors within the Rape Situation. In: Journal Behavioral Ass. 2, S. 39-53

Freud, A. (1936): Das Ich und die Abwehrmechanismen. In: Die Schriften der Anna Freud Bd. I, S. 193-353, Frankfurt a.M. 1987

Freud, A. (1951): Kinderentwicklung in direkter Beobachtung. In: Die Schriften der Anna Freud Bd. IV, S. 1141-1159, Frankfurt a.M. 1987

Freud, A. (1960): Diskussion von John Bowlbys Arbeit über Trennung und Trauer. In: Die Schriften der Anna Freud Bd. VI, S. 1956-1965, Frankfurt a.M. 1987

Freud, A. (1967a ): Anmerkungen zum Psychischen Trauma. In: Die Schriften der Anna Freud Bd. VI, S. 1819-1838, Frankfurt a.M. 1987

Freud, A. (1967b): Eine Diskussion mit René Spitz. In: Die Schriften der Anna Freud Bd. IX, Frankfurt a.M. 1987

Freud, S. (1893): Über den psychischen Mechanismus hysterischer Phänomene (Vortrag, 1893) In: Studienausgabe Bd. VI, S. 9-24, Frankfurt a.M. 1971

Freud, S. (1896): Zur Ätiologie der Hysterie. In: Studienausgabe Bd. VI, S. 51-81, Frankfurt a.M. 1971

Freud, S. (1904): Die Freudsche Psychoanalytische Methode. In: Studienausgabe, Schriften zur Behandlungstechnik, S. 99-106, Frankfurt a.M. 1975

Freud, S. (1911): Formulierungen über die zwei Prinzipien des psychischen Geschehens. In: Studienausgabe Bd. III, Frankfurt a.M. 1975

Freud, S. (1914): Zur Geschichte der psychoanalytischen Bewegung. In: GW X, 1946, S. 43-62

Freud, S. (1916/17): Vorlesungen zur Einführung in die Psychoanalyse. In: Studienausgabe Bd. I, S. 34-445, Frankfurt a.M. 1969

Freud, S. (1917): Trauer und Melancholie. In: Studienausgabe Bd. III, S. 193-212, Frankfurt a.M. 1975

Freud, S. (1919a): Einleitung zu: Zur Psychoanalyse der Kriegsneurosen. Internat. Psychoanal. Bibliothek Nr.1, Leipzig/ Wien 1919

Freud, S. (1919b): "Ein Kind wird geschlagen" (Beitrag zur Kenntnis der Entstehung sexueller Perversionen). In: Studienausgabe Bd. VII, S. 229-254, Frankfurt a.M. 1973

Freud, S. (1920): Jenseits des Lustprinzips. In: Studienausgabe Bd. III, S. 213-272, Frankfurt a.M. 1975

Freud, S. (1923): Das Ich und das Es. In: Studienausgabe Bd. III, S. 273-330, Frankfurt a.M., 1975

Freud, S. (1924): Das ökonomische Problem des Masochismus. In: Studienausgabe Bd. III, S. 339-354, Frankfurt a.M. 1975

Freud, S. (1926): Hemmung, Symptom und Angst. In: Studienausgabe Bd. VI, S. 227-308, Frankfurt a.M. 1971

Freud, S. (1950): Aus den Anfängen der Psychoanalyse 1887-1902. Briefe an Wilhelm Fließ, Frankfurt a.M.

Freud, S. (1986): Briefe an Wilhelm Fließ 1887-1904. Hrsg.: J.M. Masson, Frankfurt a.M. 1986

Freud, S./ Breuer, J. (1892a): Über den psychischen Mechanismus hysterischer Phänomene. Vorläufige Mitteilung. In: Freud/ Breuer, Studien über Hysterie, Frankfurt a.M. 1970

Freud, S./ Breuer, J. (1892b): Zur Theorie des hysterischen Anfalls In: G.W. XVII, S. 7-13

Freud, S./ Breuer, J. (1895): Studien über Hysterie, Frankfurt a.M./ Hamburg 1970

Friedman, P. (1948): Aspekte einer Konzentrationslager-Psychologie, Neuabdruck in: PSYCHE 2/ 44, 1990, S. 164-172

Fromm, E. (1970): Zur Psychologie des Verbrechers und der strafenden Gesellschaft. In: Fromm, Analytische Sozialpsychologie und Gesellschaftstheorie, Frankfurt a.M.

Furst, S. S. (Hrsg.) (1967): Psychic Trauma, New York

Gambaroff, M. (1985): Utopie der Treue, Reinbek

Goyer, P.F./ Eddleman, H.C. (1984): Same-Sex Rape of Nonincarcerated Men. In: Am. J. Psychiatry 141, S. 576-579

Grano, M./ Hedlund, E. (1986): RFSU - Beratungsstelle, Schweden. In: Heinrichs (Hrsg.)

Greenson, R. (1975): Technik und Praxis der Psychoanalyse, Bd. I, Stuttgart

Griffin, S. (1979): Rape - The Power of Consciousness, New York

Groen-Prakken, H. (1982): Gegenseitige Beziehung zwischen Deckerinnerung und Trauma. In: Berna-Glantz/ Dreyfus

Groffmann, K.J. (1962): Die psychischen Auswirkungen von Sittlichkeitsverbrechen bei jugendlichen Opfern. In: Blau/ Müller-Luckmann, Gerichtliche Psychologie, Neuwied/ Berlin

Groth, A.N./ Birnbaum, H.J. (1979): Men Who Rape: The Psychology of the Offender, New York

Groth, A.N./ Burgess, A.W. (1977): Rape: A Sexual Deviation. In: Am. J. Orthopsychiatry 47/3, S. 400-406

Groth, A.N./ Burgess, A.W. (1980): Male Rape: Offenders and Victims. In: Am. J. Psychiatry 137, S. 806-810

Groth, A.N./ Burgess, A.W./ Holmstrom, L.L. (1977): Rape: Power, Anger and Sexuality. In: Am. J. Psychiatry 134, S. 1239-1243

Groth, A.N./ Hobson, W.F. (1986): Die Dynamik sexueller Gewalt. In: Heinrichs (Hrsg.)

Grubrich-Simitis, J. (1979): Extremtraumatisierung als kumulatives Trauma. Psychoanalytische Studien über seelische Nachwirkungen der KZ-Haft bei Überlebenden und ihren Kindern. In: PSYCHE 11/33, S. 991-1023

Grunert, J. (Hrsg.) (1981): Leiden am Selbst, München

Györi, I. (1969): Psychische Störungen bei Überlebenden der Verfolgung. Beobachtungen in einer Poliklinik in Israel. In: PSYCHE 7/23, S. 517-531

Haffner, S. (Hrsg.) (1976): Gewalt in der Ehe und was Frauen dagegen tun, Berlin

Hagemann-White, C. u.a. (1981): Hilfen für mißhandelte Frauen. Abschlußbericht der wissenschaftlichen Begleitung des Modellprojekts Frauenhaus Berlin. Schriftenreihe des Bundesministers für Jugend, Familie und Gesundheit, Stuttgart

Hagemann-White, C. u.a. (1992): Bestandsaufnahme des Helferinnensystems im Bereich Gewalt gegen Frauen und Mädchen in Niedersachsen. Vorschläge für eine Kampagne gegen Gewalt im Geschlechterverhältnis. Gutachten im Auftrag des Niedersächs. Frauenministeriums, Osnabrück

Hartmann, G. (1972): Das Täter-Opfer-Verhältnis bei Vergewaltigung. In: DER KRIMINALIST, S. 70-88

Hartmann, G. / Rindfleisch J., (1976): Notzuchtdelikte (I). Versuch einer viktimologischen Typisierung. In: SEXUALMEDIZIN 9, S. 655-658

Hauch, M. (1987): Zur Aufteilung von Täterschaft und Opferrolle zwischen den Geschlechtern. Fragmentarische Überlegungen einer Therapeutin. In: Komitee für Grundrechte und Demokratie (Hrsg.)

Haug, F. (1981): Opfer oder Täter? In: Argument Studienhefte 46, Berlin 1981

Hedlund, E. (1986): Ergebnisse einer Umfrage unter verurteilten Vergewaltigern. In: Heinrichs (Hrsg.)

Hedlund, E./ Eklund, J.-B. (1986) : Emotionale Probleme der Beraterinnen bei der Konfrontation mit sexueller Gewalt. In: Heinrichs (Hrsg.)

Hedlund, E./ Grano, M. (1986): Der Partner des Vergewaltigungsopfers. Eine Perspektive der Beratung. In: Heinrichs (Hrsg.)

Heider, U. (1986): Sadomasochismus - eine romantische Liebe. In: Heider (Hrsg.), Sadomasochisten, Keusche und Romantiker. Vom Mythos neuer Sinnlichkeit, Reinbek

Heigl-Evers, A. (1980): Zur Bedeutung des psychotherapeutischen Prinzips der Interaktion. In: Haase, H.J. (Hrsg.), Psychotherapie im Wirkungsbereich des psychiatrischen Krankenhauses, Erlangen

Heigl-Evers, A./ Heigl, F. (1982): Angst - Trauma und Signal. In: Praxis der Psychotherapie und Psychosomatik 27, S. 83-96

Heigl-Evers, A./ Heigl, F. (1983): Das interaktionelle Prinzip in der Einzel- und Gruppenpsychotherapie. In: Ztschr. psychosom. Med. 29, S. 1-14

Heigl-Evers, A./ Kruse, J. (1991): Frühkindliche gewalttätige und sexuelle Traumatisierungen. In: Prax. Kinderpsychol. Kinderpsychiat. 40, S. 122-128

Heigl-Evers, A./ Weidenhammer, B. (1987): Der sog. 'feminine Masochismus' und die masochistische Bewältigung von Bedrohungsreizen. In: Forum der Psychoanalyse 3, S. 193-204

Heimann, P. (1966): Bemerkungen zum Arbeitsbegriff in der Psychoanalyse. In: PSYCHE 5/20, S. 321-361

Heinrichs, J. (Hrsg.) (1986): Vergewaltigung - Die Opfer und die Täter, Braunschweig

Heinz, R. (1982): Über Regression. In: Eicke (Hrsg.), Psychologie des 20. Jahrhunderts, Bd.1, Sigmund Freuds Leben und Werk, Weinheim/ Basel, S. 487-492

Helmken, D. (1981): "Da blieb mir nichts anderes übrig, als mitzumachen", Vergewaltigung in der Ehe. In: Degler (Hrsg.)

Herrmanns, D. (1990): Der Täter-Opfer-Ausgleich als Teil der Opferhilfe. In: Senator für Justiz (Hrsg.), Bremen

Hicks, D.J./ Platt, C.R. (1976): Medical Treatment for the Victim: The Development for a Rape Treatment Center. In: Walker, M.J./ Brodsky, S.L. (Hrsg.), Sexual Assault. The Victim and the Rapist, Lexington, S. 53-56

Hilberman, E. (1976): The Rape Victim, Washington, D.C.

Hirsch, M. (1987): Realer Inzest. Psychodynamik des sexuellen Mißbrauchs in der Familie, Berlin/ Heidelberg/ New York/ Tokyo

Hoigard, C./ Finstad, L. (1987): Seitenstraßen. Geld, Macht und Liebe oder der Mythos von der Prostitution, Reinbek

Holmes, K.A. (1981): Services for Victims of Rape: A dualistic Practice Model. In: Social Casework 1, S. 30-39

Horowitz, M.J. (1976): Stress Response Syndromes, New York

Hoppe, K.D. (1962): Verfolgung, Aggression und Depression. In: PSYCHE 9/16, S. 521-537

Hoppe, K.D. (1964): Verfolgung und Gewissen. In: PSYCHE 5/18, S. 305-313

Hoppe, K.D. (1965): Psychotherapie bei Konzentrationslageropfern. In: PSYCHE 5/19, S. 290-319

Hoppe, K.D. (1968): Psychosomatische Reaktionen und Erkrankungen bei Überlebenden schwerer Verfolgung. In: PSYCHE 6/22, S. 464-477

Huhle, R. (1993): Der schamlose Zugriff auf den Körper. Sexuelle Folter in Lateinamerika und die Erziehung zum Foltern. In: Blätter des iz3w, Nr. 190, Juli 1993, S. 28-30

Jacobson, E. (1974): Depersonalisierung. In: PSYCHE 3/28, S. 193-220

Jacobson, E. (1983): Depression. Eine vergleichende Untersuchung normaler, neurotischer und psychotisch-depressiver Zustände, Frankfurt a.M.

Jakobs, K. (1986): Das Mißtrauen gegen die vergewaltigte Frau im Ermittlungsverfahren unter besonderer Berücksichtigung der Stellung der Staatsanwaltschaft. In: Fehrmann u.a.

Janshen, D. (Hrsg.) (1991): Sexuelle Gewalt. Die allgegenwärtige Menschenrechtsverletzung. Ergebnisse einer Initiative des Arbeitskreises "Sexuelle Gewalt" beim Komitee für Grundrechte und Demokratie, Frankfurt a.M.

Junker, R. (1986): Die Betreuung der vergewaltigten Frau durch Institutionen der formellen Sozialkontrolle. In: Fehrmann u.a.

Kaiser, G./ Kerner, H.-J./ Sack, F./ Schellhoss, H. (Hrsg.) (1985): Kleines Kriminologisches Wörterbuch, Heidelberg

Kanin, E.J. (1982): Female Rape Fantasies. A Victimization Study. In: Victimology 7, S. 114-121

Kast, V. (1991): Der schöpferische Sprung. Vom therapeutischen Umgang mit Krisen, München

Katz, S./ Mazur, M. (1979): Understanding the Rape Victim: A Synthesis of Research Findings, New York

Kaufmann, A./ Divasto, P./ Jackson, R./ Voorhees, D./ Christy, J. (1980): Male Rape Victims. Noninstitutionalized Assault. In: Am. J. Psychiatry, S. 221-223

Keilson, H. (1979): Sequentielle Traumatisierung bei Kindern. In: Glatzel u.a. (Hrsg.), Forum der Psychiatrie 5, Stuttgart

Keilson, H. (1988): Die Reparationsverträge und die Folgen der "Wiedergutmachung". In: Brumlik, M. u.a. (Hrsg.), Jüdisches Leben in Deutschland seit 1945, Frankfurt a.M.

Kernberg, O.F. (1983): Borderline-Störungen und pathologischer Narzißmus, Frankfurt a.M.

Kernberg, O.F. (1985): Ein konzeptionelles Modell zur männlichen Perversion. In: Forum der Psychoanalyse 1, S. 167-188

Kernberg, O.F. (1992): Aggression und Liebe in Zweierbeziehungen. PSYCHE 9/46, S. 797-820

Kestenberg, J. (1974): Kinder von Überlebenden der Naziverfolgung. In: PSYCHE 3/18, S. 249-265

Khan, M. (1963): Das kumulative Trauma. In: Selbsterfahrung in der Therapie, München 1977

Khan, M. (1983): Entfremdung bei Perversionen, Frankfurt a.M.

Kilpatrick, D.G./ Veronen, L.J./ Resick, P.A. (1979): The Aftermath of Rape. Recent Empirical Findings. In: Am. J. Orthopsychiatry 4/49, S. 658-669

Kirchhoff, G.F./ Sessar, K. (Hrsg.) (1979): Das Verbrechensopfer. Ein Reader zur Viktimologie, Bochum

Kirchhoff, D./ Kirchhoff, G.F. (1979): Untersuchungen im Dunkelfeld sexueller Viktimisation mit Hilfe von Fragebögen. In: Kirchhoff/ Sessar (Hrsg.)

Köhler, T. (1989): Abwege der Psychoanalyse-Kritik. Zur Unwissenschaftlichkeit der Anti-Freud-Literatur, Frankfurt a.M.

Kogan, I. (1990): Vermitteltes und reales Trauma in der Psychoanalyse von Kindern von Holocaust-Überlebenden. In: PSYCHE 6/44, S. 533-544

Kroll, C. (1992): Vergewaltigungsprozesse - Die gegenwärtige Situation von Opfern von sexueller Gewalt im Gerichtsverfahren, Kiel

Kröhn, W. (1984): Mythos und Realität sexueller Unterdrückung, Vergewaltigung im Spiegel der öffentlichen Meinung. In: Sexualmedizin 13, S. 129 ff.

Krystal, H. (1984): Psychoanalytic View on Human Emotional Damages, in Post-Traumatic Streß-Disorder: Psychological and Biological Sequelae, Washington, D.C.

Lampl-de-Groot, J. (1963): Ich-Ideal und Über-Ich. In: PSYCHE 6/17, S. 321-332

Lau, S./ Boss, S./ Steuder, U. (1979): Aggressionsopfer Frau: Körperliche und seelische Mißhandlung in der Ehe, Reinbek

Laplanche, J./ Pontalis, J.B. (1972): Das Vokabular der Psychoanalyse, Frankfurt a.M.

Lawrenz, C./ Orzegowski, P. (1988): Das kann ich keinem erzählen. Gespräche mit Frauen über ihre sexuellen Phantasien, Darmstadt

Lazar, R.A. (1990): Supervision ist unmöglich: Bions Modell des "Container und Contained". In: Pühl, H. (Hrsg.), Handbuch der Supervision, Berlin 1990

Libow, J.A./ Doty, D.W. (1979): An Exploratory Approach to Self-Blame and Self-Derogation by Rape-Victims. In: Am. J. Orthopsychiatry 4/49, S. 670-679

Lorenzer, A. (1965): Ein Abwehrsyndrom bei traumatischen Verläufen. In: PSYCHE 11/18, S. 685-700

Lorenzer, A. (1966): Zum Begriff der "Traumatischen Neurose". In: PSYCHE 7/20, S. 481-492

Lorenzer, A./ Thomä, H. (1965): Über die zweiphasige Symptomentwicklung bei traumatischen Neurosen. In: PSYCHE 11/18, S. 674-684

Lorke, B./ Ehlert, M. (1985): Das Trauma der Vergewaltigung. Diplomarbeit am Psychoanalytischen Institut der Universität Frankfurt a.M.

Lorke, B./ Ehlert, M. (Manuskript a): Psychosoziale Schäden bei Vergewaltigungsopfern. Bericht über eine Pilotstudie im Rahmen einer Diplomarbeit. Unveröffentlichtes Manuskript, Frankfurt a.M. o.J.

Lorke, B./ Ehlert, M. (Manuskript b): Psychodynamik und Therapie des Vergewaltigungstraumas. Unveröffentlichtes Manuskript, Frankfurt a.M. o.J.

Lorke, B./ Ehlert, M. (1987): Vergewaltigung von Frauen: Psychodynamik und Therapie. In: Wege zum Menschen 39, S. 346-366

Lorke, B./ Ehlert, M. (1988): Zur Psychodynamik der traumatischen Reaktion. In: PSYCHE 6/42, S. 502-532

Mahler, M.S./ Pine, F./ Bergman, A. (1980): Die psychische Geburt des Menschen. Symbiose und Individuation, Frankfurt a.M.

March, H. (Hrsg.) (1960): Verfolgung und Angst in ihren leibseelischen Auswirkungen. Dokumente, Stuttgart

March, H. (1960): Fünfundzwanzigmal vergewaltigt. In: March (Hrsg.)

McCombie, S. (1980): The Rape Crisis Intervention Handbook: A Guide for Victim Care, New York

McCombie, S./ Arons, J. (1980): Counceling Rape Victims. In: McCombie

McCombie, S. u.a. (1976): Development of a Medical Center Rape Crisis Intervention Program. In: Am. J. Psychiatry 133, S. 418-421

McCahill, T.W./ Meyer, C.C./ Fischman, A.M. (1979): The Aftermath of Rape, Lexington/ Massachusetts/ Toronto

McDougall, J. (1985a): Plädoyer für eine gewisse Anormalität, Frankfurt a.M.

McDougall, J. (1985b): "Identifizierungen, neuartige Bedürfnisse und neuartige Formen von Sexualität", Vortrag 34. Internationaler Kongress, Hamburg

Mentzos, S. (1976): Interpersonale und Institutionalisierte Abwehr, Frankfurt a.M.

Mentzos, S. (1988): Neurotische Konfliktverarbeitung, Frankfurt a.M.

Mentzos, S. (1993): Der Krieg und seine psychosozialen Funktionen, Frankfurt a.M.

Metzger, D. (1976): It is Always the Woman who is Raped. In: Am. J. Psychiatry 4/133, S. 405-408

Michaelis-Arntzen, E. (1981): Die Vergewaltigung aus kriminologischer, viktimologischer und aussagepsychologischer Sicht, München

Mitscherlich, A. und M. (1977): Über die Unfähigkeit zu trauern, München

Mitscherlich, M. (1987): Die friedfertige Frau, Frankfurt a.M.

Mitscherlich, M. (1990): Über die Mühsal der Emanzipation, Frankfurt a.M.

Mitscherlich-Nielsen, M. (1979): Die Notwendigkeit zu trauern. In: Lohmann, Psychoanalyse und Nationalsozialismus, Frankfurt a.M., 1984

Müller-Pozzi, H. (1985): Identifikation und Konflikt. In: PSYCHE 10/39, S. 877-904

Müller-Pozzi, H. (1982): Trauma und Neurose. In: Berna-Glantz/ Dreyfus

Morgenthal, L. (1987): Bremen als Beispiel. Über die Lernfähigkeit von Institutionen. In: Arbeitskreis "Sexuelle Gewalt" beim Komitee für Grundrechte und Demokratie (Hrsg.)

Morgenthaler, F. (1974): Die Stellung der Perversionen in Metapsychologie und Technik, Stuttgart

Morgenthaler, F. (1984): Homosexualität, Heterosexualität, Perversion, Frankfurt a.M./ Paris

Moss, M./ Frank, E./ Anderson, B. (1990): The Effects of Martial Status and Partner Support on Rape Trauma. In: Am. J. Orthopsychiatry 60/3, S. 379-391

Nadelson, C.C./ Notman, M.T. (1976): The Rape Victim: Psychodynamic Considerations. In: Am. J. Psychiatry 133, S. 408-412

Nadelson, C.C./ Notman, M.T. (1979): Psychoanalytic Considerations of the Response to Rape. In: Int. Rev. Psychoanal. 1/6, S. 97-103

Nadig, M. (1987): Mutterbilder in zwei verschiedenen Kulturen. Ethnopsychoanalytische Überlegungen. In: Psychoanalytisches Seminar Zürich (Hrsg.)

Niederland, W.G. (1965): Psychische Spätschäden nach politischer Verfolgung. Versuch einer Rezension des gleichnamigen Werkes von H. Paul und H.J. Herberg. In: PSYCHE 18/12, S. 888-895

Niederland, W.G. (1966): Ein Blick in die Tiefen der "unbewältigten" Vergangenheit und Gegenwart. In: PSYCHE 6/20, S. 466-476

Niederland, W.G. (1980): Folgen der Verfolgung. Das Überlebenden-Syndrom: Seelenmord, Frankfurt a.M.

notruf für vergewaltigte frauen und mädchen e.V. (1992a): 1980-1992: Situation, Konzept, Angebot, Aufgaben, Bremen

notruf für vergewaltigte frauen und mädchen e.V. (1992 b): Vergewaltigungsopfer als Patientinnen in der gynäkologischen Praxis, Bremen

Ohl, D./Rösener, U. (1979): Und bist du nicht willig ... Ausmaß und Ursachen von Frauenmißhandlung in der Familie, Frankfurt a.M./ Berlin/ Wien

Oppenheim, H. (1889): Die traumatischen Neurosen nach den in der Nervenklinik der Charité in den letzten fünf Jahren gesammelten Beobachtungen, Berlin

Oppenheim, H. (1891): Weitere Mittheilungen in Bezug auf die traumatischen Neurosen mit besonderer Berücksichtigung der Simulationsfrage, Berlin

Ostendorf, H. (1991): Opfer von Straftaten - von den Strafverfolgungsbehörden lange vergessen, heute neu entdeckt. Schleswig-Holsteinische Anzeigen

Parin, P. (1961): Die Abwehrmechanismen der Psychopathen. In: PSYCHE 5/15, S. 322-329

Parin, P. (1978): Der Widerspruch im Subjekt, Frankfurt a.M.

Penders, A.S. (1990): Opferhilfe in den Niederlanden. In: Senator für Justiz (Hrsg.)

Pfäfflin, F./ Schorsch, E. (1987): Sexualpolitische Kontroversen, Stuttgart

Pfeiffer, H. (1990): Täter-Opfer-Ausgleich - Möglichkeiten und Grenzen der Konfliktschlichtung aus Sicht der Praxis. Erfahrungen im Modellprojekt Täter-Opfer-Ausgleich in Braunschweig. In: Senator für Justiz (Hrsg.)

Price, V. (1977): Rape Victims - the Invisible Patients. In: Nass: The Rape Victim, Iowa 1977, S. 165-176

Psychoanalytisches Seminar Zürich (Hrsg.) (1987): Bei Lichte betrachtet wird es finster. FrauenSichten, Frankfurt a.M.

Rabkin, J.G. (1979): The Epidemology of Forcible Rape. In: Am. J. Orthopsychiatry 49/4, S. 634-647

Raith, W. (1991): Opfer im Abseits. Die Gewalt des Schweigens, Köln

Rank, O. (1988): Das Trauma der Geburt und seine Bedeutung für die Psychoanalyse, Frankfurt a.M.

Rauchfleisch, U. (1981): Dissozial. Entwicklung, Struktur und Psychodynamik dissozialer Persönlichkeiten, Göttingen

Reich, W. (1944): Charakteranalyse, Frankfurt a.M. 1973

Reiche, R. (1986): Das Geheimnis in der Zündholzschachtel - Gedanken zur latenten Perversion bei der Frau. In: Psychoanalytisches Seminar Zürich (Hrsg.), Sexualität, Frankfurt a.M. 1986

Reik, T. (1971): Geständniszwang und Strafbedürfnis. In: Moser (Hrsg.), Psychoanalyse und Justiz, Frankfurt a.M.

Reinke, E. (1987): Psychoanalytisches Verstehen im soziotherapeutischen Setting. Ein Modellprojekt mit Straftätern. In: PSYCHE 10/41, S. 900-914

Reinke, E. (1992): Transgenerationelle Übermittlung von unbearbeiteten Traumen im Zusammenhang mit dem Nationalsozialismus 1933-45 und die Bedeutung von Adoleszenz. Manuskript, Bremen

Reinke-Köberer, E. (1978): Zur Diskussion um die psychosexuelle Entwicklung der Frau. In: PSYCHE 8/32, S. 695-731

Reiwald, P. (1973): Die Gesellschaft und ihre Verbrecher, Frankfurt a.M.

Rhode-Dachser, C. (1983): Das Borderline-Syndrom, Bern/ Stuttgart/ Wien

Rhode-Dachser, C. (1986): Ringen um Empathie. Ein Interpretationsversuch masochistischer Inszenierungen. In: Forum der Psychoanalyse 2, S. 44-58

Rhode-Dachser, C. (1989): Unbewußte Phantasie und Mythenbildung in psychoanalytischen Theorien über die Differenz der Geschlechter. In: PSYCHE 3/43, S. 193- 218

Rhode-Dachser, C. (1990): Weiblichkeits-Paradigmen in der Psychoanalyse. In: PSYCHE 1/44, S. 30-52

Rose, D.S. (1986): "Worse than Death": Psychodynamics of Rape Victims and the Need for Psychotherapy. In: Am. J. Psychiatry 143, S. 817-824

Rosen, J. u.a. (1991): Sleep Disturbance in Survivors in the Nazi-Holocaust. In: Am. J. Psychiatry 148, S. 62-66

Rost, W.-D. (1987): Psychoanalyse des Alkoholismus. Theorie, Diagnostik, Behandlung, Stuttgart

Ruch, L.O. (1982): Sexual Assault: Victim and Attack Dimensions. In: Victimology 7, S. 94-105

Russell, D. (1982): The Prevalence and Incidence of Forcible Rape and Attempted Rape of Females. In: Victimology 7, S. 81-92

Ryn, Z. (1990): Der Alptraum geht weiter. Das Nachleben der Okkupationszeit in den Überlebenden und ihren Nachkommen. In: PSYCHE 2/44, S. 101-117

Sander, H./ Johr, B. (Hrsg.) (1992): BeFreier und Befreite. Krieg, Vergewaltigungen, Kinder, München

Sanders, W.B. (1980): Rape and Woman's Identity, Beverly Hills/ London

Sandler, J. (1967): Trauma, Strain and Development. In: Furst (Hrsg.)

Sandler, J. u.a. (1987): Psychisches Trauma. Materialien aus dem Sigmund-Freud-Institut-Frankfurt, Nr.5, Frankfurt a.M.

Sanides, S. (1991): Nur ein bißchen "rumgeschubbst" - Vergewaltigungen in den USA, TAZ v. 18.5.1991

Santiago, J.M. u.a. (1985): Long-Term Psychological Effects of Rape in 35 Rape-Victims. In: Am. J. Psychiatry 142, S. 1338-1340

Schapira, A. (1977): Die Rechtsprechung zur Vergewaltigung. In: Kritische Justiz 3/10, S. 221-241

Schädler, W. (1990): Täter-Opfer-Ausgleich - Das Mögliche entsteht. In: Senator für Justiz (Hrsg.)

Schliermann, B./ Endres, M./ Dörsch, M. (1989): Der Vergewaltigungsprozeß - eine kommentierte Dokumentation. Forschungsprojekt im Auftrag des "Notruf Nürnberg"

Schlötterer, R. (1982): Vergewaltigung - weibliche Schuld - männliches Vorrecht. Eine Aufklärungsschrift, Berlin

Schmidbauer, W. (1983): Helfen als Beruf, Hamburg

Schmidbauer, W. (1987): Die hilflosen Helfer, Hamburg

Schneider, H.-J. (1975a): Wer wird Opfer eines Verbrechens ? Ein neuer Zweig der Kriminologie zeigt, daß man einem Verbrechen nicht aus Zufall zum Opfer fällt. In: PSYCHOLOGIE HEUTE 11, S. 32-38

Schneider, H.-J. (1975b ): Wer wird Opfer eines Verbrechens? II. In: PSYCHOLOGIE HEUTE 12, S. 32-36

Schneider, H.-J. (1979): Opferschaden, Wiedergutmachung und Opferbehandlung. In: Kirchhoff/ Sessar

Schorsch, W. (1976): Häufige Merkmalskombinationen bei Sexualstraftätern. In: Schorsch/ Schmidt (Hrsg.), Ergebnisse zur Sexualforschung, Frankfurt a.M./ Berlin/ Wien

Schorsch, E. (1983): Gewalt in der Beziehung der Geschlechter. In: Sozialpäd. u. Familienplanung 2, S. 27-30

Schorsch, E. (1991): Kurzer Prozeß? Ein Sexualstraftäter vor Gericht, Hamburg

Schorsch, E./ Becker, N. (1977): Angst, Lust, Zerstörung. Sadismus als soziales und kriminelles Handeln, Hamburg

Schorsch, E. u.a. (1985): Perversion als Straftat. Dynamik und Psychotherapie, Berlin/ Heidelberg/ New York/ Tokyo

Schreckling, J. u.a. (1991): Bestandsaufnahmen zur Praxis des Täter-Opfer-Ausgleichs in der Bundesrepublik Deutschland. Bundesministerium für Justiz (Hrsg.) , Bonn

Schumacher, W. (1984): Über coping-Verhalten bei schwerer NS-Verfolgung. In: Berna-Glantz/ Dreyfus

Sebba, L./ Cahan, S. (1974): Sex Offences: The Genuine and the Doubted Victim. In: Drapkin, I./ Viano, E. (Hrsg.), Victimology: A New Focus, Lexington/ Toronto/ London

Senator für Justiz und Verfassung der Freien Hansestadt Bremen (Hrsg.) (1990): Täter-Opfer-Ausgleich und Opferhilfe im Land Bremen, Bremen

Sherwood, K. (1991): Das "Geheimnis" völlig verdrängt ? - Erwachsene die als Kind mißbraucht wurden. In. PSYCHOLOGIE HEUTE 4, S. 56-58

Sichtermann, B. (1983): Vergewaltigung und Sexualität. In: Sichtermann, Weiblichkeit, Zur Politik des Privaten, Berlin

Sichtermann, B. (1987): Die Ausdrucksweisen der Geschlechter - was bleibt verschieden ? In: Psychoanalytisches Seminar Zürich (Hrsg.)

Sigusch, V. (Hrsg.) (1980): Therapie sexueller Störungen, Stuttgart/ New York

Silverman, D. (1977): First Do No More Harm. Female Rape Victims and the Male Counselor. In: Am. J. Orthopsychiatry 47/1, S. 91-96

Silverman, D. (1978): Sharing the Crisis of Rape: Counseling the Mates and Families of Victims. In: Am. J. Orthopsychiatry 48/1, S. 166-173

Silverman, D. u.a. (1988): Blitz Rape and Confidence Rape: A Typology Applied to 1000 Consecutive Cases. In: Am. J. Psychiatry 145, S. 1438-1441

Spitz, R.A. (1960): Zur Entstehung der Über-Ich-Komponenten. In: PSYCHE 7/14, S. 400-426

Steinert, H. (1973): Statusmanagement und Kriminalisierung. In: Steinert (Hrsg.), Der Prozeß der Kriminalisierung, München

Stern, M. (1974): Das Problem der Aggression. Bemerkungen über Trieb, Trauma und Tod. In: PSYCHE 6/28, S. 494-507

Stoller, R. (1979): Perversion - die erotische Form von Haß, Reinbek

Streit. Feministische Rechtszeitschrift (1984): Heft 1 und 2, 2. Jahrgang, Frankfurt a.M.

Sunday, P. (1981): The Socio-Cultural Context of Rape. In: Journal of Social Issues 34/4, S. 5-27

Sutherland, S./ Scherl, D. (1970): Patterns of Response Among Victims of Rape. In: Am. J. Orthopsychiatry 40, S. 503-511

Symonds, M. (1976): The Rape Victim: Psychological Patterns of Response. In: Am. J. Psychoanal. 36, S. 27-34

Terr, L.C. (1979): Children of Chowchilla: A Study of Psychic Trauma. In: Psychoanal. Study Child 34, S. 547-623

Terr, L.C. (1991): Childhood Traumas: An Outline and Overview. In: Am. J. Psychiatry 148, S. 10-20

Teubner, U./ Becker, I./ Steinhage, R. (1983): "Vergewaltigung als soziales Problem - Notruf und Beratung für vergewaltigte Frauen", Schriftenreihe des Bundesministers für Jugend, Familie und Gesundheit, Stuttgart

Thürmer-Rohr, C. (1991): Frauen in Gewaltverhältnissen. In: Janshen (Hrsg.)

Titchener, J.L./ Kapp, F.T. (1976): Family and Character Change at Buffalo Creek. In: Am. J. Psychiatry 133, S. 295-299

Torok, M. (1983): Trauerkrankheit und Phantasma des "cadavre exquis". In: PSYCHE 6/37, S. 497-519

Treffpunkt und Beratung für Frauen in Not/ Notruf für vergewaltigte Frauen e.V. Düsseldorf (Hrsg.) (1990): Vergewaltigung - Über die Lern(un)fähigkeit von Institutionen. Reader zur Fachtagung, Düsseldorf

Volk, P. u.a. (1982): Zur Kriminologie der Vergewaltigung. Hexagon Roche, Supplementum 10, Nr.2, S. I-VIII

Warnke, C. (1986): Die vergewaltigte Frau im Gestrüpp einer opferfeindlichen Strafverfolgung. In: Fehrmann u.a. (Hrsg.)

Weimer, E./ Nilsson-Schönnesson, L. /Clement, U. (1989): HIV-Infektion: Trauma und Traumaverarbeitung. In: PSYCHE 8/43, S. 720-735

Weis, K. (1979): Viktimologie: Wissenschaft oder Perspektive ? In: Kirchhoff/ Sessar (Hrsg.)

Weis, K. (1982): Die Vergewaltigung und ihre Opfer. Eine viktimologische Untersuchung zur gesellschaftlichen Bewertung und individuellen Betroffenheit, Stuttgart

Weis, K./ Borges, S. (1973): Victimology and Rape: The Case of the Legitimate Victim. In: Iss. in Criminol. 8, S. 71-115

Whiston, S.K. (1981): Counseling Sexual Assault Victims: A Loss Model. In: Personal and Guidens J. 6/59, S. 363-366

Winnicott, C. (1980): Fear of Breakdown: A Clinical Example. In: Int. J. Psychoanal. 61, S. 351-357

Winnicott, D.W. (1974): "Fear of Breakdown". In: Int. Rev. Psychoanal. 1, S. 103-107

Winnicott, D.W. (1984): Reifungsprozesse und fördernde Umwelt, Frankfurt a.M.

Wölpert, F. (1983): Sexualität, Sexualtherapie, Beziehungsanalyse, München/ Wien/ Baltimore

Zepf, S./ Weidenhammer, B./ Baur-Morlock, J. (1986): Realität und Phantasie. Anmerkungen zum Traumabegriff Sigmund Freuds. In: PSYCHE 2/40, S. 124-144

Zetzel, E.R. (1943): Kriegsneurose. Ein klinischer Beitrag. In: Zetzel, Die Fähigkeit zu emotionalem Wachstum, Stuttgart 1974